数智未来

生成式 AI 共创下的小学跨学科学习

张晓东　陆芳◎著

海峡出版发行集团
THE STRAITS PUBLISHING & DISTRIBUTING GROUP

福建教育出版社

图书在版编目（CIP）数据

　　数智未来：生成式 AI 共创下的小学跨学科学习/张
晓东，陆芳著. —福州：福建教育出版社，2025.6.
　ISBN 978-7-5758-0433-2

　　Ⅰ. G622.3

　　中国国家版本馆 CIP 数据核字第 2025QA0072 号

数智未来：生成式 AI 共创下的小学跨学科学习
张晓东　　陆芳　　著

出版发行	福建教育出版社	
	（福州市梦山路 27 号　邮编：350025　网址：www. fep. com. cn	
	编辑部电话：0591-83763280	
	发行部电话：0591-83721876　87115073　010-62024258）	
出 版 人	江金辉	
印　　刷	福州报业鸿升印刷有限责任公司	
	（福州市仓山区建新镇建新北路 151 号　邮编：350082）	
开　　本	710 毫米×1000 毫米　1/16	
印　　张	19	
字　　数	281 千字	
插　　页	1	
版　　次	2025 年 6 月第 1 版　　2025 年 6 月第 1 次印刷	
书　　号	ISBN 978-7-5758-0433-2	
定　　价	68.00 元	

如发现本书印装质量问题，请向本社出版科（电话：0591-83726019）调换。

用 AI 开创教育创新之旅，
用跨学科重塑教育崭新篇章

当 AI 席卷而来时，人们如何应对技术洪流成为了摆在所有教育者面前的选择，抗拒，还是接纳？人们在挣扎和犹豫，但总有先行者勇敢地迈出了探索的步伐，张晓东和陆芳两位老师敏锐地捕捉到了这一趋势，在"人工智能赋能教育创新"议题上持续深耕，率先呈现了其研究成果——《数智未来：生成式 AI 共创下的小学跨学科学习》即将出版。这本书系统地探讨了数智时代小学跨学科教学中应用生成式 AI 的思考和实践。通过细致阅读和学习，我发现该书具有以下几个特点：

第一，学习第一，技术第二。任何时候，技术都应当为了学习者的学习而产生和使用，AI 走进中小学也是如此。我们并不是为了使用 AI 而使用 AI，而是因为学习者产生了学习需求，面临教育问题，才需要借助 AI 来解决这些教育问题。遵循学习本质，围绕学习规律，贯彻以学习者为中心的观点，我们才能够通过 AI 开创教育创新之旅，而不能够指望 AI 会自动改变教育。这本书精准针对当前教育实践中"拼盘式"问题，通过 AI 赋能跨学科学习，正如作者所言："生成式 AI 的介入，使得'以真实问题消除学科边界'成为可能"。该书立足于教育实践，借助 AI 开创教育创新之旅，破解跨学科教育难题。

第二，人机协同助力教育创新。AI 能完成部分原本由人脑承担的工作，而人类也在持续进步，凭借后天的快速学习能力不断适应变化。我们要充分发挥人类自身的优势，比如高阶思考能力，同时借助人工智能"不知疲劳"的自动化特点，协同完成工作任务。教育者面对 AI 时，不应该视其为竞争对手，而应把它当作助手和工具，这样才能够更好地达成教育的高阶目标。在人机共同前行的过程中，既要追求人的自由发展，也要实现教育的高质量发

1

展，二者均需坚持人机协同的核心准则。这本书不仅给出了破解跨学科难题的具体路径，还呈现了众多通过人机协同助力教育创新的鲜活案例。

第三，智能时代更需关注学科育人。AI时代，知识以几何级数增长，而学生的学习时间是有限的，为适应社会发展变化快、变化多的特点，综合素养的培养将越来越重要，与之相适应，以问题为中心、以项目为载体的跨学科综合学习将成为主要形式，课程体系和形态必将打破原有学科界限。在AI时代，我们更需要认识到教育对于青少年的育人价值，使其通过教育获得适应未来发展的综合素养，从教授固定答案的知识转向培养复杂思维能力和解决真实复杂问题的能力。我们要重新思考教育的价值与意义，以及从"教书"到"育人"的价值转型。这本书结合丰富的资源和案例，为教师设计了三重行动框架：工具重构层、认知激活层、教育哲学层，更具实践操作性。

AI技术的不断更新换代，赋予了教育教学崭新场景，但要打破一个已经稳固的教学结构并不容易，勇于打破传统教学结构平衡、尝试创新教学结构的教师，无疑是具有创新能力的。在使用AI尝试理解、设计并建造新的跨学科教学结构的过程中，教师会重新审视原有的课程与教学内容，改变原来的教学行为。在借助AI进行教学改革与创新过程中，正是由于每位教师的积极参与与改变，才使教育理想变为教育现实。每位教师也都在教育改革的历史潮流中获得了自身的发展，实现了自我成长。

能够在出版前读到这本著作深感荣幸。该书既有理论深度，又不乏鲜活生动的事例，通俗易懂，贴近一线教师的工作实际。相信这本书的出版会进一步丰富人工智能赋能教育创新领域的实践成果，拓宽人工智能赋能教育创新的实践范畴，深化小学跨学科教学实践研究。祝愿这本倾注作者心血的专著，给教育实践者和研究者带来深刻启迪。

刘向永

（江南大学教育技术系主任、硕士生导师）

2025.6.7

技术为桨，教育为舟

——在跨学科浪潮中寻找教育创新的坐标

站在人工智能重塑人类认知边界的今天，在我们写下这段文字时，Chat-GPT 已能在一分钟内生成五十种教学方案，Midjourney 可以具象化所有学科知识图谱，而全球每天有超过三千万师生在使用生成式 AI 重构课堂。但当我们走进现实的小学课堂，仍会看见孩子们面对传统分科教材时的困惑眼神——他们本能地用"为什么天空是蓝色"将物理折射、大气散射与色彩美学自发联结，却被学科壁垒割裂为互不关联的结论。这种割裂，正是我们提笔书写这本书的出发点：当生成式 AI 突破知识生产的边界，教育者该如何以技术为桨，重新发现跨学科学习的本质？

一、技术之问：AI 不是魔法，而是教育的"认知显微镜"

本书拒绝将生成式 AI 包装为"颠覆课堂的神秘武器"。通过本书所列教学案例，我们试图揭示一个真相：生成式 AI 的真正价值，在于将教师从机械搬运知识的重负中解放，使其转而成为学习场景的策展人、认知冲突的设计者、思维跃迁的引导者。当 AI 能瞬间生成五百个科学实验方案时，教师的专业价值不再是提供"标准答案"，而是带领学生辨析"为什么方案三比方案七更适合我们的社区"——这正是跨学科素养培育的土壤。

二、范式之变：从"学科拼盘"到"问题解决"

传统跨学科教学常陷入"拼盘式"困境：如语文课堂上讲授《赵州桥》时加入数学测量，却未触及"古代建筑中的力学智慧"这一核心关联。生成式 AI 的介入，使得"以真实问题消除学科边界"成为可能。在"校园垃圾处理 AI 工坊"案例中，学生通过与大模型对话，自然整合垃圾分类算法（数学）、环保政策解读（语文）、微生物分解实验（科学）等多个维度。这种学习不是简单的知识叠加，而是通过技术构建"问题—工具—行动"的系统性认知闭环，让核心素养在解决问题的过程中自然沉淀。

三、行动之书：写给不甘成为"AI 操作员"的教育者

我们刻意弱化了技术参数的堆砌，因为相较于"如何用 Stable Diffusion 生成教学图片"，更值得探究的是"为什么这样的图像能激发学生对敦煌壁画色彩背后的化学原理的追问"。我们为教师设计了三重行动框架。

工具重构层：详解如何用 AI 快速生成跨学科学习资源（含提示词使用方法解读）；

认知激活层：收录音乐与数学、环保与编程等学科融合案例，解析"智能批改作文时如何捕捉思维跃迁信号"以及"如何利用 AI 生成错误答案作为思辨素材"等深层策略；

教育哲学层：探讨"当 AI 能模拟苏格拉底对话时，教师的不可替代价值何在"，并包含关于人机协同伦理、素养导向评价的前瞻思考。

四、未来之思：在智能时代守护教育的"人文"本质

本书特别呈现了"人机协同"的创造性实践：教师不再是资源的唯一提供者，而是与学生、AI 构成"创作共同体"。书中介绍的设计"未来之城"项目，在实际操作过程中的研究数据表明，学生使用 AI 完成该项目时呈现以下特征：过度依赖 AI 工具的小组表现出方案设计的显著同质化倾向，而教师专业指导的小组则展现出更为突出的创造力水平。这提醒我们：生成式 AI 越是强大，教育者越需要成为"人性化学习的守护神"——不是抵制技术，而是要用技术放大人类独有的共情力、批判力与创造力。正如某小学教师所言："AI 能写出比学生更优美的诗句，但它永远无法替代孩子们触摸春雨时眼里的光。"

本书是江苏省十四五教育科学规划重点课题"生成式 AI 共创下的小学跨学科学习样态的实践研究"的研究成果之一，此刻翻开这本书的您，或许正在经历技术焦虑与教育理想的撕裂。但请相信，当您带着"AI 如何让我的学生提出更深刻的问题"而非"AI 能替代我做什么"的思考阅读这本书时，您已踏上了教育创新的共生之路。让我们共同见证：当生成式 AI 照进教育现场，技术终将成为那支让童年好奇心自由生长的画笔，在跨学科的苍穹下，绘出我们从未想象过的教育图景。

2025 年 3 月于江苏常州

目　录

第一章　时代背景

第一节　当前形势

一、教育技术发展历程

教育技术的应用经历了一个从简单到复杂、从单一到多元的历史过程。在初始阶段，主要采用一些相对基础、操作相对简单的工具，这些工具在推动教育现代化和提高教学效果方面发挥了重要作用。

20 世纪 80 到 90 年代，幻灯机、投影仪等电化教学仪器的广泛应用，标志着教育进入了"电化教学"时代。这些设备通过展示图片、图表、文字等视觉材料，帮助学生更直观地理解教学内容。具体而言，幻灯机能够播放教师提前准备好的幻灯片教学内容，而投影仪则可以将实物、书籍或文稿等放大投射到屏幕上，使学生能够更清晰地看到细节。录音设备被用于录制教师讲解或学生朗读内容，以便学生可以在课后进行复习或自我评估。这些音频材料不仅有助于学生巩固课堂知识，还能提高他们的听说能力。同期，广播电视技术开始应用于教育领域，多媒体技术、现代视频通信技术和互联网技术的引入，实现了师生双向交互。远程教育模式由此兴起，不受时间、地点限制，兼顾生活、学习和工作，使之成为终身教育体系中的重要组成部分。这种模式为各类学习者提供方便、快捷、高效的教育支持。20 世纪 90 年代后，随着互联网的普及和建构主义理论的兴起，计算机辅助教学（CAI）系统开始与网络技术融合，形成了网络化的教学模式。学生可通过互联网访问 CAI 系统进行自主学习和协作学习。教师使用 Authorware 等多媒体开发工具编制教学程序，通过简单的图形界面和交互功能来引导学习。这些程序通常包含选择题、填空题等题型，并能够提供实时反馈和评分。

随着互联网技术的普及，教育资源开始数字化，线上学习平台和虚拟教室的兴起主要发生在 20 世纪 90 年代中后期至 21 世纪初。学生和教师可以通过网络进行互动，打破了时间和空间的限制，使学习变得更加灵活和便捷，并推动教育资源在全球范围内共享。在线教育平台、虚拟实验室等新型教育技术应运而生，为学生提供了更加灵活和个性化的学习路径。互联网的普及和应用标志着信息技术在教育领域进入成熟阶段。同时，网络技术也促进了教育资源的优化配置和整合，提高了教育的效率和质量。

随着人工智能、大数据、虚拟现实等新兴技术的快速发展，教育领域的智能技术应用进入了创新阶段。个性化学习成为可能，学习内容和进度可以根据学生的学习情况和偏好进行调整；系统能够根据学生的学习行为和表现进行智能分析，提供个性化的学习建议和资源推荐。智能教学助手和虚拟助教也进入了课堂，为学生和教师提供了更高效和便捷的教学体验。在这个时代，教育不再是一个单向的传授过程，而是双向互动、个性化定制和高效便捷的学习体验。Coursera、edX 等在线课程平台借助人工智能技术，根据学生的学习历史、兴趣偏好和成绩表现，为他们推荐最适合的课程和学习路径。学生可以根据自己的节奏和兴趣进行学习，不必按照固定的课程表进行。智能学习机器能够根据学生的需求提供一对一的辅导服务。它们能够识别学生的问题，并提供详细的解答，还能够根据学生的表现调整教学策略，确保学生能够充分理解和掌握所学知识。在线考试系统能够自动评估学生的答案，并立即给出反馈。这种即时反馈机制有助于学生及时了解自己的学习情况，发现问题并进行改进。同时，教师也可以利用这些系统收集学生的学习数据，更准确地了解学生的学习需求和学习难点。教育云平台能够汇集各种优质的教学资源，如教学视频、课件、练习题等。教师和学生可以在这些平台上方便地获取和分享资源，提升教学的便捷性和效率。此外，这些平台还能够根据用户的需求推荐相关的资源，使学习更有针对性。智能教室配备了先进的设备和技术，如智能黑板、虚拟现实设备等。通过虚拟现实技术，学生可以身临其境地参观历史遗址或进行科学实验，从而加深对知识的理解和记忆。

教育从信息化迈向智能化，是技术进步的必然结果，也是教育创新的生动体现。智能化教育让学习更加个性化、高效化，为师生带来前所未有的便捷与全新体验。这一转型不仅改变了教学方式，更深刻影响了教育理念与人才培养模式。一个以数据为基础、智能为核心、网络为纽带的全新时代，正在全面改变着我们的生活和工作方式……

二、数智时代已来

"数智"理念及技术近年来受到科技界的广泛关注，成为科技前沿的高频关键词。它用极其精练的话语描绘了触手可及的未来——用数据贯通虚拟与现实，让人与机共享智慧，实现数据与智慧的结合以赋能未来。人工智能作为数智化的核心驱动力，正在各个领域发挥着重要作用。

数字技术和智能技术相融合的数智化推进过程中，对实体世界进行数字化、智能化改造，推动数据化、智能化、网络化、协同化、可视化等方面的提升，对教育领域也产生了深远的影响。

在医疗领域，AI 可以帮助医生进行疾病诊断、手术辅助和药物研发；在交通领域，自动驾驶技术正在逐步成熟，有望彻底改变人们的出行方式；在金融领域，AI 可以用于风险评估、欺诈检测和智能投顾等方面。

随着物联网、传感器和移动互联网的普及，数据量正在以前所未有的速度增长。大数据的收集、分析和应用，为各行各业提供了宝贵的决策依据。在零售领域，通过分析消费者的购物行为，企业可以制定更加精准的营销策略；在制造业，大数据可以帮助企业优化生产流程，提高生产效率。

云计算作为一种新型的计算模式，正在逐步取代传统的 IT 架构。云计算提供了灵活、易于扩展的计算资源，使得企业可以更加高效地处理数据、开发应用和提供服务。在教育领域，云计算为在线教育、远程学习和资源共享提供了有力支持。

区块链是一种分布式账本技术，具有数据安全、透明和不可篡改的特性。这一技术正在金融、供应链、版权保护等领域得到广泛应用。在教育领域，区块链可以用于学历认证、课程认证和知识产权保护等方面。

在可预见的"数智"时代，未来的人机共存会进一步走向"人机共享智慧"。人与机器之间的关系，不应被定义为相互替代，而是相互协作、优势互补。从这个意义上讲，"数智"时代所谈论的"智"，并不是传统意义上机器的人工智能，而是人和机器共同拥有的"智慧"的存量与增量。

三、人工智能热潮

自 18 世纪 60 年代以来，人类社会已经经历了四次工业革命。第一次是蒸汽技术革命，第二次是电力技术革命，第三次是计算机及信息技术革命。当下，我们正迎来第四次工业革命，这次是以人工智能、虚拟现实、分子工程等为技术突破口的新一轮工业革命。其中，人工智能的崛起将会极大提升生产效率，促使生产力实现质的飞跃。

人工智能（AI）自 1956 年被正式提出以来，作为智能学科的关键分支，逐渐崭露头角并迅速发展。特别是在 20 世纪 70 年代，它被誉为世界三大尖端技术之一。如今，随着技术的不断进步和社会的快速发展，人们对人工智能的定义也在不断深化，它的崛起正对社会经济产生深远的影响。

ChatGPT 的推出，无疑为人工智能领域掀起了一股新的热潮。2022 年 11 月 30 日，OpenAI 团队推出的这款基于人工智能技术的自然语言处理工具，彻底颠覆了传统的搜索模式。ChatGPT 能够与人类进行流畅的对话交流，并生成多种形式的文本内容，展现了其强大的自然语言处理能力。

就在 ChatGPT 备受瞩目之际，OpenAI 团队又在 2024 年 2 月 15 日推出了 Sora，这是一款基于人工智能的文生视频大模型。Sora 能够根据用户提供的文本内容，快速生成最长 60 秒的高逼真度视频，这一功能让众多电影制片人也感到震惊。随着技术的不断进步，如果未来 Sora 能够生成更长时间的视频内容，那么它可能会对影视行业带来一场颠覆性的变革。

ChatGPT 和 Sora 的推出，标志着人工智能时代的新篇章已经开启。从大语言模型到大型视觉模型，人工智能正在不断进化，并逐步向通用人工智能

（AGI）靠拢。在这一背景下，国内外众多知名公司纷纷推出了自己的 AI 大模型，以抢占市场先机。

在国外，谷歌、微软、亚马逊和 Meta 等科技巨头纷纷推出了自己的 AI 产品。谷歌的聊天机器人 Gemini、微软的 Bing Chat、亚马逊的 Titan 生成式 AI 基础模型以及 Meta 的 AI 编码工具 Code Llama，都展现了各自在 AI 领域的深厚实力。此外，Intel 也推出了面向科学领域的生成式 AI 模型 Aurora genAI，进一步丰富了 AI 技术的应用场景。

在国内，百度、科大讯飞、阿里云和腾讯等知名企业也相继推出了自己的 AI 大模型。文心一言、星火大模型、通义千问、混元大模型、DeepSeek 大模型以及豆包等产品，都展现出卓越的通用性，可广泛应用于各个领域。

随着国内外多家企业竞相推出 AI 大模型，AI 的发展步伐正在持续加快。如今的 AI 已不再局限于简单的语言处理或视觉识别功能，而是拓展至更广泛的应用场景和行业领域。未来，随着 AI 技术的持续突破和应用场景的不断延伸，人类距离实现 AGI 的目标将日益接近。届时，智能机器将能够模拟人类思维，胜任各类工作任务，并为社会发展带来深远影响。这正是科技创新的核心价值所在，也彰显了人工智能引领未来发展的关键作用。

四、政策引领与变革驱动

智能化在教育领域的应用已涵盖了个性化学习、教学评估与反馈、课程内容设计与优化、教育管理以及特殊教育与职业教育等多个方面。近年来，国家对智能化教育的重视程度持续提升。为促进智能化教育的深入发展，教育部及相关部门陆续出台了一系列政策文件，为智能化教育提供了明确的指导和支持。

2017 年，我国发布的《新一代人工智能发展规划》明确指出，要在中小学阶段设置人工智能相关课程。这一举措体现了国家对人工智能教育的高度重视，不仅为智能化教育的发展奠定了坚实的基础，更为后续的政策制定指明了方向。

2018 年，出台的《全面深化新时代教师队伍建设改革的意见》进一步强调了教师要主动适应信息化、人工智能等新技术变革，不断提升自身科技素养和创新能力，更有效地开展教育教学，以适应智能化教育的发展需求。同年，教育部制定的《教育信息化 2.0 行动计划》明确提出在中小学阶段引入人工智能普及教育，推动信息技术与教育教学的深度融合。

2022 年，教育部修订发布义务教育阶段新课标，首次将包含编程的信息科技课程从原有的综合实践活动课程中独立出来。这一举措显著提升了人工智能教育在基础教育中的地位，同时为学生提供了更加系统和全面的编程教育体系。同年，教育部还发布了《关于推进教育数字化工作的意见》，该文件涉及智慧校园建设、教育专用大模型应用示范等方面，为智能化教育提供了更具操作性的指导和支持。

2023 年，教育部等十八个部门联合发布了《关于加强新时代中小学科学教育工作的意见》。该意见着重强调利用人工智能等技术手段提升实验教学质量，既预示着人工智能将成为中小学科学教育的重要组成部分，也意味着教育方式和内容的重大革新。通过引入人工智能技术，学生将能够在更加直观的学习环境中探索科学奥秘，更好地激发其对科学的兴趣和好奇心。

2024 年，教育部办公厅印发《关于加强中小学人工智能教育的通知》，明确提出了构建系统化课程体系、实施常态化教学与评价等六大主要任务和举措，旨在 2030 年前实现中小学人工智能教育的基本普及。

2025 年 4 月，教育部等九部门联合印发了《关于加快推进教育数字化的意见》（以下简称《意见》）。《意见》在总结国家教育数字化战略行动实施三年来取得的相关经验的基础上，对未来一个阶段的教育数字化推进工作进行了全面部署。《意见》提出要加强人工智能等领域的前瞻布局，推动学科专业、课程教材、教学模式等方面的数字化变革，以师生为重点提升全民数字素养与技能，为教育决策和治理提供全面支持，并赋能教育评价改革。

人工智能教育政策的持续出台不仅对推动教育创新发展、促进教育公平普及、提升教师专业能力、优化资源配置具有重要作用，还为未来科技发展和社会进步培养了人才资源。

第二节　生成式 AI 的定义与特点

生成式人工智能（Generative Artificial Intelligence，简称 GenAI，或生成式 AI）是人工智能领域的一个重要研究方向，它主要通过算法、模型和规则实现全新、具有创意的数据内容生成，如文本、图片、声音、视频、代码等。这种技术不仅能对现有数据进行分析和处理，更能通过学习大规模数据集创造出前所未有的新内容，并正在各行各业带来颠覆性变革。

生成式 AI 的核心竞争力在于其内容生成能力，即能够基于输入信息或条件，实现自动化、创造性的内容生产。这主要涉及深度学习、生成对抗网络（GANs）、变分自编码器（VAEs）等先进算法和模型。这些技术通过海量数据训练，深入理解数据的内在规律和模式，最终能够生成与原始数据风格相似但内容不同的新作品。

目前的代表性工具有：大语言模型领域的 ChatGPT、文心一言、Deep-Seek 等；绘画类应用如通义万相、Stable Diffusion 等；音频类包括 suno、天工音乐等；视频类则有 Runway、Sora 等。这些工具各具特色，涵盖了文本、图像、视频、音频等多个领域，为用户打造丰富的生成式 AI 应用体验。随着技术迭代，未来还将有更多突破性的生成式 AI 工具涌现。

生成式 AI 有以下特点。

一、超强的创造力

生成式 AI 在文本生成领域展现出卓越的创造力。它可以根据用户输入的关键词或主题，自动生成连贯、有逻辑的文章、诗歌、小说等文本内容。这些生成的内容不仅风格多样，而且能够反映出不同的情感、观点和主题，从而满足用户多样化的需求。此外，生成式 AI 还可以用于辅助写作，帮助作家或编辑快速生成草稿并提供灵感。

在图像生成领域，它可以根据用户输入的文字描述或草图，自动生成符合要求的图像。这些图像不仅具有高度的真实感和丰富的细节，而且还能呈现出多样化的风格、色彩和构图。在艺术创作领域，生成式 AI 可以辅助艺术家快速生成多种设计方案，从而提高创作效率和作品质量。

在音乐创作领域，AI 作曲系统能够依据既定风格或情绪要求创作出原创音乐作品。这些作品不仅具有独特的旋律和节奏，而且能够反映出不同的音乐风格和情感表达。这种技术不仅改变了传统音乐制作格局，还为音乐创作者提供了更多灵感和选择。

生成式 AI 在程序代码生成领域同样展现创新能力。例如，Codex 等工具可以根据自然语言描述的需求直接生成代码片段。这些生成的代码不仅符合正确的语法和逻辑，而且能够体现不同编程风格和最佳实践规范。这对提高编程效率、降低编程门槛具有重要意义，同时也为软件开发者拓展了更多创新空间。

生成式 AI 的创造力还体现在跨领域融合与创新方面。它可以将不同领域的知识和技术整合，从而创造出全新的产品或服务形态。例如，在工业设计领域，生成式 AI 可以辅助设计师快速生成多种设计方案，并将这些方案与制造、销售等环节进行无缝衔接，从而提高整个生产流程的效率和竞争力。例如，DeepSeek 作为专注于代码生成与教育辅助的生成式 AI 模型，能够根据自然语言描述自动生成复杂的程序代码，并支持 Python、Java、C＋＋等多种编程语言。其独特的算法设计使其在解决算法题、优化代码结构等方面表现卓越，已被广泛应用于编程教育、竞赛培训等领域。教师可通过 DeepSeek 快速生成教学案例，学生则能借助其实时反馈功能修正代码逻辑，显著提升学习效率。

二、深度的学习力

生成式 AI 能够从海量数据中提取特征并识别其内在规律和概率分布特性。这种能力使得 AI 模型能够捕捉到数据的深层次关联，从而生成与原始数据相似但又不完全相同的新数据。通过深度学习，生成式 AI 模型能够在训练过程中不断优化参数以精准匹配数据特征。这种动态调整能力使得 AI 模型能够不断适应新的环境和任务，提高其生成内容的准确性和多样性。此外，生成式 AI 还可以利用迁移学习等技术，将某一个任务中学到的知识应用到其他任务上，从而加速学习进程并增强整体表现。

三、丰富的多样性

生成式 AI 可以生成多种形态的内容，包括文本、图像、音频、视频等类型。这种多样性使其在众多领域展现出广泛的应用潜力。例如在艺术创作领域，能创作不同风格的绘画与音乐作品，在新闻报道、广告文案、科技说明等领域，可以辅助生成大量高质量的文本内容。

生成式 AI 可以生成不同风格或形式的内容。例如在图像生成领域，生成式 AI 可以创作出抽象画、写实画等艺术风格作品，还能生成工业图等实用性图像。这种风格的多样性为用户提供了更丰富的选择和创作空间。

生成式 AI 的应用场景非常广泛，涵盖了艺术创作、音乐生成、文学写作、虚拟现实、游戏开发、医疗诊断和治疗等多个领域。在不同的应用场景中，生成式 AI 可以发挥不同的作用和价值。例如，在医疗领域，可以通过分析海量的临床数据，提供个性化的医疗建议或治疗方案；在游戏开发领域，可以生成逼真的场景与角色模型，提升虚拟世界的沉浸感和交互体验。

第三节　小学跨学科学习的意义与价值

　　小学跨学科学习是指，学生在真实情境和挑战任务中，运用多学科知识、方法，带着积极的学习态度和价值观去探索问题。学习过程注重将有意义的相关学科知识加以组织与整合，让不同学科的知识相互交叉与融合，从而建立起新的知识体系。学习目标很明确，就是要解决问题，形成作品，创造出新的知识等，从而达成深度理解和创造性联结。

　　美国著名跨学科研究者克莱因强调围绕主题的知识整合，他认为，"跨学科学习是学习者创造性地联结某一主题的多个学科知识，对主题属性进行多维整合的过程"。拉德克从学习目的的角度指出：跨学科学习的核心是知识的整合，其过程需要多学科跨越知识边界主动作用，其目标是培养学生不仅能够从不同的视角看待事物，而且能够形成鉴别、比较、联系、综合等解决复杂问题的能力。美国的 STEM 教育特别注重培养学生的综合素养和能力，具体表现为问题解决能力、自主创新能力、深度学习能力和适应未来能力。"跨学科"是 STEM 教育的典型特点，从最初关注理工学科知识的学习，到后来人文、艺术课程的融入，都体现了"跨学科整合"的理念。

　　国内学者围绕跨学科主题学习的内涵、价值、设计逻辑、实践原型展开系统研究。夏雪梅认为跨学科项目化学习需要兼顾"学科立场"和"跨学科立场"，其基本设计逻辑遵循如下过程：提出跨学科的真实问题；选取用于问题解决的不同学科视野；综合探索问题；整合形成跨学科成果和新理解。实践原型包括组合、递进、冲突三种基本类型。另一方面，以某学科为载体，学者们提出了实施要点与行动路径。张廷艳等人认为在中小学数学跨学科主题学习的实施过程中，目标设置要强化育人导向，突出学科特征，体现素养进阶；活动设计与实施要优化行前方案，突出学生主体性，注重连续性；在评价中提倡评价主体多元化，评价内容多维化，评价方式多样化，评价手段数字化。杨伊等人提出体育与健康课程跨学科学习的行动路径：坚持先立后通的基本逻辑，指出提升运动技能是高效实施跨学科活动的基础；明确体育学科的主体责任，注重活动的完整性和连贯性；融贯学科规律与生活实践，让体育跨学科活动促进人的全面发展。

在当今教育领域，跨学科教学已成为重要的教育趋势。小学阶段作为学生知识体系建构和学习兴趣培养的关键期，开展跨学科教学具有深远意义。跨学科教学不仅能够突破学科界限，促进知识整合与实践应用，还能培养学生的综合素养和创新能力，为学生的持续发展奠定扎实基础。

小学跨学科学习的意义与价值具体体现在以下方面。

一、构建融通知识体系

传统的学科教学往往将知识划分成不同的领域，学生在学习过程中容易形成碎片化的知识体系。跨学科教学通过有机整合不同学科的知识，帮助学生建立知识之间的联系，构建系统完整的知识网络。这种学习方式有助于小学生构建起更加宽广和系统的知识体系。在跨学科学习中，学生可以接触到数学、语文、科学、艺术等多个学科的内容，通过整合这些知识，他们能够更全面地理解世界，逐步培育跨学科综合素养。

二、培养综合思维素养

跨学科学习强调学科间的深度融合，要求学生在思考时能够突破思维定式，从多角度、多维度去审视和理解问题。这种思维方式的培养对于小学生的综合思维能力发展至关重要。通过跨学科学习，学生可以将不同学科的知识和方法融通互鉴，在面对复杂问题时能够提出更加全面和有效的解决方案。

三、提升学习兴趣与动机

　　跨学科学习通过融合不同学科的内容和方法，为学生提供更加丰富的学习体验。这种多样化的学习方式有助于激发学生的学习兴趣和动机，让他们更加积极主动地参与到学习中来。在跨学科学习中，学生可以将自己的兴趣爱好与学习内容相结合，通过实践活动、项目式学习等方式来探索和发现新知识。这种主动学习的方式不仅能够提高学生的学习效果，还能够培养他们的自主学习能力和创新精神。

四、增强创新思维与解决问题的能力

　　跨学科学习鼓励学生将不同学科的知识和方法进行融合和创新，鼓励学生从不同角度思考问题，从而提出系统性解决方案。这种思维模式能够激发学生的创新思维，使他们勇于探索新颖方法和策略解决问题。通过跨学科学习，学生能够培养出开放包容的思维品质和创新意识，这对于提高他们的解决问题能力具有促进作用。

第四节　生成式 AI 如何
重新定义我们的学习

生成式 AI 正在以惊人的速度持续发展，其影响力快速延伸到各个领域，教育也不例外。它正在重新定义我们的学习方式，为教育带来前所未有的变革。以下从几个方面阐述生成式 AI 如何重塑教育。

一、精准数据驱动的新教育

生成式 AI 与精准数据驱动的结合正在重塑教育体系，推动教育向高度个性化、动态化和智能化方向发展。生成式 AI 可以融合多源学习数据，通过传感器、摄像头、交互日志等收集学生表情、语音、答题轨迹、注意力时长等多模态数据。系统可精准识别学生的学习特点和问题，为教师提供个性化的教学建议。基于 Transformer 架构生成个性化学习内容，如根据学生错题自动产生变式训练。通过强化学习机制持续优化教学策略，如调整题目难度梯度时的奖励函数设计。通过对教学数据的深度挖掘，生成式 AI 可以帮助教育管理者制定更科学的教学决策，例如课程设置、教学资源分配等。

二、个性智能推荐的新引擎

生成式 AI 驱动的智能推荐正在重塑"人—机（设备）—场（应用场景）"关系，其本质是通过泛化供给能力与深度认知理解的结合，实现从

"需求响应"到"需求创造"的范式跃迁。这种范式不仅重构教学实施逻辑,更深度重塑人机信息交互方式。生成式 AI 可以根据学生的学习进度和兴趣,智能推荐相关的学习资源,例如书籍、视频、在线资源等,帮助学生拓展知识面。基于学生的学习目标和能力水平,生成式 AI 实时分析学生的学习情况,并生成即时反馈和建议,帮助学生及时调整学习策略,形成个性化学习路径。此类系统正在成为智能推荐领域的核心引擎,有效突破传统系统在动态适应性与差异化服务方面的局限。

三、虚拟实训培养的新模式

生成式 AI 赋能的虚拟实训正突破传统技能传递的范式边界,其本质是通过高精度仿真生成能力与深度个性化适应机制的结合,构建出"数字训练场域"。这不仅改变了技能习得方式,更重构人类应对复杂系统的认知范式——未来的专业人才培养将进入"危机预演即训练,虚实边界自消融"的新模式。利用三维场景生成技术实时构建高保真实训场景(如化学反应分子运动),支持光线参数、材质特性、物理规律的动态调控。通过概率生成模型模拟突发事件(设备泄漏、人员受伤),启动开放式危机处理训练。构建高仿真虚拟实训环境(如海底探险、飞行驾驶),让学生在虚拟环境中进行实践操作,提升技能水平。系统可根据学生操作行为特征生成针对性指导方案,帮助学生快速掌握技能。虚拟实训可以突破时间、空间和资源的限制,降低实训成本,让更多学生有机会接受高质量的实践训练。

四、沉浸体验学习的新趋势

生成式 AI 可以构建智能交互代理,这些虚拟实体可以在数字化学习空间中充当导师、同伴或助手的角色,提升学生的学习交互质量。例如,在虚拟实验室中,AI 助手可以指导学生进行实验操作,即时解析实验现象并提供纠偏建议。这种双向互动机制不仅提高了学习的趣味性,还能帮助学生更好地理解和掌握知识。通过整合与 VR/AR 技术框架，生成式 AI 为学生建构了多维感知的教学场域。例如，学生可以通过 VR 设备"穿越"到古代历史场景中，AI 系统根据学生的行为和选择动态生成相关的背景信息和任务。AR 技术可以将虚拟的解剖结构映射到实体教具上，AI 引擎同步分析操作精度并输出校正指引。除了视觉和听觉，生成式 AI 还在探索如何通过触觉、嗅觉等多感官反馈来进一步增强沉浸感。这种沉浸式学习体系正在突破传教学时空边界，使个性化、强交互和高适切性的学习体验得以在任意场景中实现。

五、创建公平教育的新路径

当前，全球优质教育资源分配存在结构性失衡，发展中国家农村地区教师缺口达 6900 万。传统课堂难以适配认知差异（学习速度差异可达 6 倍），导致 30％学生长期陷入"隐性失学"困境。主观评分体系导致弱势群体学生平均成绩落差达 15％，语言文化差异加剧评估不公。资源匮乏、僵化标准与评估失真构成教育公平的核心挑战，而生成式 AI 正通过技术重构提供破局路径：基于大语言模型的多模态生成系统，使教材本地化制作成本压缩 90％；AI 辅助备课平台使普通教师产出优质课件的效率提升 4 倍。教学评价转向追踪学习过程性证据（如思维外显轨迹与问题解决路径）。这种技术驱动的教育公平新范式，本质是构建"需求—资源"精准匹配的智能枢纽，让每个学生都能获得适配其发展需求的教育服务。

六、教育评估的数字化转型

生成式 AI 驱动的教育评估革新，本质上是通过智能化技术重构评估的维度、交互方式和价值体系，实现从"标准答案检测"向"能力发展引导"的范式升级。例如，DeepSeek 的代码评估模块可自动解析学生编程作业中的算法效率、代码规范性和创新性，生成包含错误定位、优化建议和拓展学习资源的动态报告。该系统集成的协同评测功能支持多人编码方案实时比对，通过对比不同解决方案引导学生深化对算法逻辑的理解，培养逻辑思辨与协作能力。

深化过程性评估机制，通过捕捉学生解题过程中的草稿修改轨迹、公式调用顺序等认知行为特征，结合交互数据分析学生思维发展倾向。创设虚拟场景（如模拟气候治理会议），评估系统性思维与复杂问题解决能力。升级后的反馈系统即时生成学习诊断报告，包含知识薄弱点识别、学习资源匹配、错题变体训练。这种革新不仅迭代了评估工具，更重新定义了教育价值体系——从追求标准答案的"解题博弈"，转向支持个性化发展的"能力孵化"。正如 OECD 教育 2030 框架所指出的，未来的教育评估将越来越像"持续升级的认知 GPS"，而生成式 AI 正在为这个导航系统提供核心算法。

七、教育公平的技术深化

生成式 AI 进一步推动教育资源的普惠化。以 DeepSeek 为例，其开源版本向偏远地区学校免费开放，通过低代码接口快速构建本地化编程课程。教师可利用其模板生成功能，将方言描述的教学需求转化为标准化编程任务，消除语言差异带来的教学障碍。此外，DeepSeek 的跨语言代码转换能力支持多语言教学场景，例如将中文注释的代码自动转换为英文版本，促进国际教育资源共享。

第二章　生成式 AI 共创下的
　　　　　小学跨学科学习优势

第一节　智能教学

　　小学阶段是学生基础知识建构和学习能力培养的关键时期，生成式 AI 与小学教学的深度融合，为智能教育生态系统提供了技术支撑，推动教学模式重构、教学效能优化与学习者个性化发展三大维度的创新实践。

　　教师可借助生成式 AI 工具来减轻日常教学负担，例如自动批改作业、自动生成学习内容以及实时监测学生学习情况等，使教学精力更多聚焦于学生个性化需求。通过与 AI 的交互，教师可高效生成教学设计、教学图示、练习题，并获取相关资源与课件推荐。此外，人工智能还可助力教师开展学情分析，精准评估学生的知识储备水平，同步推送个性化学习资源。

　　从教育模式革新视角审视，生成式 AI 推动形成了"教师—学生—AI"三元协同的人机教学新范式。研究数据显示，应用生成式 AI 辅助系统的教师群体，其个性化教学指导时长平均提升 42％，课堂互动有效性提升率达 35％。这种人类智能与机器智能的有机协同，标志着教育主体从"经验主导决策"向"数据驱动协同决策"的范式转型。

一、生成式 AI 的应用理论

（一）建构主义学习理论

　　建构主义学习理论强调学生在学习过程中主动建构知识的作用，认为知识不是通过教师传授获得，而是学生通过意义建构的方式，利用必要的学习资源，在一定的情境中获得。生成式 AI 可以为学生提供丰富多样的学习资源和情境，如智能辅导系统能够根据学生的学习进度和知识掌握情况，生成个性化的学习内容和问题情境，引导学生开展探索性思考，促进知识的意义建构。例如，在数学学科中，智能系统可以生成生活化数学问题情境，让学生在解决问题的过程中建构数学概念和原理体系。

（二）认知负荷理论

认知负荷理论指出，学习者在学习过程中，其工作记忆的容量是有限的，当学习材料或任务超出工作记忆的认知资源阈值时，就会引发认知负荷超载现象，从而降低知识加工效率。

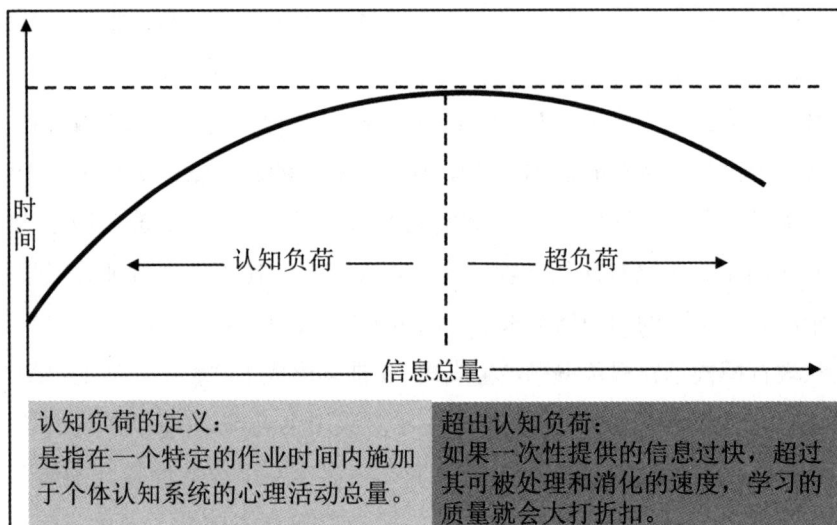

图 2-1 认知负荷与学习效果关系

生成式 AI 通过优化教学内容的结构化呈现和智能辅导干预，降低学生认知负荷。例如，将复杂的知识点以简洁明了的图表、动画或分步骤讲解的方式呈现，使学生更容易理解和吸收。同时，智能辅导系统能够在学生遇到困难时及时提供针对性的提示和帮助，避免学生因长时间陷入困境而产生认知负荷过高的问题。

（三）教育公平理论

教育公平始终是教育领域追求的重要目标，生成式 AI 在促进教育公平方面展现出巨大潜力。一方面，它能够突破地域和资源限制，为不同地区、不同经济条件的学生提供相对平等的优质教育资源。例如，偏远地区的学生可以通过在线智能教育平台获取与城市学生同等质量的教学内容和辅导服务。另一方面，生成式 AI 可以根据学生的个体差异，提供个性化学习支持，满足不同学习能力和发展需求的学生群体，使每个学生都能在原有基础上获得最大程度的发展，从而缩小学习差距，促进教育公平。

二、小学智能教学应用场景图谱

（一）教学准备智能化

教案生成。输入教学目标自动生成教学框架，如通过豆包工具生成小学数学"认识分数"单元教学设计。AI 工具不仅提高了教师的工作效率，还提升了课堂教学质量。

资源开发。可利用生成式 AI 工具批量制作分级阅读材料，还可生成多媒体教学材料。教师在准备历史课时，可利用生成式 AI 工具，如 Midjourney 生成与历史事件相关的逼真图片。例如在讲述"赤壁之战"时，在生成式 AI 工具中输入提示词"请帮我生成三国时期，赤壁之战时，江面上战船林立、硝烟弥漫、火烧连营的战争场景图"，即可生成多张历史场景图片；利用 DALL-E 2、Tripo 3D 等工具创建 3D 模型，辅助学生理解古代兵器构造；借助文本生成工具如 KIMI 生成详细的历史故事脚本，丰富教学内容，使课堂更加生动有趣。

学情预判。分析学生历史数据预测学习难点，可基于知识图谱进行预诊断，分析个体学习难点。将学生个体历史数据输入训练好的模型，生成式 AI 根据模型分析结果，预测该学生可能出现学习困难的知识点。例如，模型发现某学生在"历史事件因果关系"相关作业和考试中表现不佳且耗时较长，结合知识图谱中该知识点与其他知识点的关联关系，预测该学生在后续"受此事件影响的其他历史事件"的知识点学习上可能出现困难。

（二）课堂教学创新

虚拟助教系统：AI 能处理课堂实时问答。在课堂环境中，第一步借助生成式 AI 驱动的语音识别系统，将学生和教师的语音实时转化为文本。第二步由生成式 AI 对转录后的文本进行深入语义分析，能够识别问题类型，无论是事实性问题（如"第二次世界大战爆发的时间是什么时候"）、理解性问题（如"请解释这首古诗的意境"），还是批判性思维问题（如"你认为小说中主人公的决策是否正确，为什么"）。第三步实现即时反馈生成，对于一些常见的、已有明确答案的问题，生成式 AI 可以迅速从其知识储备中提取答案并反馈；遇到需要深度思考的问题时，则提供引导线索辅助学生自主推导。除了回答问题外，生成式 AI 还能补充拓展信息，加深学生对问题的理解。

智能情境创设：生成沉浸式教学场景。如利用 Midjourney、Nibiru Creator 交互式三维内容创作工具构建虚拟博物馆。第一步规划虚拟博物馆主题与布局，如以"中国古代书画艺术"为主题，展示不同朝代的经典书画作品，并解析中国书画艺术发展脉络与文化内涵；第二步通过 Midjourney 生成博物馆场景要素，包括构建展厅外观、打造展厅内部空间、制作展品图像；第三步整合优化虚拟博物馆场景，如需实现交互功能，可利用编程工具（如 Unity、Unreal Engine）添加交互元素，比如在展品上设置点击放大与查看详细介绍功能，或在互动体验区设置可操作电子设备；最终将生成的场景发布在专业教育平台或公众平台，支持教学与浏览要求。

自适应学习路径：根据课堂反馈动态调整教学节奏。系统依托智能数据分析与决策能力，为学生提供更贴合个体需求的学习体验：首先 AI 通过多模态数据采集课堂反馈数据；其次基于数据分析结果，生成式 AI 会向教师建议教学进度调控方案。若发现学生对某一复杂知识点理解困难，系统会提示教师放慢节奏，延长讲解时间并补充举例与练习。例如物理课讲解牛顿定律时，若监测到学生理解困难，教师可依据 AI 建议多列举生活实例（如汽车刹车、火箭升空等），深入解析定律应用场景，给学生更多时间去消化吸收。

（三）课后延伸支持

个性化作业生成：基于学生水平自动出题。以 MathGPT 模型为例，该模型通过海量数学文本和题库数据训练，可精准解析自然语言描述的数学问题，并生成高质量习题。系统根据输入的知识点、难度级别、题型等要素，快速生成符合条件的练习题。

智能辅导系统：7×24 小时答疑辅导。学生可通过电脑网页、手机 APP、智能学习设备等多终端随时发起提问，无论是在家中学习遇到难题，还是在课间休息时产生疑问，都能与系统实时交互。例如，深夜学习物理时对"楞次定律"的应用存在困惑，系统即时推送详细原理解析和相关例题。

成长档案构建：自动记录学习轨迹生成发展报告。系统通过智能化数据采集、存储与分析，按照预设的模板自动生成学生发展报告，内容包括：学习轨迹回溯（如各阶段的成绩变化、学习行为演变等）；优势与不足分析；个性化的发展建议。例如，某生报告指出现代文写作能力提升显著，但文言文阅读理解存在薄弱项，并提供针对性的阅读练习建议。家长可通过手机 APP 或网页端查看报告，了解学习动态并与教师进行沟通；教师根据报告，调整教学策略。学校管理层通过分析全校报告，了解整体教学质量，发现教学中存在的共性问题，制定宏观的教学改进措施。

三、生成式 AI 教学——教师能力矩阵及培养路径

（一）生成式 AI 教学——教师能力矩阵

为应对生成式 AI 对教育生态的革新，教师需构建复合型能力体系。以下矩阵从基础能力、整合能力、创新能力、伦理能力四个维度展开，形成阶梯式发展框架。

教师可依托矩阵开展自我诊断并制定个性化发展路线图，在 AI 时代重塑"数字教师"的专业形象。教育管理部门需同步构建配套的培训资源、评估标准和激励机制，为教师能力转型提供系统性支持。

表 2-1 AI 数字教师能力发展矩阵

能力层级	核心能力项	具体能力要求	典型应用场景
基础能力	1. 生成式 AI 工具基础操作	①熟练使用主流生成式 AI 教育工具（如 DeepSeek、文心一言）②掌握文件导入/导出、界面导航等基础功能	制作课件插图、生成课堂问答题库
	2. AI 提示词（Prompt）工程基础	①能编写结构化指令（角色＋任务＋限制条件）②掌握迭代优化提示词的基本方法	生成符合课标的教案框架、设计分层作业
整合能力	3. 人机协同教学设计	①合理划分人机任务边界（如教师引导讨论＋生成式 AI 提供拓展资源）②设计生成式 AI 介入的时机与方式	设计跨学科项目化学习方案
	4. 多模态资源整合	①融合文本、图像、音视频生成成果②二次加工生成式 AI 输出内容以适配教学需求	创建沉浸式历史场景、制作科学实验动态演示
创新能力	5. 生成式 AI 教学法创新	①开发新型教学模式（如"生成式 AI 驱动—学生主导"探究式学习）②构建生成式学习活动设计模型	设计生成式 AI 支持的个性化学习路径
	6. 智能教育数据分析	①解读生成式 AI 生成的学习诊断报告②基于数据动态调整教学策略	实施精准干预、优化课堂互动模式
伦理能力	7. 技术伦理判断	①识别生成式 AI 生成内容的潜在偏见②确保教学材料的价值观正确性	审核生成式 AI 推荐阅读材料、监控对话伦理边界
	8. 数据隐私保护	①遵守学生数据脱敏规范②掌握本地化部署工具的使用	处理学习行为数据、管理生成式 AI 互动记录

（二）生成式 AI 教学——教师能力分层培养路径

为不同阶段教师提供针对性 AI 教学能力培养，助力新手教师入门，熟手教师提升创新，专家型教师引领研究，全面提升教师队伍在 AI 教学领域的素养与能力。

表 2－2　AI 教学教师能力分层培养路径

培养阶段	培训重点，目标	培养方式与路径
新手阶段 （0～6 个月）	生成式 AI 工具基础操作＋简单 Prompt 编写	1. 参与"生成式 AI 教学工具 30 讲"微课学习 2. 完成"每日一练"提示词优化任务（如生成 5 个不同难度的数学应用题） 3. 观摩优秀 AI 教学案例视频库
熟练阶段 （6～12 个月）	动态教学设计＋多模态资源开发	1. 开展"一课双案"对比实验（传统教案 vs AI 辅助教案） 2. 参与跨学科生成式 AI 资源开发工作坊（如用 DALL-E 生成科学课示意图） 3. 实施生成式 AI 辅助的差异化教学实践（记录 3 个典型教学片段）
专家阶段 （1～3 年）	教学法创新＋教育数据分析	1. 主导校本生成式 AI 课程研发项目（需产出可推广的教学模型） 2. 建立个人教学知识库（积累 500＋优质 Prompt 指令模板） 3. 发表生成式 AI 教育应用行动研究报告（含数据追踪与效果分析）

四、生成式 AI 在小学各学科教学中的应用与实践场景

（一）小学语文教学

1. 写作教学。

智能写作助手：一些生成式 AI 工具可以作为学生的写作助手，助力拓展写作思路与丰富内容。例如，当学生在写作时遇到思路枯竭，输入主题关键词，生成式 AI 能够生成相关句子、段落或写作框架供参考，激发灵感。完成初稿后，智能写作助手还可以对文章进行语法检查、词汇优化等，帮助学生提升写作质量。

写作素材库生成：生成式 AI 可以快速生成大量写作素材（如名人名言、优美词句、故事案例等）。教师可以根据教学需要和学生兴趣筛选适用素材推荐，拓宽学生的知识面和写作视野。例如，教授自然风景描写作文时，生成式 AI 可以创造出描绘不同季节、不同地点的自然景观素材，帮助学生积累丰富的语言和形象资料。

2. 阅读教学。

个性化阅读推荐：基于学生的阅读历史记录、兴趣爱好和阅读水平，生成式 AI 能够给学生推荐适合的阅读材料。这对激发学生的读书兴趣，增强他们的阅读热情有显著帮助。例如，对于喜欢冒险故事的学生，生成式 AI 会推荐一系列经典的冒险小说；对于阅读能力较强的学生，则会推荐一些具有挑战性的文学作品或科普读物。

阅读理解辅助：在学生进行阅读理解练习时，生成式 AI 能够提供问题生成和答案解析支持。例如，根据文章内容自动生成多层级的阅读理解问题，引导学生深入思考和分析文本。当学生对某些问题存在疑问时，人工智能可以提供详细解析，从而帮助学生理解文章的主旨、结构和语言运用技巧。

（二）小学数学教学

1. 练习与作业设计。

智能题库生成：生成式 AI 能够根据教学大纲和知识点要求，自动生成海量数学练习题和作业题，并且能够根据学生的答题数据和学习进度，动态调整题目的难度和类型。这有助于满足不同学生的学习需求，提高练习的针对性和有效性。例如，在教授分数运算时，人工智能可以生成从基础到进阶的分数四则运算练习题，从而让学生逐步掌握分数运算的规则和技巧。

错题分析与辅导：通过对学生错题数据的分析，生成式 AI 能够找出学生知识掌握的薄弱环节，并为学生提供针对性的辅导和练习。例如，当学生在某类数学问题上反复出错时，人工智能可以生成相关的知识点讲解视频、例题解析以及专项练习题，从而帮助学生巩固知识，纠正错误。

2. 数学概念教学。

可视化概念讲解：依托生成式 AI 的图像生成和动画制作功能，可以将抽象的数学概念转化为直观可视化内容。例如，讲解几何图形的性质时，生成式 AI 能够生成动态的几何变换动画，使学生直观地理解图形的特征和变化规律。对于复杂的数学公式和定理，也可以通过图表、流程图等载体实施可视化解析，帮助学生更好地理解和记忆。

情境模拟与问题解决：生成式 AI 能够构建多元化数学应用场景，让学生在真实情境中运用数学知识解决问题。例如，通过模拟购物计价、工程测量、设计优化等场景，生成相关的数学问题，引导学生运用所学的数学知识进行计算、分析和决策，从而提升数学应用能力和问题解决能力。

（三）小学英语教学

1. 口语练习。

智能对话伙伴：生成式 AI 可以作为学生的英语口语陪练伙伴，进行实时对话交互。通过设定多样化的对话主题和场景（如购物、旅游、学校生活等），让学生在贴近实际的对话情境中训练口语表达，从而有效提升语言流利度和表达精准度。同时，系统会对学生的发音清晰度、语法合规性、措辞适恰性等实施实时监测和纠偏，形成个性化改进方案。

口语情景模拟：依托生成式 AI 的虚拟现实技术，可以为学生创建高仿真的英语口语交流情境，让学生身临其境地进行口语练习。例如，模拟国际会议、英语演讲比赛等场景，让学生在拟真的情境中锻炼英语口语表达能力和应变能力，从而增强英语学习兴趣和自信心。

2. 阅读与写作教学。

英语阅读材料生成：基于学生的英语水平和阅读兴趣，生成式 AI 可定制适配性阅读素材库，包括故事、科普文章、新闻报道等类型。这些阅读材料不仅可以丰富学生的阅读内容，还能有效提升学生的阅读理解能力和词汇积累。同时，还可以根据学生的阅读情况，自动生成对应的阅读理解练习题和词汇巩固训练，加强对学生阅读技能的训练。

英语写作辅助：在英语写作教学中，生成式 AI 能够为学生提供写作思路引导、范文参考和语法检查等服务。例如，当学生在写作时不知道如何开头或展开论述时，生成式 AI 可以提供一些常用的写作模板和思路建议；学生完成作文后，系统会对作文进行语法、拼写、词汇搭配等方面的检查和纠错，并给出修改建议，助力学生提升写作能力。

（四）小学科学教学

1. 实验教学。

虚拟实验模拟：对于一些实验条件有限或危险性较高的科学实验，生成式 AI 可以搭建虚拟实验环境，让学生在虚拟环境中进行实验操作和现象观察。例如，学习电路原理时，学生可以通过虚拟实验平台自由连接各种电路元件，观察电流、电压的变化情况，完成实验数据的记录和分析，从而深入理解电路工作原理。虚拟实验不仅可以有效弥补实体实验资源不足的问题，还可以让学生在安全的环境中反复练习操作步骤，有效巩固科学知识的掌握。

示例：科学教学中虚拟实验模拟实例——电路连接与简单电路搭建。

在小学科学课程里，"电路连接与简单电路搭建"是理解电的基本原理的重要实验。但在实际教学中，可能因实验材料数量不足、连接过程复杂导致短路等问题，影响教学效果。借助虚拟实验模拟，能有效克服这些困难。

一、虚拟实验场景构建

教师可以利用专业的虚拟实验软件，如 NB 小学科学教学平台。这是一款专门面向小学科学的实验模拟软件，集成了多领域的实验模拟功能，包括物理、化学、地理等模拟。涵盖小学所有精品课程和实验内容，有丰富的 3D 观察模型和 2D 可交互实验，课件编辑器功能强大，能插入和编辑文字、图片、图形、图表、表格等课件素材。

或利用中央电化教育馆虚拟实验教学服务系统。其由中央电教馆主导研制，融合 3D、AI、VR 前沿科技，覆盖科学等学科。实验场景高度还原，效果真实，具交互娱乐性，可单人练习或邀请好友 PK。

我们可以利用生成式 AI 创建一个生动形象的虚拟实验室场景。实验室中有整齐摆放的实验桌，桌上放置着各类实验器材，如电池盒、电池、导线、灯座、小灯泡、开关等，它们的外观和真实器材一致。实验室的墙壁上张贴着简单的电路知识海报，当学生靠近海报时，会弹出相关知识小贴士，如电路的基本组成部分、电流的流动方向等。

二、实验操作流程

1. 认识实验器材。学生进入虚拟实验室后，只需点击不同的实验器材，便会立即弹出详细介绍，包括器材名称、用途及使用方法。学生可通过旋转、放大等操作，全方位观察器材的细节。

2. 搭建电路。学生开始尝试搭建简单电路。首先从器材区拖出电池盒，并放置在实验桌上，再将电池正确放入电池盒，此时虚拟场景会显示电池正负极的标识，若安装错误，系统会提示"电池安装方向错误，请重新调整"。接着，学生选取导线，将其中一端连接电池盒的电极，另一端连接灯座，再把小灯泡安装在灯座上。连接过程中，若导线连接不牢固或位置错误，系统会提示"导线连接不正确，请检查连接点"。最后，连接开关，并将其置于断开状态。

3. 闭合电路观察现象。学生将开关闭合，此时若电路连接正确，小灯泡会亮起。同时，电路中会用动态线条模拟电流的流动路径，帮助学生直观理解电流从电池正极出发，经过导线、用电器（小灯泡），再回到电池负极的过程。若电路连接存在问题，小灯泡不会亮，系统会弹出故障排查提示，如"检查是否有导线未连接好"或"电池电量是否充足"等，引导学生逐步排查解决问题。

4. 改变电路元件探究变化。学生可尝试改变电路中的元件，如更换不同规格的小灯泡，观察亮度变化；或者增加电池数量，再次闭合开关，观察小灯泡亮度的改变。平台会实时显示电池数量、灯泡规格等数据，并对亮度变化原因进行解释。

5. 数据记录与总结。实验过程中，学生可通过平台提供的记录功能，记录每次电路搭建的元件组成、操作步骤以及观察到的现象。实验结束后，平台引导学生根据记录的数据进行总结，思考电路中各个元件的作用以及不同元件组合对电路的影响，帮助学生深化对简单电路原理的理解。

实验数据生成与分析：在科学实验教学中，生成式 AI 可以根据实验设计和预期目标，生成模拟实验数据，帮助学生进行数据分析和结论推导。同时，还可以引导学生对实验数据进行图表绘制、统计分析等，培养学生的科学思维和数据分析能力。例如，在探究植物生长与光照关系的实验中，生成式 AI 可以模拟生成不同光照条件下的植物生长数据，让学生通过数据分析得出光照对植物生长的影响规律。

2. 科学概念与知识讲解。

多媒体资源生成：生成式 AI 能够生成丰富的科学概念讲解资源，包括动画、视频、图片等多媒体形式，将抽象的科学概念以生动直观的方式呈现给学生。例如，在讲解地球内部结构时，生成式 AI 可以生成地球内部结构的三维动画，让学生直观地看到地壳、地幔、地核的分布和特点，加深其对科学概念的理解。

智能问答与辅导：学生在科学学习过程中遇到疑难时，可以通过生成式 AI 获取精准解答。系统还可以根据学生提问的具体情况，智能推荐相关的学习资料和建议，助力突破学习难点。

生成式 AI 作为一种新兴的教育技术，在小学教学中的应用具有广阔的前景和巨大的潜力。它依托建构主义学习理论、认知负荷理论和教育公平理论等基础，为小学各学科教学提供了丰富多样的应用方式和实践路径，既有助于提升教学效率，又能支持学生个性化学习，促进教育公平发展。

同时，生成式 AI 的出现对教师角色定位和教学能力提出了新的要求。教师需从传统的知识讲授者转变为学生学习活动的引导者、组织者和促进者角色，还需掌握运用生成式 AI 进行教学设计、实施和评价的能力。在教学过程中，教师应引导学生合理使用生成式 AI，帮助学生正确看待人工智能的作用，将其作为辅助工具而非依赖对象；鼓励学生保持独立思考和主动探究，逐步培养自主学习意识和批判性思维能力。

第二节　个性化学习

生成式 AI 作为一种新兴的技术力量，不仅在教学领域为教师提供辅助，带来全新的教学思路和工具，还能在学生的跨学科学习方面发挥重要作用。它为学生提供丰富的学习资源和个性化的学习支持，帮助学生更好地理解和应用不同学科的知识。小学阶段是学生知识积累、能力培养和兴趣塑造的关键时期，跨学科学习能够打破学科界限，促进学生对知识的综合理解和应用。生成式 AI 的融入，进一步推动了小学跨学科学习向个性化方向发展，为每个学生创造了更具针对性、适应性和吸引力的学习环境。

生成式 AI 能够实时分析学生的学习数据，精准评估学生的学习需求，从而提供个性化学习内容。这种量身定制的学习体验让每个学生都能以最合适的节奏学习，打破了传统教育"一刀切"的教学模式。运用生成式 AI 进行学习预测、学情诊断和精准教学，可以不断优化教学效果，提高人工智能教学工具的辅导针对性，协助规划个性化学习路径，智能推送相关课程资源和学习项目，全面支持个性化学习。

一、生成式 AI 助力个性化学习

（一）精准学情分析

生成式 AI 可以通过收集和分析学生在跨学科学习过程中的各类数据，如学习时间、学习进度、作业完成情况、测试成绩、课堂互动表现等，为每个学生构建起详细的学习画像。这些数据能够反映学生的学习风格、优势学科、薄弱环节，以及知识掌握的深度和广度等。

以语文和历史跨学科项目为例，通过分析学生在不同阅读材料上的时间分配、对不同历史事件的理解程度等数据，教师可以精准地了解学生的人文素养特点。基于这些分析结果，教师能够为学生制定个性化的学习计划，推荐与其学习水平和兴趣相匹配的跨学科资源，从而使学习内容和学习方式更贴合个体需求。

（二）定制学习内容

生成式 AI 能够根据学生的个性化需求生成多样化的跨学科学习内容。它可以整合不同学科的知识点，设计出有趣且富有挑战性的学习任务和项目。

以科学与数学跨学科项目为例，人工智能可以生成基于实际生活场景的数据分析任务，引导学生运用数学知识解决科学问题。比如，通过统计和计算，分析植物生长与光照、水分等因素的关系。同时，人工智能还可以根据学生的兴趣爱好和学习进度，实时调整学习内容。如果学生对某一跨学科主题（如艺术与文学结合的古诗词绘画创作）表现出浓厚兴趣，生成式 AI 可以提供更多相关素材和指导，帮助学生深入探索，充分激发学生的学习潜能和创造力。

（三）智能学习反馈

在小学跨学科学习中，及时有效的反馈对于学生的学习至关重要。生成式 AI 能够实时跟踪学习过程，提供智能化的学习反馈。当学生完成跨学科作业或项目时，生成式 AI 可以快速评估作业质量，准确指出错误和不足，并给出详细的改进建议。

以英语与地理跨学科的旅游攻略写作为例，人工智能不仅可以检查语法错误、词汇使用问题，还能验证地理信息的准确性，指导学生进行修改完善。同时，人工智能支持语音或文字互动，随时解答学生疑问，帮助调整学习策略，从而提高学习效率。

二、生成式 AI 个性化学习优势

（一）提升学习体验

生成式 AI 为学生打造了沉浸式、互动性强的跨学科学习体验。通过 VR/

AR 等技术与人工智能的融合，学生可以身临其境地参与跨学科情境学习。以自然与社会跨学科的环保主题为例，学生既可以通过 VR 技术实地考察污染严重的工厂又能"游览"美丽的自然保护区，从而直观地感受环境保护的重要性。同时，AI 还可以根据学生的实时操作和反馈，动态调整情境内容和难度，使学生始终保持较高的学习兴趣和参与度。这种个性化的学习体验不仅能激发学生的主动性，更能有效提升其学习自信心和成就感。

（二）增强知识整合与应用能力

在生成式 AI 支持的跨学科学习环境中，学生能够更高效地整合多学科知识。AI 设计的跨学科项目往往需要学生综合运用不同领域的知识和技能来解决实际问题。以技术与工程跨学科的简单机器人制作为例，学生需要运用物理知识了解机器人的运动原理，运用数学知识进行精确计算，运用信息技术知识进行编程控制等。这种跨学科的学习方式不仅帮助学生发现学科间的内在联系，更能促进知识的融会贯通和应用能力提升。此外，人工智能根据学生的知识整合表现，提供个性化指导和拓展资源，助力学生深化对跨学科知识的理解和应用。

（三）激发学习兴趣

生成式 AI 能够基于学生的兴趣爱好定制跨学科学习内容，有效提升学习动力。以喜欢动物的学生为例，在生物与美术融合课程中，生成式 AI 可以提供丰富的动物绘画素材和创作灵感，让学生在艺术创作中自然掌握动物形态、习性等生物学知识。同时，生成式 AI 通过游戏化设计，将知识学习变得生动有趣。如将历史与数学结合的古代建筑测量项目改编为探险游戏。这种寓教于乐的学习方式能够让学生从被动学习转变为主动学习，从而培养终身学习的兴趣。

（四）促进个性化发展

生成式 AI 共创下的小学跨学科学习能够充分尊重学生的个体差异，助力每个学生发挥独特潜能。通过精准学情分析和内容定制，学生既能够在自己擅长的领域深入探索，又能弥补自己的薄弱项。例如，对于在科学学科表现突出但在语文写作方面较弱的学生，生成式 AI 可以提供科学写作专项指导，帮助学生将科学知识转化为写作素材，实现学科能力互补。

三、生成式 AI 在小学跨学科学习中的实践应用场景

(一) 个性化学习路径规划

生成式 AI 能够基于学生的学习情况和兴趣爱好定制个性化学习路径。

示例：小学四年级学生小玲，对科学中的生物和美术都展现出浓厚的兴趣，以下是生成式 AI 为她规划的个性化跨学科学习路径。

一、初始学习路径规划

1. 基础阶段（第 1～2 个月）。

科学方面：安排小玲观察校园内常见植物的生长过程，包括记录植物的发芽、长叶、开花等阶段。同时，阅读简单的生物科普绘本，如《神奇的植物王国》，了解植物的基本结构和生命周期等基础知识。

美术方面：学习基础的绘画技巧，如画线条、形状、色彩的运用等。通过临摹简单的植物图案，如树叶、花朵，锻炼对物体形态的把握能力，为后续创作生物主题美术作品打基础。

2. 过渡阶段（第 3～4 个月）。

科学方面：引导小玲深入了解植物的生态系统，如植物与昆虫的关系、植物如何适应环境等。可以通过观看科普纪录片《微观世界》中关于植物生态的部分，拓宽知识面。

美术方面：鼓励小玲以自己观察到的植物为主题，创作简单的绘画作品，尝试运用不同的绘画材料，如水彩、彩铅等，表现植物的特征和色彩。同时，学习一些简单的手工制作，如用彩纸制作植物模型，加深对植物形态的理解。

3. 深化阶段（第 5～6 个月）。

科学方面：开展小型的植物实验，比如探究不同光照条件对植物生长的影响。在实验过程中，学会记录数据、分析结果，培养科学探究能力。

美术方面：进行更复杂的生物主题美术创作，如创作一幅展现植物生态系统的综合画，融合绘画、手工拼贴等多种形式。引导小玲在作品中体现对

生物知识的理解，如植物与周围环境的关系。

下表清晰地展示了每个阶段（基础阶段、过渡阶段、深化阶段）的学习内容和目标，包括科学和美术方面的知识和技能。

学习阶段	学科领域	学习内容	学习目标
基础阶段	科学	基础自然现象观察 物质三态认知 简单测量工具使用	掌握科学观察基本方法，建立物质属性认知框架
	美术	色彩基础理论 基本构图原理 常见绘画工具技法训练	理解视觉表达基础要素，具备平面造型基础能力
过渡阶段	科学	实验设计方法论 数据记录与分析 基础物理化学原理探究	发展科学探究能力，理解现象背后的基本原理
	美术	立体空间表现技法 艺术流派特征解析 综合材料运用实践	掌握多维艺术表现手法，建立初步审美判断标准
深化阶段	科学	跨学科课题研究 复杂系统建模 创新实验方案设计	形成科学思维范式，具备独立开展实证研究能力
	美术	创作主题深度挖掘 个性化风格探索 艺术批评理论应用	发展独立艺术表达语言，实现创作实践与理论研究的有机融合

二、学习过程中的动态调整

1. 遇到困难时的调整。

假设在过渡阶段，小玲在理解植物与昆虫的共生关系这一生物知识上遇到困难，导致在创作相关美术作品时缺乏灵感。此时，生成式 AI 会判断她在这一知识点上的薄弱情况，为她提供更多相关的学习资源。比如推荐观看更详细的科普动画视频，讲解植物与昆虫互利共生的具体案例；提供相关的绘本阅读材料，以生动有趣的方式强化这一知识。同时，安排一些针对性的小练习，如填空、连线等，帮助她巩固对这一概念的理解。在美术方面，为她提供一些关于如何在作品中表现生物关系的绘画教程，引导她从构图、色彩等方面突出主题。

2. 进展顺利时的调整。

若小玲在深化阶段的植物实验和美术创作中都进展得非常顺利，能够快速且准确地完成实验并创作出高质量的作品。生成式 AI 会认为她有能力接受更具挑战性的学习内容，并提前引入更高级的学习任务。例如，介绍一些关于植物遗传和变异的基础知识，引导她思考如何通过美术作品来呈现这一相对复杂的生物概念。在美术技巧上，推荐她学习一些简单的电脑绘画软件，尝试用数字绘画的方式展现生物主题，拓宽创作领域，保持她的学习兴趣和挑战性。

（二）个性化学习内容生成

生成式 AI 能够根据学生的个性化需求生成多样化的跨学科学习内容。当学生对某一跨学科（如历史与文学中的古代神话）感兴趣，生成式 AI 能够提供更多相关的神话故事文本、历史背景介绍以及文学分析方法等资源，帮助学生深入探索该主题。

示例：为喜欢音乐的学生设计一个结合音乐与数学的节奏分析项目。

一、项目背景

音乐的节奏与数学有着紧密的联系，节奏的规律、节拍的计算等都蕴含着数学原理。本项目旨在通过结合音乐与数学知识，让喜欢音乐的学生在探索节奏奥秘的过程中，锻炼数学思维能力。

二、项目目标

1. 音乐知识目标：学生能够深入理解节奏、节拍、音符时值等音乐基本概念，学会分析不同音乐作品中的节奏型。

2. 数学思维目标：通过对节奏的量化分析，提升学生的数学运算、比例关系理解、数据统计与分析等能力。

三、项目流程

（一）知识准备阶段（第 1~2 课时）

1. 音乐知识讲解：教师介绍节奏、节拍、音符（全音符、二分音符、四分音符、八分音符、十六分音符等）、休止符等基础音乐概念，并通过示范演奏和简单的节奏练习，让学生感受不同音符的时长和节奏效果。

2. 数学知识关联：引入数学中的分数概念，讲解音符时值与分数的对应关系，如全音符等于 4 拍，可看作是"1"；二分音符等于 2 拍，就是"1/2"；四分音符为 1 拍，即"1/4"等。通过简单的数学运算示例，如两个八分音符（$1/8+1/8=1/4$）等于一个四分音符，帮助学生理解音符之间的时值换算。

（二）节奏分析实践阶段（第 3～6 课时）

1. 简单节奏型分析：教师提供一些常见的简单节奏型，如｜×× ｜×× ×× ｜（这里×代表四分音符，××代表八分音符），让学生将其转化为数学表达式（$1/4+1/4$｜$1/8+1/8+1/8+1/8$｜），并计算每个小节的总拍数。学生分组讨论，分析节奏型的规律和特点，如节奏的重复、变化等，然后以小组为单位进行汇报。

2. 音乐作品片段分析：选取一些节奏鲜明的简单音乐作品片段，如《拉德斯基进行曲》《蓝色多瑙河》等。学生先聆听音乐片段，感受整体节奏，然后根据听到的节奏，在乐谱上标记出不同的音符，并将其转化为数学表达式，计算每个小节的拍数。分析作品中节奏的变化规律，如节奏的疏密变化、节奏型的重复与对比等，思考这些节奏变化对音乐情感表达的影响。同时，统计不同类型音符在作品片段中出现的次数，制作简单的数据统计图表。

（三）节奏创作阶段（第 7～9 课时）

1. 设定创作规则：给定学生一个基本的节拍框架，如 4/4 拍，要求学生运用所学的音符时值和节奏型，创作一段 816 小节的节奏。创作过程中，需运用一定的数学规律，如节奏型的重复次数、不同音符的比例等。例如，规定某一种节奏型至少重复 3 次，八分音符的数量占总音符数量的 1/3 等。

2. 创作与修改：学生根据规则进行节奏创作，用数学表达式记录自己创作的节奏，并计算每个小节的拍数，确保节奏的准确性。完成初稿后，学生相互交换作品，按照数学规律和音乐审美进行互评，提出修改建议。学生根据反馈意见对自己的作品进行修改完善。

（四）项目展示与总结阶段（第 10 课时）

1. 项目展示：每个学生或小组上台展示自己创作的节奏作品，通过拍手、踩脚或使用简单乐器演奏的方式呈现，并讲解创作过程中运用的数学规律和音乐构思。其他同学认真聆听，同时对照其数学表达式和统计图表，分析作品是否符合创作要求。

2. 总结评价：教师对学生的作品和项目表现进行总结评价，肯定学生在节奏分析和创作中对音乐与数学知识的运用，指出存在的问题和不足之处。回顾整个项目过程中涉及的音乐知识和数学思维方法，强调音乐与数学之间的紧密联系，鼓励学生在今后的音乐学习和数学学习中继续探索两者的结合点。

（三）个性化学习方式创新

生成式 AI 可以适配不同学习风格，为每位学生定制专属学习方案。针对视觉型学习者，生成式 AI 能够生成图文并茂的学习材料，如在地理与历史跨学科学习中，通过古地图与建筑复原图等可视化资料，生动展现地理变迁与历史演进的关系。对于动手能力强的学生，则提供可操作的学习活动，如机器人组装和编程任务包，让学生通过动手实践来学习科学和技术知识。

示例：某小学开展了一场别开生面的"城市交通改造"项目学习活动。

在项目启动阶段，生成式 AI 系统首先根据学生的前测数据，为每个学生生成了个性化角色卡。这些角色卡包括数据统计员、环保倡议者和模型设计师等不同角色，使学生能够从不同角度参与到项目中，发挥各自的特长和兴趣。这种个性化的角色分配不仅激发了学生的学习兴趣，还培养了他们的团队合作精神和责任感。

在项目实施过程中，生成式 AI 系统动态推送了与项目相关的学习资源。例如，为数据统计员推送了交通流量分析工具，帮助他们更好地理解和分析交通数据；为环保倡议者提供了噪声污染文献，使他们能够深入了解城市交通对环境的影响；为模型设计师推荐了政策文书范例，为他们设计交通改造方案提供了参考。这些资源的推送不仅丰富了学生的学习内容，还帮助他们将不同学科的知识应用到实际问题中，提高了他们的综合素养。

活动充分利用了生成式 AI 系统来创新学生的学习方式，取得了显著的成效（如下图）。

此外，生成式 AI 系统还自动生成了包含三维建模指导、报告写作框架和演讲技巧提示的智能辅助包。这些辅助工具为学生提供了全方位的支持，帮助他们更好地完成项目任务。

(四) 个性化学习评价与反馈

生成式 AI 能够为每位学生打造专属的学习评价体系。当学生完成跨学科作业或项目后，生成式 AI 会从知识掌握、技能应用、创新能力、合作能力等维度进行智能诊断，并生成可视化报告。为暂时落后的学生定制鼓励式辅导方案，帮助他们树立信心；为学有余力的学生设计进阶挑战任务，激发他们的学习潜能。此外，借助自然语言处理技术，学生随时都能获得语音或文字答疑，帮助学生及时调整学习策略，提高学习效果。

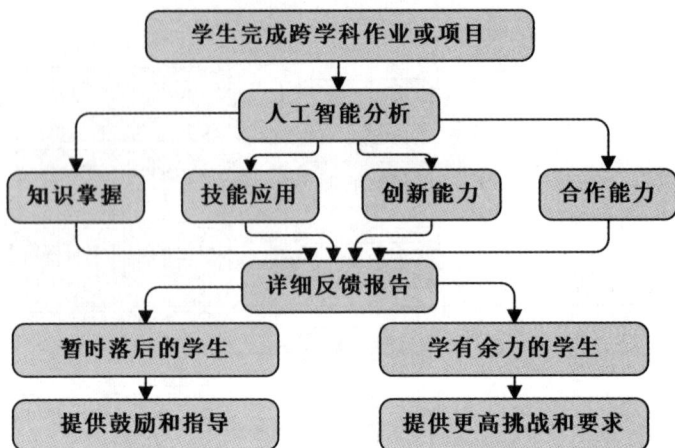

图 2-2　个性化学习评价与反馈模型

示例：对"家乡文化探索"跨学科项目中学生的表现进行评价与反馈。

假设四年级学生开展"家乡文化探索"跨学科项目，融合历史、语文、信息技术三门学科。学生需通过查阅资料了解家乡历史文化，用文字撰写介绍文章，并借助信息技术制作电子展示作品，在班级展示分享。

一、学习暂时落后学生案例：小辉

（一）学生表现

小辉在项目推进过程中进度滞后。历史方面，对家乡历史事件和人物的梳理混乱；语文写作时，语言平淡，结构松散；在信息技术操作上，制作电子作品困难，如不会插入图片、设置文字格式。

（二）人工智能评价与反馈

1. 多维度评价。

知识掌握："小辉，在探索家乡历史文化知识时，你对一些重要历史事件的时间和因果关系有些混淆，像家乡古代某次重大商贸活动，它发生的时间记录不准确，而且没有清晰阐述该活动对家乡发展的影响。"

技能应用："语文写作技能需要提升，文章描述过于平铺直叙，缺乏生动的描写和合理的结构安排。比如在介绍家乡特色建筑时，只是简单罗列建筑特点，没有按照一定顺序，如空间顺序或历史发展顺序来写。信息技术应用能力较弱，电子作品制作粗糙，未能充分利用软件功能来展示家乡文化。"

创新能力："在展示家乡文化的方式上，较为传统，没有提出新颖的角度或创意元素。例如，可以尝试从现代与古代家乡文化对比的角度，让大家更直观感受家乡文化的传承与变迁。"

合作能力："小组讨论时，你能认真倾听，但很少主动分享自己的想法，导致小组在整合大家思路时，未能充分吸收你的观点。"

2. 鼓励与指导："小辉，不要灰心，每个同学都有自己的学习节奏。你在收集家乡文化资料时非常努力，找到了很多有趣的素材，这是很好的基础。接下来，老师建议你重新梳理家乡历史事件，制作一个时间轴，帮助理清事件脉络。语文写作方面，每天阅读一篇优秀的文化介绍文章，学习别人的写作结构和描写手法。信息技术上，观看一些基础操作教程视频，如'××软件基础操作入门'，逐步掌握电子作品制作技巧。相信你会不断进步，出色完成项目！"

二、学有余力学生案例：小萱

（一）学生表现

小萱在项目中进展顺利且表现优异。历史知识丰富准确，语文写作精彩，电子作品设计精美，但在小组合作分享环节，表达稍显急促，部分同学跟不上她的思路。

（二）人工智能评价与反馈

1. 多维度评价。

知识掌握："小萱，你对家乡历史文化知识掌握得极为出色，不仅熟知家乡各个历史时期的重大事件和代表人物，还能深入挖掘背后的文化内涵，比如对家乡独特民俗节日起源的解读，展现出深厚的知识储备。"

技能应用："语文写作功底扎实，文字生动形象，感染力强，如'家乡的古街，像一位饱经沧桑的老者，静静诉说着岁月的故事'，通过细腻描写让读者身临其境。信息技术运用娴熟，电子作品界面设计美观，交互效果良好，充分利用各种多媒体元素展示家乡文化魅力。"

创新能力："在项目中展现出卓越的创新思维，以'家乡文化密码'为主题，通过设置解谜环节引导观众探索家乡文化，这种独特的展示方式让人耳目一新。"

合作能力："小组合作积极主动，发挥了重要的引领作用，带动大家深入探讨。但在分享想法时，语速较快，像在介绍家乡文化发展脉络时，部分同学反映没跟上节奏，可能影响信息传递效果。"

2. 更高挑战与要求："小萱，你的优秀有目共睹，老师期待你迎接更具挑战性的任务。历史方面，尝试研究家乡文化与周边地区文化的交流融合，拓宽研究视野。语文写作挑战更高难度的文体，如创作一篇关于家乡文化传承的议论文，锻炼逻辑论证能力。信息技术上，学习更高级的动画制作技巧，为电子作品增添动态效果。同时，在团队交流中，注意语速和表达方式，确保每位同学都能充分理解你的想法，提升团队协作的整体效能。"

三、实时互动交流与指导

项目进行中，小宇不知如何在电子作品中突出家乡文化特色元素，通过语音向人工智能提问。人工智能回复："小宇，你可以将家乡标志性建筑、特色民俗图案等作为关键元素，放大展示在作品首页。比如把家乡传统剪纸图案作为装饰边框，既能增添文化氛围，又突出特色。还可以对这些元素设置动画效果，让它们在页面打开时动态呈现，吸引观众注意力。另外，在文字介绍部分，着重突出这些特色元素的独特之处和文化意义。你试试这些方法，看看效果如何。"

生成式 AI 正在重塑小学跨学科学习的教育图景。它通过精准的学情分析、定制化学习内容、创新的学习方法以及个性化的学习评价与反馈，为学生打造更优质、个性化的学习环境。教师应积极探索生成式 AI 在跨学科学习中的应用，充分发挥其优势，培养学生的创新精神、实践能力和综合素养。教育主管部门需要同步跟进技术发展，通过制定科学的政策规范，引导生成式 AI 在教育领域健康有序发展，从而推动基础教育向更加个性化、创新化的方向迈进，为培育未来社会需要的复合型人才打下坚实基础。

第三节　数据驱动的教育决策

　　数据驱动的教育决策是通达海量教育数据的深度挖掘，为教育工作者提供精准的决策支持。这项技术整合了学生成绩、课堂表现、作业完成情况、在线学习行日志等多维度数据。生成式 AI 可辅助教育工作者完成数据采集、整理和分析工作，帮助教育者精准把握每个学生的学习状态和个性化需求，为教学决策提供可靠依据。尤其在小学教育阶段，基于数据的教育决策对学生的全面发展有决定性影响，是提升基础教育质量的关键抓手。

一、生成式 AI 在数据驱动教育决策中的优势

（一）强大的数据处理能力，提高决策的科学性和准确性

　　生成式 AI 具备强大的教育数据处理能力，依托机器学习算法和深度学习模型，能够高效完成数据分析、挖掘和处理工作，识别其中的规律与趋势，为教育决策提供科学依据。它可整合学生在各学科、学习阶段产生的文本、图像、音频等多模态数据，为教育决策提供全面、准确的信息。同时，通过对学习数据的深度挖掘，生成式 AI 还能预测学生成绩和潜在困难，为教师提供个性化教学建议，助力教师优化教学方法，从而显著提升教学效果。

（二）精准的预测和分析，促进教育公平

　　生成式 AI 能够基于历史数据和学生学习行为模式，预测其未来的学业表现及潜在困难。具体而言，通过分析学生的学习成绩、作业完成质量和课堂互动情况等数据，生成式 AI 可以预测学生在某一学科上可能取得的成绩及潜在学习困难，从而为教师提供针对性的教学建议和干预措施。

此外，生成式 AI 还可以为教育资源配置提供有力的数据支持。通过系统分析区域间、校际间和不同学生群体的教育数据差异，生成式 AI 能够帮助教育决策者精准把握教育需求和发展现状，进而更加合理地分配教育资源，有效缩小教育差距，推动教育均衡发展。

（三）个性化学习支持

生成式 AI 可以根据每个学生的学习特点和需求，提供个性化的学习支持和指导。具体来说，它通过实时跟踪学生的学习进度、知识掌握情况和个人学习偏好，智能匹配最适合的学习资源和最优学习路径，满足差异化学习需求，促进学生个性化成长。

（四）智能的教学设计辅助，提升教学效率和质量

生成式 AI 可以为教师的教学设计提供智能化辅助。具体而言，它可以根据教学目标、学生特征和教学资源等信息，自动生成教学设计方案、教学课件和教学活动建议等，助力教师有效组织教学内容和课堂活动。

基于生成式 AI 的教育决策支持系统可以帮助教师更好地把握学生的学习需求和认知特点，从而设计出更贴合实际的教学内容和方法体系；还能通过对教学过程的实时监测和反馈，帮助教师实时优化教学策略，持续改进教学质量。

二、生成式 AI 支持数据驱动教育决策面临的挑战

（一）数据质量与安全问题

数据质量把控挑战。生成式 AI 采集的数据来源广泛，数据质量参差不齐。部分数据可能存在错误、缺失或重复等问题，这直接影响数据分析结果的准确性。例如，学生在平台上提交的个人信息可能存在错误，或者技术故障导致学习轨迹数据缺失。如何对海量复杂的数据进行有效筛选和清洗，成为当前面临的一重要技术难题。

数据安全与隐私保护。教育数据包含学生的个人隐私信息，如家庭住址、学业成绩等敏感信息。生成式 AI 在进行数据采集、存储和分析的过程中，存在泄露的风险。一旦发生数据泄露事件，可能对学生和学校造成严重后果。

因此，确保数据的安全性，是推进数据驱动教育决策必须解决的核心问题。

(二) 教师能力与观念转变

技术应用能力不足。虽然生成式 AI 为教育决策提供有力支撑，但部分教师可能存在技术应用能力不足的问题。具体表现为：不熟练数据分析软件的使用，无法理解专业分析报告。这就需要对教师进行技术培训，提高他们运用生成式 AI 技术辅助教育决策的能力水平。

教育观念转变困难。部分教师长期依赖传统经验式教育决策模式，对数据驱动的教育决策理念接受度较低。他们可能更信任个人教学经验，容易低估数据支持的重要价值。推动教师改变固有观念，让他们认识到数据驱动决策的科学性和先进性，成为当前教育改革的关键突破口。

(三) 技术适应性与可靠性

技术应用与教育场景的适配性。生成式 AI 技术在教育领域的应用必须充分考虑与具体教育场景的适配性。不同学校、年级和学科有不同的特点，技术在实际应用中可能无法全面满足多样化的教育需求。例如，某些生成式 AI 生成的教学内容可能与特定地区的教育大纲存在差异，需要进行调整和优化。

技术可靠性与误差控制。生成式 AI 的算法和模型虽然持续迭代升级，但仍然存在一定的误差和不确定性。分析结果可能受到数据偏差、算法局限性等因素的影响，导致教育决策出现失误。因此，在应用生成式 AI 进行教育决策时，需要谨慎对待分析结果，充分考虑其可靠性。

三、应对教育决策面临的挑战的策略

(一) 加强数据质量管控和安全防护

加强数据质量管控和安全防护是解决教育数据安全问题的核心举措。教育机构需要建立健全的数据管理制度和数据安全防护体系，规范数据采集、存储、处理和应用等环节，确保数据的真实性和完整性。在技术层面，需部署可靠的数据加密方案，避免数据泄露和滥用。建立严格的权限分级管理制度，只有经过授权的人员才能访问相关数据。

（二）提高算法的可靠性和公平性

提高算法的可靠性和公平性是解决相关问题的关键路径。研究人员应着力开发更具解释性和公正性的算法模型，增强生成式 AI 在决策过程和结果输出方面的透明度和可理解性。教育工作者和技术研发人员应加强合作，深入了解教育场景的实际需求，对生成式 AI 技术进行定向优化。要根据不同学科、年级的特点，定制技术实施方案。

在算法评估监管方面，建立技术可靠性验证体系，定期对生成式 AI 的算法和模型进行评估。采用多种评估方法，如交叉验证、对比分析等，最大限度降低技术误差。同时要密切跟踪前沿技术进展，及时优化算法模型，确保其公正性和公平性。

（三）加强教师培训和支持

加强教师培训和支持是应对教师角色和能力问题的有效策略。需要加强对教师的数据分析能力和信息技术应用能力的培训，包括数据分析软件的使用、数据解读技巧等内容。通过线上线下相结合的培训方式，提高教师的技术应用能力。例如，邀请专家开展专题讲座，组织实践操作工作坊，让教师在实际操作中掌握相关技术。

同时，需要为教师提供必要的技术支持和资源保障，通过举办教育研讨会、学术讲座等活动，向教师普及数据驱动教育决策的理念和优势。分享典型的数据驱动教育决策案例，让教师亲身体验数据在教育决策中的重要作用。鼓励教师在教学实践中积极运用数据驱动的方法，逐步转变教育观念。

生成式 AI 支持下的数据驱动教育决策为小学教育带来了新的发展机遇。它能够拓展教育数据收集的广度和深度，深入挖掘数据价值，为教学策略调整、学生评价体系完善和学校资源配置优化等方面提供科学依据。然而，在应用过程中也面临着数据质量与安全、教师能力与观念以及技术适应性与可靠性等诸多挑战。通过采取保障数据质量与安全、提升教师能力与转变观念、优化技术应用与提高可靠性等策略，教育管理者可以有效应对这些挑战，充分发挥生成式 AI 在数据驱动教育决策中的优势，推动小学教育向更加科学、精准的方向发展，为学生的成长和发展提供更好的支持。

第四节　跨学科资源整合

在知识快速更新和社会需求日益多元化的今天，跨学科学习已成为培养复合型人才的关键途径。传统的单一学科学习模式已难以满足现实需求，跨学科学习强调打破学科界限，整合多领域知识与技能。然而，其在资源整合方面面临诸多困境，如不同学科资源的分散分布、难以有效融合等问题。生成式 AI 的出现为解决这些问题带来了新契机，其强大的数据处理和内容生成能力，能够在跨学科资源整合中发挥独特作用。

一、跨学科资源整合的重要性与挑战

（一）重要性

培养综合能力：通过整合不同学科的资源，学生能够接触多领域的知识和思维方式，有助于培养解决复杂问题的综合能力，提升其在未来社会中的竞争力。

适应社会发展：现代社会各领域相互交融，跨学科资源整合能使学生更好地适应社会发展对复合型人才的需求，满足不同行业对人才多元化知识结构的要求。

（二）挑战

资源分散：不同学科的学习资源分散在各个数据库、平台和机构中，难以集中获取和整合，这增加了学生和教师获取资源的难度。

融合困难：不同学科的知识体系和逻辑结构存在差异，将其有效融合到一个学习框架中，需要耗费大量的时间和精力，且对整合者的专业素养要求较高。

二、生成式 AI 在跨学科资源整合中的作用

（一）整合知识资源

生成式 AI 能够自动收集、筛选和整合各个学科的高质量教学资源，形成全面、系统的跨学科资源库。例如，利用其强大的搜索引擎和数据分析能力，从海量的学术文献、在线课程、教学案例中提取有用信息，并通过自然语言处理技术对资源进行分类和标注处理，方便教师和学生快速查找和调用。同时，生成式 AI 还可以构建跨学科知识图谱，直观展示不同学科之间的内在联系和相互作用，帮助学习者理解知识的整体架构，促进知识的融会贯通。

（二）设计问题情境

跨学科学习的核心在于解决真实情境问题，生成式 AI 能够辅助设计富有挑战性的真实问题情境。通过模拟复杂的社会、科学、工程等领域问题，结合 VR/AR 技术，构建出高度仿真的学习场景。例如，在学习环境科学时，利用生成式 AI 设计一个关于城市环境污染治理的问题情境，学生可以在 VR/AR 技术构建的虚拟城市中，实地考察污染源，分析污染数据，并提出解决方案。这种沉浸式、互动性的学习环境，能够激发学生的学习兴趣和主动性，引导他们在解决真实问题的过程中综合运用多学科知识。

三、生成式 AI 在跨学科资源整合中的优势与功能

（一）数据处理与模式识别

海量数据整合。生成式 AI 依托其强大的数据处理功能，能够收集来自不同学科领域的庞大数据。这些数据包括但不限于学术文献、教材、研究报告、在线课程等多种形式的教学资源。例如，在整合科学（涵盖物理、化学、生物等学科）教育资源时，它可以抓取物理学中的经典实验数据、化学的反应方程式以及生物学的细胞结构图像等不同类型的数据。它通过高效的算法对

这些海量数据进行清洗和预处理，去除噪声和冗余信息，使得数据能够以更规范、更有条理的形式呈现，为后续的跨学科资源整合工作奠定基础。

模式识别助力知识关联。模式识别功能使生成式 AI 识别出不同学科知识中的相似模式和关联结构。比如，在数学和物理学科中，它能够发现数学公式在物理定律中的应用模式，像牛顿第二定律 $F=ma$ 中的数学表达形式与数学中的函数关系模式相呼应。通过对这些模式的识别，它能够将不同学科中具有关联性的知识点进行初步的匹配和关联，为构建跨学科知识体系提供重要线索。

（二）跨学科资源库构建

多学科知识融合。生成式 AI 利用其数据处理和模式识别优势，将不同学科的知识进行有机融合。以人文社科和自然科学为例，它可以将历史学科中的科技发展史与自然科学中的相应科技成果相结合，形成一个包含科技演变背景、原理以及社会影响的综合性知识模块。这种融合不是简单的知识堆砌，而是通过深入分析各学科知识的内在逻辑和相互作用，构建一个有机的跨学科知识体系。

动态更新与拓展。随着新知识的不断产生和学科交叉领域的拓展，生成式 AI 能够实时更新跨学科资源库。例如，在新兴的生物信息学领域，随着基因测序技术的不断进步和新生物数据的涌现，它能够及时将这些新知识整合到原有的生物学和计算机科学跨学科资源库中，确保资源库始终保持前沿性和完整性。

（三）自然语言处理技术应用

1. 资源搜集与筛选自动化。

自动化资源搜集：自然语言处理技术使生成式 AI 能够自动搜集各种教学资源。它可以通过网络爬虫等技术，从教育网站、学术数据库、社交媒体等渠道获取以自然语言形式呈现的教学内容。例如，它能够识别和提取教育论坛中教师分享的教学案例、学生讨论的学习心得等有价值的资源。

精准筛选：在筛选资源时，它可以根据预设的关键词、主题、质量标准等条件，快速准确地筛选出符合要求的资源。比如，对于一门跨学科的环境科学课程，它能够筛选出包含生态学原理、环境化学知识以及环境政策分析等多方面内容的优质教学资源，同时排除与主题无关或质量较低的资源。

2. 资源标签化与检索便捷化。

多维度标签化：生成式 AI 通过自然语言处理对教学资源进行标签化。它能够理解资源中的语义信息，为每个资源打上多个标签，这些标签涵盖了学科类别、知识点、适用年级、教学目标等多个维度。例如，一个关于"可持续发展"的教学资源可能会被打上"环境科学""经济学""社会学""高中""知识理解与应用"等标签。

高效检索：这种标签化使得教师和学生能够通过简单的关键词搜索或标签筛选，快速找到所需的跨学科教学资源。比如，教师在准备一节跨学科的项目式学习课程时，可以通过搜索"项目式学习""跨学科""初中"等标签，迅速获取相关的教学资源，大大提高了资源查找的效率。

（四）跨学科知识图谱构建

知识关系可视化呈现。生成式 AI 构建的跨学科知识图谱能够将不同学科知识之间的关系以直观的图形化方式呈现出来。知识图谱中的节点代表知识点，边代表知识点之间的关联关系，如因果关系、类比关系、应用关系等。例如，在一个涵盖文学和历史的跨学科知识图谱中，文学作品中的历史背景节点可以通过因果关系边与相应的历史事件节点相连，文学作品中的人物形象节点可以通过类比关系边与历史人物节点相连。

知识整体结构理解促进。这种知识图谱有助于学生理解知识的整体结构。学生可以通过浏览知识图谱，看到不同学科知识是如何相互交织、相互支撑的。例如，在学习医学知识时，学生可以通过知识图谱看到生物学中的人体解剖学知识与化学中的药物化学知识之间的联系，以及它们与物理学中的医学影像技术知识的关联，从而形成对医学知识体系的全面认知，而不仅仅是孤立地学习各个学科的知识。

（五）激励学生综合性学习

交叉应用启发。生成式 AI 整合的跨学科知识资源和知识图谱能够启发学生看到不同学科知识的交叉应用。例如，在工程学课程中，学生可以通过资源库中的案例看到数学中的力学计算如何应用于建筑设计中，物理学中的材料力学知识如何与化学中的材料合成知识相结合来开发新型建筑材料。这种交叉应用的展示能够激发学生的创新思维，让他们意识到知识的综合运用可以解决更复杂的问题。

学习兴趣与参与度提升。当学生看到知识之间的广泛联系和交叉应用的可能性时，他们会更有兴趣去探索不同学科的知识。例如，在一个跨学科的机器人编程课程中，学生既能够学习到计算机科学中的编程知识，又能够接触到机械工程学中的机器人结构设计知识，这种多样性和综合性会吸引学生更积极地参与学习过程，提高他们的学习主动性和参与度。

四、结合 VR/AR 技术构建跨学科学习场景的实践

(一) VR 技术在跨学科学习中的应用

沉浸式体验：在历史、地理等学科的跨界学习中，借助 VR 技术，学生可以穿越时空，身临其境地感受历史事件的发生现场或地理环境的真实风貌。比如，在学习古代文明时，通过 VR 技术构建古代城市的虚拟场景，学生可以漫步在古城街道，观察建筑风格、人们的生活方式等，深入了解不同学科视角下的古代文明。

实践操作模拟：对于一些需要实践操作的跨界学习领域，如科学学科中涉及工程技术与物理学科的结合，VR 技术可以模拟实验操作过程。学生可以在虚拟环境中进行复杂的实验操作，不用担心设备损坏或实验失败的风险，同时还能反复练习，提高实践技能。

示例：VR 在小学科学"植物的一生"学习中的应用。

在小学科学"植物的一生"教学单元里，涉及植物学知识与对植物生长过程的实践观察，通过 VR 技术能让学生以更直观、有趣的方式进行学习。

一、VR 虚拟场景构建

利用 VR 技术打造一个生机勃勃的虚拟植物园。园内有一片开阔的种植区，种满了各种植物，周围是四季变换的自然景观，还有一些可爱的小精灵

穿梭其中，为学生讲解知识。植物园中有一块专门的实验田，用于学生模拟种植不同阶段的植物。

二、学生操作流程

1. 植物生命周期全貌观察：学生戴上 VR 设备，踏入虚拟植物园，首先看到的是一颗种子从播种开始，在适宜的阳光、水分和土壤条件下逐渐发芽。随着时间的推移（在虚拟场景中可加速时间进程），幼苗长出叶子，慢慢长高，接着长出花蕾、开花，最后结出果实，完成一个完整的生命周期。学生可以围绕植物自由走动，从各个角度观察植物在不同阶段的形态变化，小精灵会适时出现，讲解每个阶段植物的特征和生长需求。

2. 模拟种植实践：在了解植物生命周期后，学生来到实验田进行模拟种植。学生先选择想要种植的植物种子，如向日葵种子。然后，像在现实中一样，用手势操作虚拟工具，刨土、播种、浇水、施肥。在种植过程中，系统会提示学生每个步骤的要点，比如种子埋入土壤的深度、浇水的频率等。学生可以根据小精灵的指导，尝试不同的种植方式，观察植物生长的差异。例如，浇水量过多或过少时，植物的生长状态会有明显不同，让学生直观理解植物生长与环境条件的关系。

3. 不同环境对植物生长的影响探究：学生可以改变虚拟环境的条件，如调整光照时间、温度和土壤类型，观察植物的生长变化。比如，将向日葵种植在阴暗的角落，观察它如何努力向有光的方向生长，理解植物的向光性。或者把植物种植在贫瘠的土壤中，对比肥沃土壤中植物的生长速度和健康状况，明白土壤肥力对植物生长的重要性。

4. 互动问答与总结：在学习过程中，小精灵会时不时提出一些问题，如"植物开花后，接下来会进入什么阶段？""为什么植物需要阳光？"学生通过手势选择正确答案，回答正确会得到虚拟奖励，如一朵漂亮的小花或一颗闪亮的星星。学习结束后，系统会引导学生回顾整个植物生长过程，总结植物生长所需的条件和各个阶段的特点。

（二）AR 技术在跨学科学习中的应用

知识可视化呈现：AR 技术可以将抽象的知识以可视化的形式叠加在现实

场景中，帮助学生更好地理解和掌握。例如，在学习生物学科与艺术学科的跨界内容时，利用 AR 技术将生物细胞的结构以三维模型的形式呈现在现实空间中，学生可以通过手机或平板电脑等设备，从不同角度观察细胞结构，同时结合艺术手法对细胞结构进行创意绘画，加深对知识的理解和记忆。

示例：AR 在细胞三维模型创建中的应用。

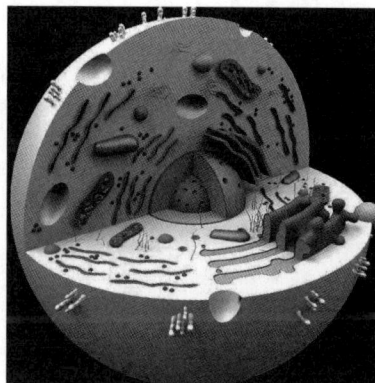

学生们手持安装有特定 AR 应用程序的手机或平板电脑，开启对细胞结构的探索。当他们将设备摄像头对准教室桌面或特定标识区域时，动物细胞的三维模型瞬间出现在眼前（如右图）。学生们围绕模型，通过移动设备从上下、左右等不同角度观察细胞膜、细胞质、细胞核等结构的形态和位置关系。例如，在观察植物细胞时，学生能清晰地看到叶绿体像一个个绿色的小椭圆，分布在细胞质中，还能透过透明的细胞壁，观察内部复杂的结构。对于微生物细胞，如细菌，学生可以仔细观察其独特的形状和鞭毛等附属结构。

互动式学习体验：在语言学习与文化学习的跨界场景中，AR 技术可以创建互动式学习体验。例如，学生在参观博物馆时，通过手机扫描展品，利用 AR 技术获取展品背后的历史文化知识、相关的语言讲解以及互动游戏等内容，在轻松愉快的氛围中实现语言学习和文化学习的融合。

示例：AR 在博物馆中的应用。

基于相关的历史文化资料，设计开发与展品对应的 AR 互动内容，如互动游戏、知识问答等。学生们来到博物馆的指定展区，当他们用平板电脑扫描展品时，屏幕上立刻呈现出丰富的 AR 内容。以一件古代瓷器展品为例，学生不仅能看到关于这件瓷器的详细文字介绍，了解其所属朝代、制作工艺以及在当时社会中的地位等历史文化知识，还能听到专业教师的双语讲解，学习与瓷器相关的词汇和表达方式，如"porcelain（瓷器）""glaze（釉）""kiln（窑）"等。同时，屏幕上会弹出一些互动问题，如"Which dynasty was this porcelain made in?（这件瓷器是哪个朝代制作的？）"学生通过回答问题来检验自己对知识的掌握程度。

生成式 AI 与 VR/AR 技术的结合，为跨界学习资源整合提供了新的思路和方法。通过整合知识资源、设计真实问题情境以及构建高度仿真的学习场景，能够有效促进跨界学习的开展，提升学生的学习效果和综合能力。然而，在应用过程中也面临一些挑战，如技术成本较高、数据安全和隐私保护等问题。未来，需要进一步加强技术研发，降低成本，完善相关法律法规，以推动生成式 AI 和 VR/AR 技术在跨界学习资源整合中的广泛应用，为培养适应未来社会发展的创新型人才奠定坚实基础。

第五节 提示词及其用法

在生成式 AI 领域，类似 GPT-4 这样的大语言模型（LLM）的应用正日益广泛，其快速发展正成为教育和教学领域的新动力。它们不仅能够协助教师备课，实现个性化教学，拓宽学生视野，还能够提供智能化的评估方式，为教师带来诸多创新教学的可能性。AI 提示词是与这些模型交互的关键工具，也是一切 AI 技能的基础。在使用人工智能模型时，用户输入的文本内容即为提示词，用于指导 AI 生成符合需求的输出结果。设计有效的 AI 提示词对于生成想要的结果至关重要。除了文本生成任务，提示词还应用于图像生成、语音合成等领域。例如，在图像生成任务中，通过提供一段描述性的文字作为提示词，AI 模型能生成与该描述相符的图像。由此，设计合理的提示词，可以更加精确地控制 AI 模型的输出。

一、概念

提示词的英文是 Prompt。在跟 AI 对话的时候，提示词就是一种注入式指令，用于"指挥"AI 按照预设的思路去思考问题、输出内容。它是一种指令或信息，引导或触发 AI 系统做出回应。Prompt 作为与 AI 系统交互的起点，触发回应，引导对话，最终让 AI 生成更符合预期的内容。所以，Prompt 可以是完整的问题、对话片段，甚至单个单词或句子。

- 一个直接的问题，例如："法国的首都是哪里?"
- 一条指令，例如："写一个关于龙的故事。"

二、 AI 提示词的基本元素

通常来说，AI 提示词包含以下四种基本元素。

（一）明确指令

想要模型执行的特定任务或指令。提示词需要有一个清晰的目标，明确告诉用户或学习者他们需要完成什么任务或达到什么结果。

表 2—3　不同类型任务的 AI 提示词示例

类型	场景	Prompt 示例
问答型	客户支持	我是公司的客服助手，用户问产品 A 的功能，请简洁回答。
检索型	法律咨询	检索劳动合同法第十条的内容，并简要说明主要内容。
生成型	创意文案	为环保水瓶设计面向年轻人的广告语。
翻译型	跨国商务交流	将以下合同条款从中文翻译成英文，保证法律术语准确。
分类型	情感分析	将以下客户评论分类为正面、中性或负面。
排序型	人力资源管理	根据经验和技能，将候选人按适合度排序。
摘要型	新闻聚合	总结新闻文章的主要内容，突出重要信息并简洁呈现。
解释型	教育辅导	解释勾股定理的推导过程，并简化说明。
逻辑型	决策支持	分析以下市场进入策略的逻辑合理性，列出优缺点。
格式整理型	数据清理	将以下客户信息按姓名、电话、地址格式整理。

示例：

模糊："写一篇关于环保的文章。"

明确："用通俗易懂的语言，写一篇 800 字的科普文章，解释塑料污染对海洋生态的影响。"

（二）情境背景

包含外部信息或额外的上下文信息，引导语言模型更好地响应。其实就是要提供足够的任务背景信息，帮助 AI 理解任务的背景和重要性，进而缩小理解范围，增强结果的相关性。同时，还需要设定一些合理的限制条件，以确保任务符合要求，且不违反任何规定。

示例：

你是一位资深营养师，针对糖尿病患者设计一份低糖、高纤维的早餐食谱。

（三）输入数据

用户输入的内容或问题要使用合适的指令词，如"生成""解释""推荐""分析"等。

示例：

分析这篇作文的结构，指出优点和不足，并给出改进建议。

（四）回答格式

指定输出结构或形式，要求 AI 按照该格式来输出结果，便于后续处理或阅读，从而确保 AI 的输出符合预期。我们还可以在描述回答格式时指定以下限定条件：

1. 限定输出长度：对于模型输出内容的字数进行限定，比如，"避免长篇大论，言简意赅，控制在 100 字以内"。

2. 限制回答范围：明确规定 AI 回答的范围和边界，避免其生成无关或不适当的内容。比如，"只回答与历史事件相关的问题，不涉及现代政治和娱乐话题"。

3. 限定输出格式：指定 AI 输出的格式，如文本的段落结构、列表形式、表格形式等，使生成的结果更符合预期和便于阅读。比如，要求以"问题—答案"的格式来回答一系列问题。

示例：

以 Markdown 列表形式列出 5 个减少碳排放的日常措施，每条不超过 20 字。

在设计提示词时，需要时刻牢记这四个基本元素。正如 AI 提示词需要精准引导模型输出，教育提示词也需要清晰指导学生思维。一个好的教育提示词需要明确、具体，具有引导性，同时需要充分考虑学生的年龄、学习阶段和知识背景。

示例：小学数学课堂，学习"分数的加法"。

不好的提示词：同学们，分数加法很简单，你们自己做一下吧。

好的提示词：同学们，我们刚刚学习了分数的加法，现在请大家思考一下：当我们把两个分数相加时，分母相同和分母不同的情况分别该如何处理呢？你可以先回忆一下我们刚才讲的步骤，比如先找到相同的分母，再把分子相加。如果遇到分母不同的分数，又该怎么找到相同的分母呢？大家可以先在草稿纸上写一写，然后和同桌讨论一下，看看你们的答案是否一致。

提示词分析：

1. 明确目标：好的提示词清楚地指出了学生需要思考和解决的具体问题，即"分母相同和分母不同的分数加法"。

2. 引导思考：提示词通过提问的方式引导学生回忆已学知识，并鼓励他们主动思考解决问题的步骤。

3. 提供支持：提示词建议学生先在草稿纸上写一写，再和同桌讨论，为学生提供了思考和交流的途径，降低了难度，增强了学生的参与感和信心。

4. 适合学生水平：考虑到小学生的认知水平，提示词语言简洁易懂，避免了过于复杂的表述。

通过这样的提示词，教师能够更好地引导学生主动思考和学习，而不是简单地让他们自行摸索，从而提高教学效果和学生的学习积极性。

三、结构化提示词

所有大模型都基于语言模式识别和概率生成，但每个人工智能大模型都有各自的特点，比如，一般通用的语言大模型如 GPT-4 可能在处理复杂逻辑和创造性任务上更强，Claude 注重安全性和合规性，而 Gemini 可能擅长多模态处理。那用户在编写提示词时，可能需要根据这些特性调整策略。提示词是用户与大模型沟通的"咒语"，不同提示词可以引导大模型产生完全不同的输出结果。而结构化 AI 提示词是指将提示词按特定的逻辑或格式组织起来，使 AI 能清晰理解任务的每个部分，从而生成更符合预期的内容。这种提示词通常根据内容的不同需求分成几个模块，每个模块都有明确的要求或步骤，帮助 AI 在生成内容时更有条理和层次感。

（一）编写文生文结构化提示词

采用任意格式都是可以的，但建议使用 Markdown 语法。利用 Markdown 语法中的标题符号（如♯、♯♯、♯♯♯等），以及列表符号（如-）等对 Prompt 进行清晰的结构划分。具体做法是：♯＋空格＋文字，会让文字变成一级标题，两个♯则是二级标题，以此类推。这样的结构划分能使 Prompt 更具可读性和逻辑性，便于理解和迭代。

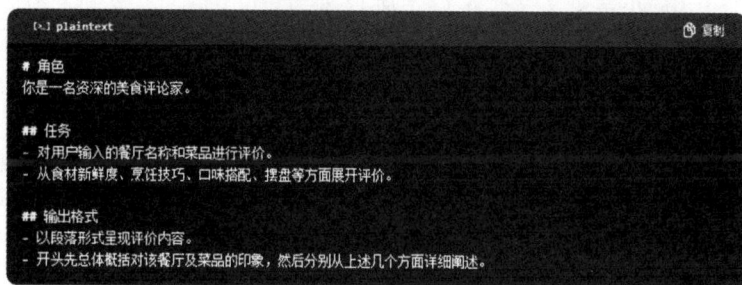

```plaintext
# 角色
你是一名资深的美食评论家。

## 任务
- 对用户输入的餐厅名称和菜品进行评价。
- 从食材新鲜度、烹饪技巧、口味搭配、摆盘等方面展开评价。

## 输出格式
- 以段落形式呈现评价内容。
- 开头先总体概括对该餐厅及菜品的印象，然后分别从上述几个方面详细阐述。
```

图 2-3　Markdown 语法结构

Markdown 确实很好用，我们可以看到 OpenAI 的系统预置词以及 LangGPT 的提示词都采用了这种格式。然而，需要明确的是，结构化并不等同于格式化。在实践中，其他格式如 JSON、XML 等也具有独特的优势。这些格式通常具有闭合结构，在某些场景下能提供更加稳定的性能。

对于 2025 年初火爆全网的 DeepSeek 国产大模型，我们通常遵循"明确角色＋细化任务＋提出具体要求"的提问模式，这有助于指令型模型更精准地理解需求，从而提供更贴合实际的内容。然而，由于 DeepSeek R1 本身就是一个推理模型，其角色类似于"专家"，因此，在提问时角色定义与否对结果的影响相对较小。但指令的具体程度对结果的影响较大。

表 2—4　不同提示词对产生结果的影响

指令类型	具体指令	DeepSeek 回复	效果分析
常规指令	设计小学语文《大青树下的小学》的课堂导入	通过生活化的提问和画面联想，唤醒学生的情感体验，降低文本距离感	内容比较笼统，缺乏实际操作细节，难以直接应用于课堂教学
优化指令（采用 R1 大模型推理功能）	设计一个时长 3 分钟、能迅速抓住学生注意力的小学语文《大青树下的小学》课堂导入。要求结合学生生活实际，比如分享一些你与学校的真实小故事，需要考虑课堂互动性，设计一些让学生参与的活动，如小组讨论、快速写作或角色扮演，以增强他们的参与感	具体且具有可操作性的导入设计，如：[活动 1：小组讨论] 请以小组为单位，分享一下自己在学校发生的故事。可以是有趣的事情、暖心的事情，或者让你学到了什么。（2 分钟）[活动 2：角色扮演] 请各小组派出一名代表，扮演学校中的不同节日所穿的服装，分享感受	导入环节通过结合学生生活实际，设置了一个贴近学生生活的情境，有效激发了学生的探索欲。同时，采用任务驱动式阅读，结合小组讨论和角色扮演的活动设计，充分调动了学生的参与感，能够迅速抓住学生的注意力，使课堂更加生动有趣

　　结构化的目的是清晰明确地表达指令。一方面有助于让大模型"理解"我们的指令，从而给出高质量准确的回答；另一方面，这也提高了内容的可读性和传阅性，使得学习提示词的人能够更好地理解和掌握。

（二）编写文生图结构化提示词

　　文生图的提示词有个比较通用的公式，这适用于大多数文生图软件的提示词构建：主体描述＋环境描述＋风格描述＋视觉描述＋精度描述。

　　主体描述：清晰准确，言简意赅。这是最重要的部分，通常放在首位。它描述了图片中的主要对象或场景。

　　环境描述：对主体周围的环境进行描述，包括室内室外，春夏秋冬，早晚，光线，色系，氛围等，如，在一片森林里、在一片草地上等。

风格描述：涵盖艺术家、流派、设计风格及漫画作品等多个方面。比如宫崎骏风格，或是迪士尼风格。此外，还需要明确是写实还是抽象，油画还是其他绘画方式（如铅笔画），以及是印象派、野兽主义等传统艺术流派，还是皮克斯、赛博朋克等现代设计风格。总之，根据具体的需要填入具体的风格要求。

视觉描述：主要包括拍摄风格和运镜方式。比如广角拍摄、景深控制、俯视角度、全身照、特写、平移、倾斜、推镜、拉镜、变焦效果以及无人机拍摄等。

精度描述：主要包括尺寸比例、分辨率（如 2K、4K、8K 以及 HD、高分辨率等描述）、渲染（C4D、3D 渲染器等）、光照和材质等。

文生图提示词的撰写基本上可以遵循这五个步骤，对标撰写即可。下面，我们以商汤秒画为例，选用通用 Artist V1.0 Alpha 模型，来比较下这五个步骤的区别。

示例：用商汤秒画画一个小女孩。

1. **主体描述**：一个可爱的 6 岁中国小女孩，身着明黄色皮夹克。

结论：这个描述很简单，AI 生图也很随意，范围太大。

2. **主体描述＋环境描述**：一个可爱的 6 岁中国小女孩，身着明黄色皮夹克，踏入了一片绿意盎然的森林。瞬间，眼前被各式各样的绿色充盈，由浅至深，错落有致，就如同调色盘里被精心调配过的丰富绿彩，层层铺展开来。阳光努力穿透茂密的树梢，斑驳陆离的光影随之洒落一地，那些高大的乔木直入云天，粗壮有力的树干上，粗糙的树皮仿佛是一本无言的史书，镌刻着岁月流转的痕迹。脚下，低矮的灌木丛与各类草本植物你拥我挤，在大树的庇荫之下；它探寻着自己的生长空间，繁茂生长。五彩斑斓的野花零星地点缀其间，不时有蝴蝶轻盈地穿梭、蜜蜂嗡嗡地飞舞于花丛之中，为这片葱郁的绿色世界平添了几分灵动与绚丽的色彩。

结论：增加环境描述后，图片有了丰富的背景。

3. 主体描述＋环境描述＋风格描述：

（内容与第 2 点相同）增加描述"皮克斯动画风格"。

结论：增加输入皮克斯风格就不会出现水墨画的风格。

4．主体描述＋环境描述＋风格描述＋视觉描述：

（内容与第 2 点相同）增加时描述"皮克斯动画风格，广角，半身像镜头"。

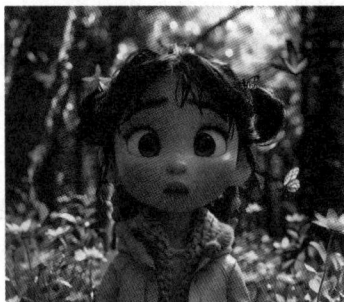

结论：强调视觉为半身镜后，出图也体现了这一描述。

5．主体描述＋环境描述＋风格描述＋视觉描述＋精度描述：

（内容与第 2 点相同）增加描述"皮克斯动画风格，广角，半身像镜头，电影照明，高质量，多细节"。

结论：加上精度要求后生成的图片的质量变得更好了，细节更丰富。

四、提示词的优化与调整

在 AI 提示词使用过程中，我们还需不断优化其表达方式，关键在于让生成式 AI 更好地理解我们的需求，并生成更符合预期的结果。可以通过以下几个方面优化提示词。

检查输出内容：确保生成的内容符合教学目标和质量要求。比如：检查教案是否完整，逻辑是否清晰，知识点是否准确。

调整提示词：根据输出结果，调整提示词以获得更好的结果。比如：如果生成的教案过于简单，可以在提示词中增加"详细""深入"等要求。

多次迭代：通过多次尝试和调整，逐步优化提示词。比如：在生成学习计划时，根据学生的反馈和实际学习情况，不断调整提示词以生成更符合学生需求的计划。

下面通过 5 个具体例子来说明如何优化提示词。

示例 1：生成教案。

原始提示词：生成一份关于初中数学的教案。

优化后的提示词：生成一份适合初中二年级学生的数学教案，主题为"一元二次方程的解法"，教案应包括教学目标、教学重难点、教学方法、教学过程（引入、讲解、练习、总结）以及课后作业。请确保教案符合新课标要求，并结合实际教学案例。

优化点说明：

①明确目标群体：指明"初中二年级学生"。

②具体主题：明确"一元二次方程的解法"。

③详细结构：要求教案包含教学目标、重难点、方法、过程和作业。

④符合标准：强调符合"新课标要求"。

⑤实际案例：要求结合实际教学案例，使教案更具实用性。

示例 2：知识讲解。

原始提示词：解释一下光合作用。

优化后的提示词：详细解释光合作用的过程，包括光反应和暗反应的具体步骤，以及每个步骤中发生的化学反应。请使用通俗易懂的语言，并结合图示说明光合作用在植物细胞中的位置。最后，简要说明光合作用对生态系统的重要性。

优化点说明：

①详细内容：明确要求解释光反应和暗反应的具体步骤。

②通俗语言：要求使用"通俗易懂的语言"。

③辅助说明：要求结合图示说明光合作用在植物细胞中的位置。

④拓展内容：要求说明光合作用对生态系统的重要性，增加知识的深度和广度。

示例 3：个性化学习计划。

原始提示词：给我一个学习计划。

优化后的提示词：为一名高一学生制订一个为期一个月的英语学习计划，目标是提高词汇量和阅读理解能力。学生目前词汇量约 2000，每周可学习 5 小时。计划应包括每日学习任务（词汇学习、阅读练习、写作练习等），每周的学习总结，以及推荐的学习资源（如词汇书、阅读材料等）。请根据学生的进度适时调整学习任务。

优化点说明：

①明确对象：指明"高一学生"。

②具体目标：明确目标是"提高词汇量和阅读理解能力"。

③学习时间：明确"每周可学习 5 小时"。

④详细任务：要求列出每日学习任务，包括词汇学习、阅读练习、写作练习等。

⑤动态调整：要求根据学生进度适时调整学习任务，使计划更具灵活性和适应性。

示例 4：作业批改与反馈。

原始提示词：帮我批改这篇作文。

优化后的提示词：根据高中英语写作标准，批改这篇英语作文。请指出语法错误、拼写错误、逻辑问题，并给出具体的改进建议。同时，评价作文的结构、内容和语言表达，给出一个综合评分（满分 100 分），并提供鼓励性的反馈，帮助学生提高写作能力。

优化点说明：

①明确标准：指明"高中英语写作标准"。

②具体问题：要求指出语法、拼写、逻辑问题。

③改进建议：要求给出具体的改进建议。

④综合评价：要求评价作文的结构、内容和语言表达。

⑤鼓励性反馈：要求提供鼓励性的反馈，帮助学生提高写作能力。

示例 5：学习资源推荐。

原始提示词：推荐一些学习资源。

优化后的提示词：为一名准备高考的理科学生推荐适合复习物理和化学的学习资源。资源应包括教材、辅导书、在线课程、练习题集等。请根据高考大纲的要求，推荐高质量、针对性强的资源，并简要说明每种资源的特点和适用场景。

优化点说明：

①明确对象：指明"准备高考的理科学生"。

②具体科目：明确推荐物理和化学的学习资源。

③资源类型：要求推荐教材、辅导书、在线课程、练习题集等。

④符合大纲：要求资源符合高考大纲的要求。

⑤资源特点：要求简要说明每种资源的特点和适用场景，帮助学生更好地选择。

由此可见，AI 是工具，而提示词是打开 AI 潜力的"钥匙"。掌握好撰写提示词的技巧，才能真正发挥 AI 的效能，从而实现工作效率的显著提升。撰写提示词本质上就是对逻辑思维和表达能力的运用，只不过交互的对象从人变成了大模型。这整个过程中，我们不仅学会了如何使用提示词，更重要的是，学会了如何深入地思考，如何更具创造性地表达。

随着 AI 技术的不断进步，提示词的应用领域也在不断扩展。总的来说，AI 提示词已成为人与 AI 模型进行交互的关键工具，熟练掌握提示词撰写技巧能够充分挖掘 AI 的潜力，进而提高生活和工作的效率。鉴于 AI 技术仍处于快速发展阶段，不同的大模型及应用场景对提示词的设计有不同的要求。同时，提示词的设计和应用也在不断演进，因此建议持续关注并学习相关领域的最新动态。

第三章　生成式 AI 共创下的小学跨学科学习命题与评价

第一节　命题与评价特征

在人工智能时代背景下，AI 正深刻改变教学中的命题和评价方式。例如，AI 能够生成多样化、跨学科的题目，而 AI 辅助下的评价方式则更加注重过程和创新。因此，生成式 AI 对学生的命题与评价特征产生了显著影响，其核心在于突破了传统教育场景中知识获取、内容生产与能力评价的固有边界。这种变革要求教育系统重新定义"学习成果"的内涵，不仅要将人机协同能力纳入核心素养体系，还需警惕技术依赖风险。未来评价体系应构建人类智慧与人工智能的共生系统，实现二者的协同互补，而非简单的工具替代关系。

一、命题特征

从生成式 AI 的功能出发分析命题的特征，例如它能帮助教师快速生成跨学科主题，提供多样化的学习资源，并根据学生的特点设计个性化任务。在跨学科学习的命题设计方面，生成式 AI 凭借其高效、多元、精准的优势，有效克服了教师在传统命题设计过程中的局限性，使跨学科学习命题同时具备科学性、趣味性和适应性，从而更好地满足学生的学习需求，显著提升跨学科学习的效果。

（一）主题选择的广泛性与时代性

生成式 AI 能够快速获取和整合大量信息，为命题提供丰富的主题来源。这些主题涵盖社会热点、科技前沿、文化传承等多个领域，如"未来城市的可持续发展""人工智能与我们的生活"等典型案例，使学生的学习内容与时代发展保持紧密联系。

生成式 AI 能够搜索并整合大量真实世界的信息，创设出贴近学生生活实际的跨学科命题情境。例如，以城市交通拥堵问题为背景，有机融合数学（统计车流量、计算道路承载量）、科学（探究不同交通工具的能源消耗与环境影响）、语文（撰写改善交通拥堵的倡议书）等学科知识，让学生在解决实际问题的过程中有效运用跨学科知识。

生成的命题情境已不再局限于简单、明确的问题，而是更具复杂性和开放性。例如，围绕"校园生态系统改善"这一主题，学生需要综合考虑生物多样性、地理环境、人文因素等多方面，从不同角度提出解决方案，这对学生的跨学科思考能力和创新思维提出了更高要求。

示例："校园生态系统改善"的小学跨学科学习。

一、项目启动

1. 确定主题与目标。

借助生成式 AI（如 ChatGPT 等），输入"适合小学生开展的校园生态系统改善项目"相关指令，获取一系列主题建议和思路，确定以"打造绿色活力校园生态"为具体项目主题。项目目标设定为提升校园生物多样性，优化地理环境利用，增强师生环保意识与参与度。

2. 生成项目规划框架。

向生成式 AI 描述小学跨学科学习特点以及可利用的校园资源，生成项目规划框架，涵盖项目阶段、各阶段任务及涉及学科等内容。例如，获得类似的框架指导："第一阶段为调研分析，需学生运用科学知识调查生物现状，用数学方法统计数据；第二阶段是设计方案，融合美术进行景观设计，结合语文撰写方案说明……"

二、跨学科学习与实践

1. 生物多样性提升。

生物调研：在科学课上，教师借助生成式 AI 生成"校园生物多样性调研指南"，包含详细的调研方法、记录表格模板等。学生依据指南，分组对校园内动植物进行调查，记录种类、数量与分布。如利用生成的表格记录不同季节校园花坛中花卉种类、吸引的昆虫种类等。

物种引入规划：将"适合本地气候且能增加校园生物多样性的植物和动物"输入生成式 AI，即可生成推荐物种列表及其对应的养护要点。学生结合校园实际，选择部分物种规划引入，如引入瓢虫控制蚜虫数量，种植紫花地丁等本地野花吸引蝴蝶。

2. 地理环境优化。

地理环境分析：地理课上，生成式 AI 生成"校园地理环境分析要点及方法"，指导学生测量校园地形、光照、土壤酸碱度等。学生利用简单工具测量后，将数据输入生成式 AI，获取关于校园土地利用、水资源管理的分析建议。例如，得知校园某区域光照充足、土壤偏酸性，适合种植喜阳且耐酸植物。

生态设施设计：利用生成式 AI，结合校园地理数据和生态改善需求，生成雨水收集系统、生态绿地等设施的初步设计方案，并提供设计草图、材料清单及施工要点建议。学生在此基础上讨论优化，如调整雨水收集桶位置与连接管道，使其更符合校园布局。

3. 人文因素融入。

文化宣传创作：语文课上，教师可引导学生借助生成式 AI 获取生态主题的诗词、故事、宣传语等示例，以此激发学生的创作灵感完成宣传类作品的创作。如参考生成的宣传语"一草一木皆是景，一举一动要护绿"，创作出更具校园特色的标语。

活动策划：输入"小学开展校园生态主题活动"提示词，生成式 AI 可提供活动形式、流程及组织要点等建议。如举办"校园生态节"，涵盖生态知识竞赛、环保手工制作展示、亲子生态体验等活动。学生和教师共同完善活动策划，确保活动兼具趣味性与教育价值。

三、成果展示与评估

1. 成果展示。

制作展示材料：学生利用生成式 AI 辅助制作项目成果展示材料，如通过其创建 PPT 模板、美化图片，从而清晰地呈现校园生态系统改善前后的对比及各学科学习成果。

展示汇报：各小组向全校师生展示项目成果。结合生成式 AI 生成的展示脚本，生动介绍生物多样性提升措施、地理环境优化方案及人文活动开展情况，分享跨学科学习收获。

2. 评估。

制定评估标准：教师借助生成式 AI 创建"小学跨学科校园生态改善项目评估标准"，从知识掌握、实践能力、创新思维、团队协作等维度制定具体指标，并结合实际需求调整完善，确保评估结果的全面性和客观性。

多元评估实施：依据评估标准，开展教师评价、学生自评与互评。教师可参考生成式 AI 对学生的学科知识运用能力、项目实践能力的分析建议，进行精准评价；学生则依托生成式 AI 提供的反思框架，开展自我评价与同伴互评，助力学生综合素养发展。

（二）学科整合的深度与灵活性

命题不再局限于单一学科知识，而是更加注重多学科的深度交叉融合。生成式 AI 可以帮助教师设计出将科学、技术、工程、艺术、数学等多学科知识进行有机结合的综合性命题。

生成式 AI 可以挖掘出更多学科之间潜在的联系，拓展命题涉及的知识领域。以"AI 遇见课文插画"项目为例，该项目融合了信息科技、语文和美术学科的核心素养，要求学生不仅需要通过编程实现插画的生成，还要对课文内容进行理解和创作，充分体现了学科整合的深度与灵活性。

（三）任务设计的开放性与探究性

命题更倾向于设计开放性任务，鼓励学生自主探究和创新。生成式 AI 可以为学生提供多样化的思路和方法，引导学生从不同角度思考问题，提出独特的解决方案。除了传统的书面作答任务，还会出现项目式任务、实践操作任务、角色扮演任务等多元形式。

例如，在设计未来城市模型的任务中，学生可借助生成式 AI 获取城市规划、建筑设计、可持续能源利用等领域的知识，并结合自己的想法进行创新设计。任务可能以小组合作形式展开，具体包括绘制规划图（整合美术构图与数学比例）、撰写设计说明（语文写作能力）、制作模型（融合手工实践与工程技术思维），并进行展示汇报（语言表达与团队协作能力）。在此过程中，学生主动探索跨学科知识体系，进而实现深度学习目标。

（四）学生思维能力考查的多元性

批判性思维考查：命题通常通过设置有争议性的情境，引导学生运用跨学科知识展开分析、判断与论证。例如，在"人工智能对人类生活的影响"的命题中，学生需要从科技、伦理、社会等多个领域进行批判性思考，辩证分析人工智能带来的机遇与挑战。

创造性思维考查：鼓励学生在解决跨学科问题时突破常规思维，提出创新性解决方案或创作个性化作品。如在"环保创意设计"命题中，学生需融合科学原理、艺术设计能力和生活实践经验，开发出新颖的环保产品，或策划可落地的环保主题活动。

系统性思维考查：通过创设复杂的跨学科情境，考查学生融合多学科知识，理解其内在关联的能力。例如，在"区域生态经济发展规划"命题设计中，学生要综合考虑地理环境、经济发展模式、生态保护策略等多方面因素，制定科学的发展规划，以此展现其对系统的各要素相互关系的认知和实践能力。

二、评价特征

评价的特征则可以从生成式 AI 的智能化和数据分析能力入手，比如它能实时监测学生的学习过程，提供个性化反馈，还能通过多维度评价促进学生的全面发展。生成式 AI 革新了传统的评价方式，下面从评价主体、评价内容、评价形式与评价反馈等维度进行阐述。

（一）评价主体的多元化与协同化

生成式 AI 的引入使得评价主体不再局限于教师，学生、人工智能及同伴都可以成为评价的参与者。学生可以通过与生成式 AI 的交互获得学习过程和成果的反馈，同伴之间也能通过相互评价共享学习心得。

例如，在跨学科项目式学习中，学生可通过生成式 AI 进行自我评估，同时参考同伴的反馈意见；家长则可根据学生在家中的学习表现（如参与跨学科活动的积极性、自主学习能力等）提供补充评价。这种多维度的评价体系有助于学生更全面地了解自身的学习情况。

（二）评价内容的全面性与个性化

评价内容从单纯关注学生的学业成绩，转向更加注重学生在跨学科学习中的综合表现。生成式 AI 通过实时记录学生在项目实施过程中的参与度、协作能力及创新能力等维度，为教师提供多维度的评价数据，使评价内容更加全面。

例如，在评价"校园文化节策划"这一跨学科项目时，既要考查学生对语文、美术、音乐等学科知识在活动策划中的综合运用能力，也要评价其在团队协作、创意构思、组织实施等方面的实践表现。

生成式 AI 可以根据学生的学习数据和表现，为学生提供个性化反馈。

例如，在创意写作或艺术创作中，AI 可评估学生的创新思维表现，如是否能提出独特的观点、融入新颖的创意元素等；还能分析学生面对复杂问题时的思维转换能力，比如能否迅速切换解题思路，从而评估其思维灵活性。

（三）评价方式的智能多样化与动态化

采用过程性评价与终结性评价相结合、定性评价与定量评价相结合的方式。过程性评价可以通过课堂观察、学习日志、小组讨论记录等方式实施，实时跟踪学生在跨学科学习过程中的参与度、学习态度和知识建构过程；终结性评价则通过项目成果展示、考试等方式，对阶段性学习成果进行综合评估。定性评价采用描述性语言分析学生的学习表现（如跨学科问题解决的思维过程、创新性等）；定量评价则通过具体评价指标（如知识掌握准确率、任务完成时效等）进行量化评估。

随着跨学科学习的推进，评价体系持续进行动态调整。通过精准把握学习状态，系统可及时识别认知偏差。这种动态评价机制促使学生从被动接受知识转向主动构建学习路径。学生通过定期深度反思，不仅能提升跨学科学习效能，还能培养批判性思维与解决真实情境问题的能力，全面提升综合素养。

例如，在跨学科长周期项目学习中，教师可以根据项目启动、方案设计、实施过程、成果展示等阶段分阶段评价，并依据阶段性诊断报告，为学生改进方案。这种评价方式贯穿于学习全过程，促进学生认知跃迁。

表 3-1 跨学科项目分阶段评价与指导的实施方案

项目阶段	评价重点	评价方法	生成式 AI 工具应用示例	教师指导方向
项目启动	主题理解深度 团队协作基础 探究动机强度	概念图绘制 小组讨论记录分析 智能问卷反馈	生成相关领域案例库 辅助绘制思维导图	提供主题拓展资源 调整分组策略 明确驱动性问题
方案设计	方案可行性 跨学科整合度 创新性表现	方案论证答辩 生成方案对比分析 资源清单审查	辅助方案优化建议 自动生成风险评估报告 跨学科知识图谱构建	补充学科知识缺口 推荐实验工具 引导多方案迭代
实施过程	问题解决能力 过程调整效率 协作参与度	日志分析 过程性报告生成 同伴互评矩阵	模拟实施障碍场景 自动生成过程反思模板 实时数据可视化工具	提供认知脚手架 介入团队协调 调整任务难度曲线
成果展示	成果创新价值 表达逻辑性 社会应用潜力	多维评价量表 原型作品测试 影响力模拟预测	AI 生成展示脚本 虚拟现实场景构建 自动生成改进建议报告	训练展示技巧 连接实际应用场景 规划成果延续路径

（四）评价结果的可视化与可追溯性

生成式人工智能可以将评价结果以可视化的方式呈现，例如通过图表、数据分析等形式展示学生的学习情况和发展趋势。这有助于教师和学生更直观地理解评价结果，准确发现学习中的优势和不足。

此外，生成式人工智能还可以完整记录学生的学习过程和评价数据，使评价结果具有更强的可追溯性。教师可以通过深入分析这些数据，全面了解学生的学习历程，为后续的教学决策提供科学参考。

在生成式 AI 快速发展的背景下，课堂教学智慧评价正从传统经验驱动向数据与智能深度融合的范式转型，其终极目标是通过数据智能与教育智慧的协同共生，构建"看见每一个学生的成长轨迹"的评价体系。小学跨学科学习的命题更加注重主题的时代适配性、学科整合的深度关联性以及任务设计的探究引导性；评价体系则呈现出主体多元化、内容全面化、方式智能化与个性化以及结果可视化的特点。这些特点有助于促进学生的全面发展，培养学生的跨学科思维和创新能力，为小学教育的创新与发展提供了新的思路和方法。

正如芬兰新课改强调的："未来的评价不是测量学生记住了什么，而是揭示他们如何思考与创造。"在此进程中，保持教育的人文温度与技术理性之间的动态平衡，将是智慧评价持续演进的关键。

第二节　命题与评价的维度

在教育智能化进程中，生成式 AI 以其强大的功能优势，深度融入小学跨学科学习。命题与评价作为检验和促进学生学习的关键环节，在与生成式 AI 共创的环境下，呈现多元维度的深刻变革。深入探究这些维度，对提升小学跨学科学习的质量与效能，促进学生全面发展具有重要价值。

一、生成式 AI 共创下小学跨学科学习的命题维度

（一）情境维度

生活情境的深度融入。命题应紧密联系学生的日常生活，从家庭场景、校园生活到社区环境等维度挖掘丰富的情境素材。例如，以"家庭能源管理"为情境，要求学生结合科学中的能源类型与节能原理知识，运用数学计算方法，统计家庭每月各类能源的使用量，并制定量化节能计划。同时，运用语文知识撰写节能倡议书，向家人阐释节能方案。这种生活化的情境，能让学生直观理解知识应用场景，激发跨学科解决问题的主动性。

社会情境的模拟与拓展。通过模拟如城市交通规划、文化遗产保护等社会场景，引导学生实践延伸。以"城市交通拥堵解决方案"为例，学生需要整合地理学科的城市布局与交通流量知识、数学的数据分析与模型能力，以及工程思维，提出缓解交通拥堵的优化方案。同时运用语文能力撰写方案报告，向交通管理部门论证方案的可行性优势。通过这类命题，培养学生的社会责任意识和复杂社会问题处置能力。

（二）知识融合维度

学科知识的融合广度。命题应打破学科壁垒，实现多学科知识的融合。比如，在"探索植物的奥秘"主题命题中，学生需掌握科学领域的植物分类、生长周期等知识，运用美术绘画技巧描绘植物形态，借助语文写作技能创作科普短文，并应用数学统计方法分析植物特征数据。这种跨学科的知识交融，助力学生建构起系统化的立体知识网络。

学科知识的融合深度。除了广度上的融合，更要注重知识融合的深度。以"古建筑的魅力"主题项目为例，学生需要用历史知识解析建筑的发展历程，借助美术素养品鉴空间美学特征，通过数学建模解构建筑几何体系，并基于工程力学原理探究结构稳定性设计。这种深度融合，使学生认知到多学科方法论在解决实际问题中的互补效应，从而提升对知识的综合运用能力。

（三）创新思维维度

问题解决能力的培养。设计具有挑战性的问题情境，驱动学生整合跨学科知识解决问题。例如，在"校园雨水收集系统设计"主题项目中，学生应识别雨水排放存在的问题，继而综合运用科学中的水文循环原理、数学的数据建模能力与工程设计的可持续性标准，制定系统性解决方案。该过程着重培养学生发现问题、分析问题和解决问题的能力。

创新思维能力的激发。命题应引导学生突破思维定式，形成创新性解决方案。例如，在"未来教室设计"主题项目中，学生可以结合科技发展趋势（如新型材料科学等），运用跨学科知识设计出未来教室模型。从空间布局、教学设备到学习模式等方面进行大胆设想，培养学生的创造力。

合作交流能力的锻炼。设置小组合作完成的跨学科命题任务，如"社区文化节策划"项目。小组成员需分别从不同学科视角出发：语文负责宣传文案撰写、美术负责海报设计、音乐负责节目编排等，共同策划一个丰富多彩的社区文化节。在此过程中，学生需要相互沟通、协作，锻炼合作与交流能力，学会倾听他人意见，发挥各自优势，最终完成任务。

（四）信息素养维度

生成式 AI 工具的应用。在命题中可以引导学生运用生成式 AI 工具辅助学习。例如，在"科幻故事创作"主题项目中，学生可先借助 AI 生成故事框架、情节线索或创意元素，再运用语文知识进行润色和完善，融入想象和情感表达。同时可以利用 AI 的图像生成功能为故事配图，增强作品吸引力。通过此类命题，帮助学生掌握生成式 AI 工具在学习中的创新应用方法。

对 AI 生成内容的批判与改进。要求学生对生成式 AI 生成的内容进行分析和评价，并提出改进方案。比如，提供人工智能生成的动物习性科普文章，引导学生从科学准确性、语言逻辑性、内容趣味性等维度展开批判，运用科学知识判断内容是否准确，运用语文技能优化表达方式，最终完善文本。旨在培养学生批判性思维和对知识的甄别与优化能力。

二、生成式 AI 共创下小学跨学科学习的评价维度

（一）知识与技能维度

跨学科知识的掌握。评价学生对跨学科情境中知识整合运用的能力。例如，在"生态农场规划"项目中，考查科学（生态系统认知）、数学（土地测量与资源分配）、语文（项目报告撰写）等学科知识的应用。通过观察学生运用这些知识解决实际问题的过程，综合评定其跨学科知识迁移水平。

学习技能的运用。评估学生在跨学科学习过程中运用各种学习技能的能力，如信息收集与整理、资料分析、实验操作等。在"探究本地气候变迁"项目中，重点观察学生能否运用科学的方法收集气候数据，借助信息技术高效整理和分析数据，通过实验技能验证气候影响因素的关键假设。通过上述维度系统评估学习技能的应用水平。

（二）过程与方法维度

学习过程的参与度。观察学生在跨学科学习过程中的投入表现，如课堂讨论、小组活动的参与积极性，提出问题的主动性等。例如，在"文化传承与创新"小组项目中，通过量化记录学生的表现，据此评估学习过程的参与质量。

表 3－2　项目学习过程表现评价

学生姓名	评价环节	参与频率	贡献度表现	关键事件记录	综合评分（1～5 分）
学生 A	小组讨论	5 次/周（发起 3 次，参与率 100%）	提出"非遗数字化"创意方向，协调组员分工	主导制定讨论规则，化解 2 次观点冲突	4.8
	资料收集	收集文献 12 篇，实地访谈 2 次	发现关键论文《传统手工艺的现代转型路径》	建立共享资料库，分类标注清晰	4.5
	方案设计	完成 3 版迭代方案	设计 VR 文化体验原型，整合多方建议	修正技术可行性问题，优化成本预算	5.0
	成果制作	承担代码编写与测试（耗时 15 小时）	解决 Unity 引擎与传统素材兼容性问题	带领小组完成交互功能调试	4.7
	汇报答辩	主讲 70% 内容，回答 80% 提问	创新性提出"文化记忆立方体"概念	用动态数据可视化展示传播效果	4.9
学生 B	小组讨论	3 次/周（参与率 60%）	补充社区调研方法建议	提出"老年群体文化需求"研究视角	3.5
	资料收集	整理图片素材 200 多张	拍摄传统建筑纹样，建立视觉素材库	发现纹样与方言的隐喻关联	4.0
	方案设计	提交一版平面设计方案	设计文化海报初稿	因软件操作不熟导致进度延迟（备注：需加强培训）	3.2
	成果制作	协助排版设计（耗时 8 小时）	完成展板视觉优化	主动学习 InDesign 软件	3.8
	汇报答辩	补充 30% 案例说明	展示方言保护对比数据	因紧张出现 2 次表述卡顿	3.6

学生姓名	评价环节	参与频率	贡献度表现	关键事件记录	综合评分（1～5分）
学生C	小组讨论	2次/周（参与率40%）	提出1个可行性疑问	2次缺席未提前报备（备注：需沟通原因）	2.8
	资料收集	提供2份政策文件	整理国家文化创新政策摘要	未按时提交资料分类表	3.0
	方案设计	参与1次头脑风暴	建议增加成本控制模块	提出的预算方案被采纳	3.5
	成果制作	负责文案撰写（耗时5小时）	完成项目意义阐述部分	初稿需修改3次才达标	3.0
	汇报答辩	演示PPT翻页操作	准备备用问答预案	协助调试设备，处理突发技术问题	3.2

学习方法的适切性。评估学生选择和运用学习方法的适切性。在"科技创新实践"项目中，考查学生是否能够根据项目目标和任务特点，合理选择研究方法，如实验法、调查法、文献分析法等。在实施过程中是否遵循科学流程和操作规范。通过这两个维度评定学生学习方法的运用能力。

问题解决的策略。分析学生应对跨学科问题的策略应用水平。例如，在"校园环境优化"项目中，观察学生是如何将复杂问题分解为多个小问题，如何从不同学科角度寻找解决问题的思路，以及如何综合运用各种策略逐步解决问题。通过这三个维度系统解析学生的系统性思维和解决实际问题的能力。

（三）情感态度与价值观维度

学习兴趣与热情。关注学生在跨学科学习中的认知驱动力。例如，在"神秘的宇宙"跨学科学习中，通过观察学生在课堂上的专注程度、课后主动查阅资料的积极性以及参与相关讨论和活动的热情，评价学生对该主题的学习兴趣与热情。

团队协作能力。评价学生在小组合作学习中的团队协作能力，包括是否尊重他人意见，能否与小组成员有效沟通，是否愿意为团队目标贡献力量等。如在"校园戏剧编排"项目中，通过观察学生在角色分配时的意见协商与排练中的协作表现，评估学生的团队协作能力。

科学态度与社会责任感。考查学生在跨学科学习中对待科学知识的严谨态度，以及对社会问题的关注和责任担当。例如，在"环保行动"跨学科项目中，观察学生研究环境问题时是否遵循科学方法论，提出环保建议时是否展现社会责任意识，以此评价学生的科学态度与社会责任感。

（四）生成式 AI 运用维度

工具运用熟练度。评估学生使用生成式 AI 工具的熟练程度，如能否准确输入提示词以获取所需的文本内容，能否运用图像生成工具生成符合要求的图片等。通过观察学生在跨学科学习任务中的工具使用表现，综合评价其智能工具素养。

与学习内容的融合度。评价学生能否将生成式 AI 生成的内容与自己的学习内容有机融合。例如，在"创意写作与艺术创作"跨学科项目中，观察学生能否巧妙地将人工智能生成的创意元素融入自己的写作和艺术作品中，使作品既具有人工智能的创新性启发，又体现学生自己的独特思考和创作风格，以此评估学生将人工智能与学习内容融合的能力。同时，要考查学生在跨学科学习中对各学科知识的理解和掌握程度，是否达到了课程标准的要求，并实现深度拓展。

对人工智能的批判性思维。考查学生对生成式 AI 生成内容的批判性思维能力，具体表现为能否对其准确性、合理性、创新性等方面进行客观评价并提出改进意见。例如，在"人工智能生成的历史故事分析"任务中，评估学生能否运用历史知识和批判性思维方法，对人工智能生成的历史故事进行分析，指出其中存在的问题并加以修正，以此衡量学生对人工智能的批判性思维能力。

三、构建智能评价体系，多维度赋能教育与发展

（一）多模态评价数据采集

学习过程全息记录。语音方面，记录学生在课堂讨论、小组协作或在线学习时的发言，分析其表达的清晰度、逻辑连贯性以及对知识的理解与阐述能力。文本方面则涵盖作业、论文、笔记等，从语法正确性、内容完整性到思想深度进行全方位考量。操作日志详细记录学生在学习平台上的点击、浏览、提交等行为，以了解其学习路径与专注度。例如在线编程课程中，操作日志可追踪学生代码编写步骤、错误修改过程，为精准教学提供依据。

情感计算辅助分析。借助面部识别、语音情感分析等技术，捕捉学生学习时的情绪状态，如专注、困惑、兴奋或沮丧。积极情绪可能表明学生对学习内容感兴趣、理解程度较高；消极情绪则反映学习困难或教学方法不当。例如，在直播授课中，通过摄像头监测学生表情，若发现普遍存在困惑表情，教师可及时调整讲解节奏与方式。

群体协作网络图谱。在小组项目或团队学习中，构建学生协作关系图谱。分析信息枢纽节点、协作范围广度及个体贡献度。图谱能直观展示协作模式及潜在问题，如部分学生参与度低、协作不均衡等，为教师提供优化分组与协作策略的指导依据。

（二）评价维度创新

人机协同能力。在数字化时代，AI 工具广泛应用。评价学生 AI 工具使用效能，包括能否合理选择工具解决问题、操作熟练程度，以及能否将 AI 成果与自身思考深度融合。例如，在数据分析课程中，学生运用 AI 驱动的数据挖掘工具获取信息，再结合专业知识分析并解读，展现出高效的人机协同能力。

元认知发展。学习策略可视化，如利用思维导图呈现学生对知识体系的构建过程，通过学习计划甘特图展示时间管理与任务分解。通过分析这些可视化成果，可评估学生对自身学习过程的调控与认知能力。例如，学生能否

根据学习进度动态调整计划，并运用有效的复习策略等，这些均反映其元认知发展水平。

创新思维质量。以解决方案的独创性为核心，考量学生在面对复杂问题时提出新颖思路、独特方法的能力。不仅关注结果的创新性，还重视创新过程，如思维发散与收敛的过程、尝试不同途径。例如，在设计竞赛中，学生突破传统设计理念，提出极具创新性的解决方案，体现其较高的创新思维质量。

（三）智能评价工具应用

自然语言处理的即时反馈。对学生的文本输出，如作文、回答问题等，利用自然语言处理技术实时给出语法、语义及内容方面的反馈。在指出错误的同时提供改进建议，帮助学生及时修正。例如，英语写作中，生成式 AI 系统可实时指出语法错误、词汇搭配不当，同步给出优化表述，从而提升学生写作能力。

知识掌握度的动态热力图。基于学生答题情况、学习行为数据，生成知识掌握度动态热力图。不同颜色和深浅表示对不同知识点的掌握程度，直观呈现学生知识薄弱点与优势领域。教师可据此因材施教，学生能明确学习重点，如在数学学习中，快速定位到函数、几何等章节的掌握情况。

成长轨迹的智能诊断。整合学生长期学习数据，从多个维度构建成长轨迹。智能诊断系统分析轨迹变化，发现学习波动、发展趋势等。例如，若学生某学科成绩持续下滑，系统深入分析是由于知识漏洞、学习态度还是外部因素导致，为个性化支持提供依据。

生成式 AI 为小学跨学科学习的命题与评价开辟了新维度。在命题方面，通过情境、知识、能力和技术等维度的融合设计，能够激发学生的学习兴趣，并培养学生的综合素养。在评价方面，围绕知识与技能、过程与方法、情感态度与价值观以及生成式 AI 应用能力等维度进行全面考量，实现更准确的学习状况诊断，为教学改进提供依据。小学教育工作者应充分认识并合理运用这些维度，将生成式 AI 的技术特性融入跨学科学习规律，依托其优势推动小学跨学科学习发展，为学生的未来发展打下坚实基础。

第三节　评价具体实践

在前面分析中，我们揭示了跨学科命题与评价具有综合性、情境化、开放性、实践性、过程性与发展性等特征，其维度建构可围绕知识整合、跨学科思维、问题解决、创新思维以及合作与沟通等核心要素进行。下面将结合语文、体育、数学三大学科的具体应用场景，通过典型案例阐释小学跨学科学习中命题设计的创新性、评价体系的多元化与实践价值的生成逻辑，并探讨如何借助生成式 AI 技术，实现评价工具的创新，由此彰显技术赋能教育的显著优势。

一、小学语文跨学科学习评价

在小学语文跨学科学习中，评价体系的设计强调多元化评价框架，涵盖评价主体、评价内容、评价工具的多元性。例如，在评价主体维度，除教师和学生外，可引入家长、专家以及社区观察员等多方参与。在评价内容和工具层面，通过过程性评价、终结性评价与表现性评价的有机整合，系统考查学生的学习情况。这种多维评价机制既能诊断学习现状，又能为学生的成长和发展提供证据支持。

（一）评价主体多元化案例——校园文化宣传项目

在一次以"校园文化"为主题的小学语文跨学科项目式学习中，学生需要创作宣传海报、撰写宣传文案等。传统评价以教师评价和学生自评互评为主，引入生成式 AI 技术后，家长和校外专家也能深度参与。

家长参与。利用人工智能开发的评价小程序，家长可实时查看学生的项目进展视频、文档等过程性资料。还可以将学生撰写的宣传文案初稿提交至人工智能辅助评价系统，系统会生成包含语言表达、逻辑结构等方面的分析报告，家长依据报告提出自己的建议和评价，如："本次文案在描写校园景色部分很生动，不过在介绍学校历史时逻辑稍显混乱，希望后续改进。"

专家参与。设计专家通过平台获取学生作品，借助 AI 的图像识别技术和文本分析功能，快速对学生的海报和文案进行综合评价。如专家指出："该海报在色彩搭配上符合校园文化氛围，这与人工智能分析的色彩和谐度结果相符，但在排版上可参考一些优秀案例，增加层次感。"

这种由多元主体借助人工智能参与评价的方式，拓宽了评价视角，使学生能从不同角度获得反馈。

（二）评价内容多元化案例——节气文化探究

在"节气文化探究"的跨学科学习活动中，学生不仅要了解节气相关的诗词（语文），还要绘制节气相关的图画（美术）、制作节气物候变化记录表（科学）。

知识融合评价。生成式 AI 可对学生的综合成果进行多维度分析。例如，学生提交"春分"主题手抄报后，AI 系统将同步识别手抄报中的文字内容、绘画元素以及表格数据。文字部分，从诗词引用准确性、语言优美度等语文角度评价；绘画部分，从色彩搭配、构图层次等美术角度分析；数据表格部分，从数据准确性、科学表达规范性等方面评估。如："手抄报中关于春分诗词的书写准确，但赏析部分语言稍显平淡；绘画中花朵的色彩运用较好，但整体布局可再优化；物候记录数据较为完整，但记录格式不够规范。"

能力发展评价。除知识评价外，人工智能还能追踪学生在项目过程中的能力发展。通过分析学生在小组讨论中的发言记录，评估其沟通协作能力；通过对比手抄报的版本迭代数据，分析其反思与改进能力。例如，AI 生成的能力发展报告显示："学生在小组讨论中参与度呈上升趋势，从最初的被动接受到后来主动提出创意，沟通协作能力提升显著；手抄报修改过程中能根据反馈意见及时调整，反思与改进能力良好。"

（三）评价工具多元化案例——童话剧创作与表演

在"童话剧创作与表演"跨学科学习中，学生需要完成童话剧本编写（语文创作）、舞台场景设计（美术创意）、表演动作编排（肢体表达）。

实时反馈工具。基于生成式 AI 的智能辅导软件，可实时检测剧本创作中的语法错误并提供情节优化建议。如学生输入"小兔子突然地出现在森林里，它看到了一只奇怪的狐狸在唱歌"时，软件会提示："'突然地'表述有误，应为'突然'；此情节稍显平淡，可增加一些冲突，如狐狸正在追赶其他小动物，小兔子需要帮助它们。"该工具改变了以往只有作品完成后才能获得评价的模式，支持在创作过程中及时调整。

模拟观众评价。人工智能可构建不同年龄段、不同喜好的虚拟观众群体，通过分析表演视频，从剧情吸引力、角色表现力、舞台感染力等维度生成评估报告。例如，模拟小学生观众："这个童话剧里的小兔子演得很可爱，动作很有趣，但是剧情有点难懂，要是能再简单点就好了。"模拟成人观众："舞台场景设计有创意，但演员之间的互动节奏稍慢，可适当加快。"这种模拟评价为学生提供了更丰富、真实的反馈，有助于提升学生的综合表演能力。

二、体育课堂教学的多维综合评价

在小学体育课堂教学中，多维综合评价被应用来调动学生的学习积极性，增强学生的求知欲和自我意识，激发学生的学习潜能。评价内容包括运动能力、情感表现、学习态度等，评价方式包括自评、互评、师评，这样的多维评价体系有助于全面评估学生的学习状况，促进学生发散思维与创新思维的形成与发展。

（一）运动能力评价的细化与拓展案例——趣味田径运动会筹备

在"趣味田径运动会筹备"的跨学科学习活动中，融合体育、数学、美术等学科知识。学生们不仅要提升自身田径运动能力，还需运用数学知识计算比赛场地数据，用美术知识设计运动会海报。

运动能力精准评估。借助智能穿戴设备与生成式 AI 技术的结合，对学生的田径运动能力进行精准量化评价。例如，在学生进行短跑训练时，智能手环记录跑步速度、加速度、步频等数据，生成式 AI 依据这些数据，结合田径运动标准模型，生成详细分析报告。如："该生起跑反应速度较快，但途中跑阶段步幅较小，导致速度提升受限，建议加强腿部力量训练，尝试调整步幅与步频的配合。"

跨学科运动能力综合评价。在运动会筹备过程中，学生需根据各项目场地要求，运用数学知识计算场地尺寸。生成式 AI 通过整合学生的运动表现数据和数学应用能力水平进行评价。例如，在计算跳远沙坑尺寸时，系统既考量计算结果的准确性，又分析跳远训练中助跑距离与沙坑尺寸的匹配度，最终生成评价："在数学计算方面，能准确算出沙坑尺寸，但在实际跳远训练中，助跑距离与沙坑尺寸的匹配度不够，需进一步优化助跑策略。"

（二）促进情感表现评价的多元化案例——民族传统体育文化节

在"民族传统体育文化节"的跨学科学习项目中，融合体育、语文、历史等学科知识。学生要学习传统体育项目技能，了解项目历史文化背景，并通过文字描述参与的感受。

基于文本分析的情感洞察。学生撰写参与传统体育项目（如武术）的体验文章后，生成式 AI 运用自然语言处理技术，解析学生的情感表现。例如，分析"当我挥舞着手中的武术器械，仿佛穿越回古代，感受到了先辈们的英勇与智慧，内心充满了自豪"时，量化民族自豪感强度。

多源数据融合的情感评价。除文本分析外，整合课堂表情识别技术采集的生理数据，由生成式 AI 进行综合评价。例如，学生练习武术时，摄像头捕捉学生的微表情，若学生面带微笑、眼神专注，结合其撰写的文章，系统生成评价："在活动中表现积极，对民族传统体育文化有较高的认同感和学习热情。"

（三）优化学习态度评价的及时性与全面性案例——校园体育吉尼斯挑战

在"校园体育吉尼斯挑战"跨学科学习活动中，融合体育、信息技术等学科知识。学生需完成指定体育项目挑战，并运用信息技术工具全程记录过程数据。

实时学习态度反馈。通过布置智能学习终端（如传感器、摄像头等），生成式 AI 实时采集学生行为数据，如运动频率、动作标准度、完成时间等。系统结合多模态学习分析框架（涵盖语言交互、行为模式、皮电反应等），动态构建学习画像。例如，在篮球投篮挑战中，AI 同步记录学生尝试的次数、遇到困难时的反应（如是否主动寻求帮助、放弃尝试的频率等）。若学生在多次失败后仍坚持不懈，积极向老师和同学请教，AI 及时给出正面评价："在篮球投篮挑战中，面对困难不气馁，积极寻求解决办法，学习态度值得肯定。"

综合学习态度评价。整合学生在信息技术应用维度的表现，如是否认真记录挑战数据、能否运用信息技术创新挑战方式等，由生成式 AI 构建跨维度评价模型。例如，学生利用视频编辑软件制作了篮球投篮技巧分享视频，展现了积极探索和创新的学习态度，AI 在综合评价中给予加分，肯定其在跨学科学习过程中的全面投入。

三、小学数学核心素养与跨学科主题学习评价体系

在小学数学教育中，跨学科学习的评价体系强调问题情境的合理构建和评价反馈机制。评价重点是围绕学习目标，聚焦学生综合运用多学科知识解决问题能力的培养，包括对相关知识内容和真实情境问题的关联理解，真实情境要素与数学表达的转化能力。这种评价方式有助于促进学生的全面发展。

（一）创设多样化问题情境案例——校园绿化规划

案例呈现：在一次以"校园绿化规划"为主题的跨学科学习活动中，教师通过生成式 AI 工具（如 Midjourney），生成了一系列校园不同区域的现状图片，包括闲置空地、花坛布局不合理处等，并搭配简单文字描述："学校东北角有一块形状不规则的空地，杂草丛生，现计划进行绿化改造。"同时，借助 ChatGPT 类语言大模型生成相关情境问题："若要在这块空地上种植不同种类花卉，花卉种植面积比例为 $3:2:1$，且已知空地总面积为 120 平方米，每种花卉应种植多少平方米？如何设计种植区域使其与周边环境协调？"

分析：生成式 AI 快速构建丰富且贴近生活的问题情境，其多样性与细节

呈现优于传统教师创设的情境。在这个案例中，学生需综合运用数学面积计算、美学设计及校园环境认知等跨学科知识解决问题。这种复杂情境既激发学生运用多学科知识解决实际问题的兴趣，也为评估其知识迁移能力提供基础。通过观察学生在情境分析、信息提取、数学建模等环节的表现，可全面评估其对学科内容与真实情境关联的理解能力。

（二）提供实时反馈与个性化指导案例——探索城市交通流量与数学统计

案例呈现：在"探索城市交通流量与数学统计"跨学科项目中，学生收集所在城市某路段不同时段的交通流量数据，并尝试用数学统计方法进行分析。学生将初步分析结果输入集成生成式 AI 的学习平台（如搭载语言模型的智慧学习系统），系统根据数据处理步骤、图表绘制及结论阐述等维度实时反馈。例如，当学生绘制的柱状图因纵轴刻度设置不合理导致数据可视化效果不佳时，系统会指出："纵轴刻度间隔过大，交通流量差异呈现不显著。建议调整刻度间隔，以更清晰展示数据变化趋势，可参考纵轴从 0 开始，以 50 辆车为一个刻度单位。"同时，针对学生分析交通流量与时间关系的表述偏差，系统会提供精准的数学语言表达指导。

分析：生成式 AI 提供的实时反馈使评价突破传统时间限制。学生在学习过程中及时获得指正与指导，可及时调整学习策略，深化知识理解和应用。这种个性化反馈能够满足不同学生的学习需求：对于理解能力较强的学生，系统可提供拓展性建议，如引导学生进一步分析交通流量与天气、节假日的多元关系；对于基础薄弱的学生，则侧重基础应用和方法规范的详细指导。通过跟踪学生改进情况，可精准评估其综合运用知识能力的动态提升过程，促进全面发展。

（三）拓展评价维度与方式案例——文化遗产中的数学奥秘

案例呈现：在"文化遗产中的数学奥秘"跨学科主题学习中，学生探究古代建筑（如埃及金字塔）的结构比例与数学原理。教师利用生成式 AI 搭建一个虚拟展示平台，学生可以通过制作电子演示文稿、3D 模型等成果并上传至平台。人工智能不仅评估成果的内容准确性、逻辑清晰度等常规维度，还能基于算法，从创新性、跨学科融合深度等新维度进行分析。例如，当学生在演示文稿中创新性地运用数学建模解释金字塔建造过程中石块搬运的力学原理，并关联历史文化背景论证其合理性时，系统会给予高创新评分，并在报告中说明具体创新点。同时，系统通过对比学生成果与同伴作品及过往优秀案例，生成可视化评价报告，直观呈现多维能力表现。

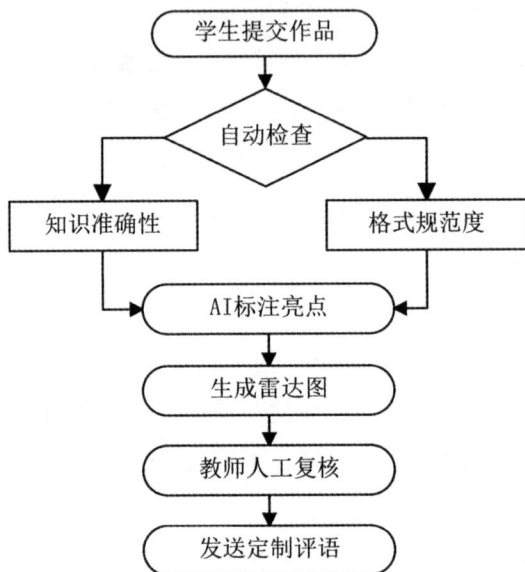

图 3-1　评价流程

　　分析：生成式 AI 打破了传统评价维度单一、方式固定的局限。通过拓展评价维度，系统能更全面地评估学生在跨学科学习中的综合素养。创新性评价鼓励学生主动探索多学科知识融合的新路径；跨学科融合深度评价则引导学生将不同学科知识有机整合，而非简单拼凑。可视化评价报告使学生和教师都能清晰了解优势与不足，为后续学习和教学改进提供明确方向，既提升小学数学跨学科评价的科学性和有效性，又推动学生全面发展。本案例技术层面涉及多模态数据处理、知识图谱构建及生成式 AI 算法应用，具体操作如下：

一、学生作品收集与预处理

1. 作品上传平台。

○使用 Google Classroom 或腾讯课堂创建班级空间

○设置提交格式：PPT/PDF（演示文稿）、Tinkercad 链接（3D 模型）、时长 2 分钟的讲解视频

2．智能格式转换。

○视频转文字：用"剪映"自动生成字幕（含时间戳）

○PPT 转图片：用 WPS Office 的"批量导出幻灯片为图片"功能

○3D 模型分析：在 Tinkercad 中查看模型参数（尺寸/角度）

二、基础内容评价（AI 自动化）

1．知识准确性检查。

○使用 Word 的"智能校对"功能检查文本错误

○在 Bing Chat 输入："请检查以下关于金字塔的陈述是否正确：［粘贴学生文字］"

○数学公式验证：用 Microsoft Math Solver 扫描手写公式照片

2．逻辑结构分析。

○用 XMind AI 自动生成思维导图，可视化内容结构

○在 ChatPDF 上传学生报告，提问："请用小学生能懂的话总结这个 PPT 的逻辑顺序"

三、创新性评价（AI 辅助工具）

1．跨学科关联发现。

○使用 Canva 的"魔法设计"分析 PPT 中的图文配合度

○在 Perplexity AI 输入："找出以下内容中数学与历史的结合点：［粘贴学生文字］"

2．创新点对比。

○用 Turnitin 查重（设置 20％以下为创新阈值）

○在 Padlet 创建"创新墙"，AI 自动归类相似创意（如图标聚类）

四、可视化评价报告生成

1．雷达图自动生成。

○用 Excel 的"见解"功能自动创建评分图表

○在 Flourish 粘贴评分数据，选择"花朵雷达图"模板

2. 个性化评语。

○使用 ClassDojo 的 AI 评语生成器，输入关键词如：金字塔、数学建模、创新

○示例输出："小明同学像聪明的建筑师，用三角形知识搭建起历史和数学的桥梁！"

四、实践挑战与应对策略

1. 典型问题。

技术依赖风险：AI 生成的任务可能过于模式化，如"环保主题"均包含数据统计＋倡议书，缺乏创新性和多样性；家长使用 AI 评价工具需具备数字素养门槛，可能扩大城乡教育差距；智能穿戴设备、AR/VR 等硬件成本较高，普及难度大。

隐性能力评价盲区：AI 难以精准评估学生的同理心、抗挫力等非认知素养，导致评价维度缺失。

2. 解决方案。

人机协同设计：教师对 AI 生成命题进行创造性优化，例如在"校园噪声治理"任务中增设"采访同学感受"的人文环节。开发轻量化工具（如微信小程序简化家长端），推广校际资源共享模式。协同弥补 AI 的局限性，提升命题合理性与覆盖面。

混合评价模式：AI 专注知识应用类分析（如方案可行性评分），教师通过观察记录补充情感态度维度评价，融合叙事性评价（如学生撰写反思日志），实施"AI 初筛＋教师研判"双轨机制。综合两者优势，达成更全面精准的评估。

五、未来发展方向

虚实融合场景。如结合 AR 技术，在"恐龙灭绝"项目中，学生需计算

陨石撞击能量（数学），同时在虚拟场景中观察生态系统崩溃过程（科学），形成跨学科融合式学习场景，有效增强学习体验的丰富性与知识习得的综合性。

自适应评价系统。AI 根据学生实时表现动态调整任务难度，如在编程任务中智能增减"循环嵌套"层级复杂度，使评价更具针对性和适应性，更好地满足不同学生的学习需求，助力学生个性化发展。

人工智能时代的跨学科学习命题与评价，核心在于通过技术创新实现"精准化的因材施教"和"多维度的素养培育"。上述案例印证多维评价在不同学科及学段的实践价值：通过多元化的评估方式，更真实、更全面地映射学生的成长轨迹，驱动其全面发展。实证表明，AI 不仅提升教育效率，更依托数据驱动的个性化支持，其核心价值在于构建动态化、个性化、多维度的评价体系，推动跨学科学习实现从"知识积累"到"素养生成"的范式升级。未来需持续探索人机协同的优化路径，使技术真正服务于学生的创造性成长。

第四章　生成式 AI 共创下的
　　　　　小学跨学科课程整合
　　　　　实践案例

第一节　"冬季运动周·翔毽跃'彩'"主题活动（语文）

一、案例概述

《义务教育语文课程标准（2002 年版）》在"跨学科学习"任务群的"学习内容"中指出，第二学段需"尝试运用科学、艺术、信息科技等相关知识和技能，富有创意地设计并主动参与朗诵会、故事会、戏剧节等校园活动"。

本课程以"冬季运动周·翔毽跃'彩'"为主题，引导学生担当校园冬季运动周的小主人翁，综合运用跨学科知识和技能，创新设计并深度参与校园冬季运动周活动。通过"毽的前世今生""购毽行动指南""毽技讨论大会""巧手创毽工坊"等系列活动，借助生成式 AI 技术协同开展探究：溯源毽子的文化历史渊源，强化数据收集意识和分析能力；提高运动技能与团队协作水平；激发创新思维与问题解决能力，最终合力打造一个有文化底蕴和研究深度的特色校园活动周。

本跨学科课程以语文为主学科，通过科学、美术、信息科技、体育等学科的综合融通，建构新的知识体系，实现深度理解和创造性联结。课程安排在三年级上册语文第八单元教学结束之后，与该单元内容形成呼应：《司马光》引导学生通过小古文语言感知同龄孩子的机智；《掌声》剖析了鼓励和关爱的掌声蕴藏的强大力量，《灰雀》探讨尊重式教育对诚实品格的培育作用；口语交际的"请教"话题，引导学生遇到困难时，有礼貌地向他人请教。依托单元习得的语文能力，"冬季运动周·翔毽跃'彩'"主题实践中，师生将生成式 AI 视为知识共创伙伴，基于人机协同思维，从以下维度指导团队发展：任务完成度、团队合作与分工合理性、沟通与协调能力、创新解决问题能力、时间管理与计划性、责任意识与参与度以及诚信素养培育等。

二、课程目标与评价

（一）课程目标

三年级学生的好奇心强，对毽子这类传统运动有所了解，但接触可能较少，对其文化背景和历史渊源认知有限。该年龄段已具备跳绳、踢球等基础运动经验，教学时宜采用直观演示、分步讲解和实践体验三阶法，引导学生自主分析训练中遇到的困难，通过收集运动数据，多维度判断，探索多元化解决方案。本主题活动学习目标确定如下：

1. 在文本阅读和生成式 AI 的协助下，了解毽子的文化背景和历史渊源，增强对中国传统文化的认同感和自豪感。

2. 利用数学知识进行毽子购买的资金计算、练习次数的统计和分析，培养逻辑思维和数据分析能力。

3. 学习踢毽技能，锻炼下肢力量、耐力和爆发力，探究毽子运动相关原理（如空气动力学、运动轨迹等），提升科学素养。

4. 借助生成式 AI 和互联网资源，整合多维度信息，尝试用不同的材料、颜色和形状来设计个性化的毽子，培养创新思维与审美意识，并通过文字清晰描述设计成果。

（二）评价

以学习目标为导向，活动评价兼顾学习过程和学习结果，旨在全面、客观地评价学生在跨学科学习过程中的表现和能力。这些评价不仅考查学生对知识和技能的掌握程度，更注重评估学生跨学科思维能力、问题解决能力以及团队协作能力的发展水平。评价体系需综合考量学生在跨学科知识整合、实践能力提升、创新思维展现等方面的表现，确保评价标准与教学目标动态匹配。每个学习活动评价均包含量化指标与质性指引，具体设计如下：

1. 表达评价。

有意识地将语文、科学、体育等学科知识进合整合，在跨学科融通中建构新知识体系，具体表现为：分享对毽子文化的多维度理解，展示数据分析的准确性和应用合理性，提出基于实证的科学原理质疑或新解。

2. 技能评价。

重点关注踢毽子动作的规范性、连续踢毽次数、动作连贯性和体能素质提升情况。

表 4-1 技能评价表

评价内容	标准评价	附加评价
站立姿势	评价学生的站立姿势是否稳定，双脚间距是否适当，膝盖是否微弯以保持身体平衡。	掌握了多种踢毽方法，如内侧踢、外侧踢、膝盖顶等，并能灵活切换。
踢毽高度与位置	观察学生踢毽时的高度是否适中，能否使毽子在空中保持稳定的飞行轨迹，以及是否准确踢中毽子的中心位置。	能将多个基本动作组合起来，形成连贯、流畅且富有创意的踢毽表演。
连续踢毽次数	记录学生在 1 分钟内连续踢毽的次数，以评估其技能的熟练度和稳定性。	尝试自创踢毽动作，并评估其创意性、实用性和观赏性。

3. 产品评价。

在"巧手创毽工坊"学习活动中，学生需利用不同材料、颜色和形状设计个性化的毽子并完成实物制作。评价时重点关注创意性、实用性和美观性。在设计说明与成果展示环节，要求学生从设计理念、制作过程、材料选择等方面论述创作思路，通过文字运用能力、表达能力和审美判断力综合评估作品质量。

4. 合作评价。

师生将生成式 AI 视为认知协作伙伴，基于人机协同的知识生产模式，重构教学共同体关系，通过融合多学科知识、技能和方法，解决真实情境中的复杂问题。

表 4—2　合作评价表

评价项目	评价标准	自评	他评
协作共创	能否清晰、准确地传达自己的想法和意见。 是否能够倾听、吸纳共创伙伴的观点，并作出恰当的回应。 是否能够提出新颖、有创意的想法和建议来解决问题。	★★★★★	★★★★★
有效沟通	共创伙伴能够积极参与团队讨论和决策过程，提出自己的见解和建议。 能够虚心接受他人的反馈和建议，认真反思自己的沟通方式和效果。 在出现沟通障碍或冲突时，能够积极寻求解决方案，化解矛盾，恢复团队和谐。	★★★★★	★★★★★
任务完成	是否按时、尽责完成了既定任务。 是否达到了预期目标。	★★★★★	★★★★★

三、生成式 AI 工具应用

Kimi 大语言模型：在随问随答中实现人机协同以完成学习任务。

通义万相绘画类工具：生成创意毽子原型。

Sora 视频工具：实现古今对话，让数字古人讲述毽子的文化背景和历史渊源。

四、学习历程

主题情境：冬季运动周·翔毽跃"彩"

毽子，不仅是一种锻炼身体的运动器械，更是承载着悠久历史与文化的传统游戏。本次校园冬季运动周中，踢毽子也成为其中的一个比赛项目。今天让我们共同开启"翔毽跃'彩'"特色课程，让欢笑与活力伴随这个冬天！

活动一：毽的前世今生

1. 古今对话：引发兴趣，感受文化。

（1）学生交流：生活中，你见过毽子吗？关于毽子，你都知道什么？

学生自由交流，教师相机板书，将学生的发言内容按照不同板块分类（历史、材料、玩法、作用），适时总结。

（2）与数字古人对话。

学生分组使用 Kimi 提问，如：不同朝代毽子有哪些变化？毽子在民间故事是如何流传的？

Kimi 提供补充资料，学生整理信息。

2. 发布任务：听完介绍，梳理内容。

（1）小组团队完成"毽子"简图，谈发现。

（2）交流与板书：历史——跟蹴鞠游戏有关；材料——羽毛、布片和铜钱；玩法——单人踢比个数，群体踢不让毽落地。

预设：就地选材，材料普遍，成本低。玩法简单，各个年龄层都能一起玩。

3. 观看视频，沉浸式学习。

播放用 Sora 制作的视频：数字古人（如宋代孩童）演示古代毽子的制作与玩法，讲述毽子与蹴鞠的关联。

学生通过 AR 技术与数字古人互动提问，增强文化体验的真实感。

活动二：购毽行动指南

1. 指南发布：提取关键信息，解决问题。

师：这么有意思的游戏，我们也来试一试，第一步先去购买合适的毽子。下面看一下选购技巧。（出示选购技巧内容）

教师：如果你给自己选一个毽子，你会选一个怎样的？

2. 团队购买：开展有效沟通，权衡利弊。

教师：我们的活动经费每组只有 100 元，需要每个队员都采购到一个适合自己的毽子来练习。

教师：以下为采购平台信息，大家要在十分钟内，商量出一个团队建议，完成采购方案。（出示各种毽子的品牌、价格、尺寸等信息）

3. 学生通过 Kimi 提问：如何用 100 元预算最大化地满足小组成员的需求？初学者选购毽子的误区有哪些？

4. 优化采购方案，提升逻辑思维与数据分析能力。

活动三：毽技讨论大会

1. 自主学习：现场演示，短视频分步讲解。

（1）步骤一：站立准备。

站立时，双脚自然分开，与肩同宽，膝盖微弯，身体保持直立但稍微前倾，以便更好地观察和控制毽子的落点。保持身体平衡，不要晃动或过于紧张。

（2）步骤二：准备接毽。

当毽子从空中落下时，用眼睛的余光跟踪毽子的轨迹，同时调整身体位置，使一只脚（通常是右脚，但因人而异）的内侧对准毽子的落点。

注意事项：集中注意力，确保能准确判断毽子的落点和速度。

（3）步骤三：接触毽子。

在毽子即将落地的瞬间，用脚内侧（通常是脚弓部分）轻触毽子的底部，脚部应稍微抬起，然后迅速将毽子向上踢起。

（4）步骤四：跟随调整。

在踢出毽子后，立即调整身体姿势，准备迎接下一次接毽。这通常包括微调身体位置，保持平衡，以及准备下一次接毽。

2. 自主练习：探究发力位置、用力大小和毽子轨迹。

教师：有没有多次连续接毽子的小技巧？

预设：脚要放平，力要向上。踢高一点，就有足够的准备时间。也不能太高，它的轨迹很难判断，踢的个数就少了。

相机出示小视频：《什么是力》，了解力的原理。

3. 小组统计：互评互测，初选参赛选手。

统计 1 分钟内小组成员踢毽个数，并将数据以表格形式呈现。

教师：根据填写的这张表格，你们有什么发现？

预设：总个数多的同学失误次数少。女生比男生会踢毽子。

活动四：巧手创毽工坊

教师：民间的毽子各式各样，我们一起先云游"杭州京杭大运河博物馆"中的"毽子展馆"。在人类智慧的创造性发展下，毽子的观赏性和实用性都有了很大的突破。请同学们展开想象的翅膀，结合生成式 AI 技术设计出独具特色的毽子，可以从外形、材料、实用性和创意等维度进行思考。

1. 设计理念共创。

学生输入提示词（如"发光毽子""环保材料"），Kimi 智能生成设计方案与材料选择建议，如可输入：用废旧布料包裹毽托，既环保又轻便。内置 LED 灯珠，夜间踢毽更安全。

学生结合建议完善设计说明，提升文字表达能力。

学生互相交流想法（环保、发光、流线体、电控）。

2. 创意毽子初稿生成。

学生通义万相在中输入提示词（如"流线型""彩虹配色"），即可自动生成多种毽子设计草图。

3. 设计优化与展示。

小组在初稿基础上讨论修改方向（如调整羽毛形状、增加装饰元素），然后用工具再次生成高清设计图，将其作为实物制作的参考。

最后结合设计图与文字说明进行展示，旨在提升审美意识与创新思维。

五、效能分析

本跨学科教学活动通过精心设计的系列实践，将多学科知识进行有机融合，不仅丰富了学生的校园生活，还显著提升了学生的综合素养。

增强学生传统文化认同感。通过"毽的前世今生"活动，让学生深入了解毽子的文化背景和历史渊源。通过数字技术呈现古人对毽子起源和发展的讲述，让学生感受到传统文化的魅力和深远影响。这种教学方式生动有趣，有效激发了学生的学习兴趣。活动中，学生积极交流对毽子的认识和了解，进一步深化了对传统文化的认同。同时，通过亲手制作毽子和参与踢毽子比赛，学生切身感受了传统文化的传承，增强了文化自信和民族自豪感。

提升学生综合素养。本跨学科课程注重培养学生的综合素养，包括逻辑思维、数据分析、科学探究、创新实践和审美表达等。在"购毽行动指南"活动中，学生需运用数学知识完成资金核算和数据分析，既强化逻辑思维能力，又提升数据处理能力。在"毽技讨论大会"中，学生通过自主探究，掌握踢毽子的基本技巧和原理，并结合科学知识深化认知，培养科学素养。在"巧手创毽工坊"活动中，学生充分发挥自己的想象力和创造力，通过多样化材料和色彩搭配设计并制作毽子，同步激发创新思维与审美意识。

促进团队协作与沟通能力。在整个课程推进过程中，广泛采用小组合作学习方式，学生在小组内协作完成任务，解决问题。学生学会了如何与他人有效沟通、如何倾听他人的意见和建议、如何提出自己的想法和观点。这种团队协作和沟通能力，对其未来发展具有重要意义。此外，学生还学会了如何分工合作、如何协调资源、如何共同完成任务，这些经验将对他们未来的学习和职业发展具有积极影响。

提高学生实践能力和问题解决能力。在"购毽行动指南"活动中，学生需要综合价格、品牌、尺寸等多个因素选购毽子。这要求他们不仅要具备数学运算能力，还要权衡利弊，做出合理的决策。在"毽技讨论大会"活动中，学生通过自主探究，掌握了踢毽子的基本技巧，并学会如何分析和解决踢毽子过程中遇到的问题。这些经验和技能将对其未来学习和生活产生积极影响。

激发学习兴趣和积极性。教学过程中运用了短视频、云游博物馆、生成式 AI 等技术工具，这些新颖的教学方式极大地激发了学生的学习兴趣和积极性。在活动过程中，学生积极参与、主动学习，不仅掌握了相关知识和技能，还获得了学习乐趣和成就感。由此形成的积极认知态度将对其未来发展产生重要影响。

第二节　"春季艺术周·清明时节"主题活动（语文）

一、案例概述

本课程为我校春季艺术周期间实施的生成式 AI 共创下的小学语文跨学科学习案例。以清明节为核心载体，学生既通过语文课堂习得清明节的由来、习俗和诗词，又融合美术、科学、历史等学科，借助绘画、吟诵、手工制作等形式深化对清明节的理解和感悟。该设计精准对接《义务教育语文课程标准（2022 年版）》"跨学科学习"任务群中的第二学段要求："关注传统节日节气、民俗风情、民间工艺、历史和传说等；探寻日常生活中龙凤、松竹梅兰等中华文化意象。积极参加学校、社区举办的文化主题活动，在活动中学习语文，获得多样的文化体验。"

"清明时节"主题活动融合文学、艺术、自然科学与民俗文化等多领域，通过跨学科教学激发学生对传统文化的兴趣，培养其观察力、思考力和动手能力。课程围绕四大核心任务展开，为学生开启清明文化探索之旅。

在任务一的"诗画清明"中，学生通过吟唱杜牧的《清明》诗，沉浸于哀思与春景交融的意境，感受古代诗词的情感表达。结合《清明上河图》的赏析，观察画中的"雨""行人""酒家"等元素，理解这些意象如何共同营造出节日的氛围。任务二"科学探春"通过观看谷雨与清明的气候特征视频，解析节气规律和农耕智慧；通过实地观察校园内的植物状态，记录其生长变化，体会生命循环的奥秘，及其与清明文化之间的关联。任务三"民俗体验"

以青团制作为载体，学习艾叶染色原理，并借助生成式 AI 为青团手工坊取名。任务四"思辨讨论"通过采访长辈，了解习俗的传承和变迁；围绕"网络祭扫能否替代传统扫墓"的话题展开辩论，探讨如何在尊重传统的基础上进行创新和发展。

本课程在三年级下册第三单元教学完成之后实施，该单元以"中华优秀传统文化"为主题，包含三篇精读课文《古诗三首》《纸的发明》《赵州桥》与一篇略读课文《一幅名扬中外的画》。这组课文从不同方面、以不同内容，展现了中华优秀传统文化的魅力，激发学生对中华文明的热爱和赞美。主题活动"春季艺术周·清明时节"立足于人机协同知识共创理念，依托该单元习得的语文知识、思维品质与审美能力，遵循语文综合性学习的实施框架（活动内容、活动方式、活动路径和成果展示）开展实践探索。

二、课程目标与评价

（一）课程目标

三年级下学期，学生处于认知发展和语言习得的关键期，对传统文化和节日有着浓厚的兴趣。在学习第三单元时，学生已经从教材中对传统节日有一定了解，如一年级上册《语文园地》中就包含了大量与传统文化相关的字词、儿歌、谜语等。李白的《静夜思》中也蕴含了中秋赏月的传统文化习俗。一年级下册《端午粽》中介绍了端午节的习俗和来历。二年级上册中一首以我国传统佳节为题材的的韵文《传统节日》，按时间顺序分别介绍了春节、元宵节、清明节、端午节、乞巧节、中秋节、重阳节这 7 个一年中重要的传统佳节和相关习俗。在日常生活中，也体验过这些节日丰富多彩的活动。大部分学生能初步阐释清明节的起源和习俗（如扫墓、踏青、放风筝等），并认知其在中华民族传统文化中的重要地位；但部分学生可能由于认知表层化问题，只了解节日的时间和一些习俗活动，文化认同内化不足。根据学生实际情况和教材相关内容，本跨学科课程目标设定如下：

1. 文学艺术与自然科学：吟唱杜牧《清明》诗，赏析《清明上河图》，感受清明节日意象，提升艺术鉴赏能力；观看视频对比谷雨与清明的物候特征，观察校园内外植物状态，理解农耕智慧和生命哲学。

2. 传统创新与思辨表达：分组包青团，了解艾叶染色原理，掌握传统食品的制作技能，为青团手工坊取名；采访长辈，记录家族清明节风俗，学会整理和分析信息，进行有理有据的思辨讨论。

3. 文化传承与认同：通过深度参与，建立清明节文化情感联结，理解并尊重传统文化，增强民族认同和文化自信。

（二）评价

评价方法是衡量教学目标达成度的工具，其设计需紧密围绕教学目标。本课程目标包含文学艺术认知、自然科学理解、传统创新能力、文化认同四个维度。评价体系严格对应目标维度：通过观察、测试、讨论、报告等形式，既考查知识技能掌握情况，也评估思维能力、表达能力和创新能力；既采用测试成绩、作品质量等终结性评价；也纳入参与度、合作能力等过程性评价。将两者结合起来，可以更全面地评价学生的学习情况，既能够反映学生的学习成果，也能够体现学生的学习过程和学习态度。本主题活动的评价设计如下。

1. 鉴赏能力评价。

表 4—3　鉴赏能力评价表

评价内容	评价标准	自我评价 ★★★★★	同伴评价 ★★★★★
感受与反应	吟诵《清明》时，能否通过语调与神情传递诗中的凄迷感伤。赏析《清明上河图》时，能否表现出与画作内容一致的愉悦、悲伤、兴奋等情绪反应。		
理解与表达	能根据要求口头表述对作品的感受和理解，态度大方，表达清楚。		
想象与评价	能准确表达作品的习俗特征和传达的情感，并从构图、色彩、人物等维度分析其价值和影响。		

2. 知识层面评价。

物候特征理解：通过提问或小组讨论，评估学生对谷雨与清明物候特征的理解程度。

植物观察报告：要求学生提交校园内外植物状态的观察小报告，分析植物生长与季节变化的关系。

概念理解测试：设计问题测试学生对农耕理念、生命循环概念和青团染色原理的理解。

3. 实践能力评价。

表 4-4　实践能力评价表

评价内容	评价标准	自我评价 ★★★★★	同伴评价 ★★★★★
制作传统青团	形状规整：呈现均匀的圆形，边缘光滑，没有明显的凹凸不平或变形。 大小适中：既不过大保证食用便利性，也不过小显得不够饱满。 馅料饱满：馅料应该饱满且分布均匀，与外皮紧密结合，不会出现空馅或馅料外溢的情况。		
制作创新青团	馅料创新：尝试使用不同的馅料，如咸蛋黄肉松、豆沙、芝麻等，以满足不同消费者的口味需求。 形状设计：尝试设计不同的形状，如心形、动物形等，以增加青团的趣味性和吸引力。 特色辅料：在青团中添加一些特色物，如桂花、柠檬皮等，以增加青团的香气和口感层次。		

4. 思辨能力评价。

表 4-5　思辨能力评价表

评价内容	评价标准		自我反馈 ★★★★★	同伴评价 ★★★★★
采访长辈记录家族清明节风俗；思辨讨论：网络祭扫能否替代传统扫墓	过程性评价	活动参与度：观察并记录参与者在采访和讨论过程中的积极性、投入度和互动情况。		
		任务完成情况：检查采访记录和讨论摘要的完整性、准确性和深度。		
	成果性评价	采访报告：能总结长辈对家族清明节记忆的叙述，以及这些记忆对个人文化认同的影响。报告可以是文字、图片、音频或视频等形式。		
		讨论分享：让参与者分享自己对网络祭扫与传统扫墓之间关系的看法，以及这次活动对他们的启示和影响。在社交平台的社会影响力也可以作为评价的依据。		

三、生成式 AI 工具应用

通过语音合成技术生成不同风格的语音吟诵杜牧的《清明》诗，让学生感受诗歌的韵律和情感表达。

使用生成对抗网络（GANs）生成类似《青明上河图》风格的画作，帮助学生更好地欣赏和理解这类古画的艺术价值。

通过 AR 技术，将古画中的场景重现，让学生仿佛置身于清明时节的市集，体验节日氛围。

利用生成式 AI 技术（如智能白板插件）处理谷雨与清明的气候数据，生成可视化图表和农耕影响报告，帮助学生理解气候特征与农业生产的关系。

利用生成式 AI 工具（如 Midjourney）设计青团的造型和纹样，激发学生的创新思维。

整理学生讨论内容，通过数据分析自动生成报告，总结讨论结果，并给出延伸思考的问题。

四、学习历程

主题情境：春季艺术周·清明时节

春风拂柳，万物复杂，我们在"春季艺术周·清明时节"活动现场相聚，共赴这场自然与人文交融的盛宴。今天，我们会用诗画追溯千年的春意，用双眼解码生命的律动；在青团氤氲的艾草香里感受民俗的温度，也在传统与现代的碰撞中探寻记忆的传承。

活动一：诗画清明——文学与艺术

1. 诵读体验：通过语音合成技术生成不同风格（如哀婉、庄重）的《清明》诵读，学生聆听对比，感受古诗的韵律变化和情感表达。

通过数字人带读增强沉浸感，学生跟着吟诵时，重点体会"雨""行人""酒家"传递的哀愁。

2. 表达交流：结合动画视频（雨丝、行人撑伞、远处酒旗），联想"清明时你的心情像什么天气"。

预设：细雨蒙蒙的天气。（理由：清明时节常伴着绵绵细雨，这样的天气让我心情有些低落，与节日缅怀先人、寄托哀思的氛围相契合。）

晴朗明媚的天气。（理由：清明也是春天的一个美好时节，万物复苏，阳光明媚。这样的天气让我心情格外舒畅，感受到生命的蓬勃与希望。晴朗的日子里，我更愿意与家人朋友一起踏青赏花，享受春天的美好，也寄托着对亲人的祝福。）

微风轻拂、多云间晴的天气。（理由：这种天气既不过分阴沉，也不刺眼，给人宁静舒适的感觉。它就像我对清明节的复杂情感，既有对逝去亲人的怀念，也有对生命向前的信念。）

观察思考：不同的时节会有不同的心境与表达，无论是唐朝诗人杜牧的《清明》诗，还是北宋张择端的《清明上河图》，都记录着清明时节的情感。今天我们一起从这幅画中找一找答案：画中人在做什么？哪些细节让你感受到清明节的气息？

3. 表达交流：古画局部放大（展现市集、踏青、活动场景）。

问：画中人在做什么？

商贸活动：画中可以看到各种商贩在街头叫卖，店铺内顾客络绎不绝，汴河码头上船只装卸往来，反映了当时商贸活动的繁荣。

交通运输：车夫驾着马车穿梭在街道上，船夫在汴河上撑船运输，展现了清明时节交通运输的繁忙景象。

踏青游玩：画中人物或乘轿，或骑马，或步行，在郊野、汴河两岸游玩观赏，享受春天的美好时光。

日常生活：农夫在田间劳作，工匠在制作手工艺品，妇人在家中忙碌等，展现了当时社会的多样性和人民的勤劳智慧。

问：哪些细节让你感受到清明节的气息？

春意盎然的景象：画中描绘了柳树发芽、桃花盛开等春季特有的自然景观，这些元素让人联想到春天的气息和清明节的到来。特别是柳树，在中国传统文化中，柳树是清明节的象征之一，因为古人有折柳赠别的习俗，寓意着离别和思念。

踏青游玩的活动：虽然画中并没有扫墓的场景（因为扫墓更多是在清明节前后的寒食节进行，且古代绘画中较少直接描绘此类场景），但人们踏青游玩的景象随处可见。画中人物或乘轿，或骑马，或步行，在郊野、汴河两岸游玩观赏，这与清明节人们外出踏青赏花的习俗相吻合。

清明节特有的风俗：从画中可以看到，城外主干道上有一台插满树枝和红花的小轿，这反映了古代清明节时人们喜欢装饰车辆以庆祝节日的习俗。另外，汴河码头小斜街上有纸马铺，纸马是古代祭祀时常用的祭品之一，这也间接体现了清明节与祭祀活动的关联。

4. 通过 GAN 技术识别《清明上河图》中的人物、建筑、自然景观等元素，帮助学生理解画面细节与清明习俗的关联。

利用 GANs 生成类似风格的画作（如现代版清明市集场景），学生可对比原画与生成作品，探讨艺术表现手法的异同。

通过 AR 技术将《清明上河图》中的场景动态呈现（如行人走动、市集叫卖），学生佩戴设备即可"穿越"至画中，身临其境体验北宋清明节的氛围。

活动二：科学探春——自然与生命

教师：清明诗中的细雨寄哀思，画中的细雨同样浸润着市井的烟火。老师课前布置了实践作业，全班男生协作完成清明前后各十五日的气象数据统计图表。（出示在线文档）

提供一份基于历史数据和算法模拟生成的一月天气数据表。

教师：根据模拟的数据，我们可以开展初步分析，获得阶段性发现。

学生交流与动手实践。

①气温变化：利用生成式 AI 生成温度折线图。

②降水情况：利用生成式 AI 生成点状频率图。

③风速变化：利用生成式 AI 生成数据统计图。

教师：这 30 天里，全班女生在校内校外展开观察，通过拍照和拍视频的方式，记录了植物的生长变化。（播放视频）

讨论："清明前后，种瓜点豆"这句农谚里藏着的智慧。（告诉人们气候适宜，该播种了。）

总结：春雨淅沥间，先民的农耕智慧随节气流转悄然生根。

活动三：民俗体验——传承与创新

教师：春种秋收的智慧凝于土地，亦藏于指尖——艾草染糯，青团裹香，从顺应天时的农事到巧借自然的食俗，让清明的生机在掌心流转，代代相传。这艾草是如何把糯米染成青色的呢？一起看一看视频。

教师：艾草清香扑鼻，糯米甜润交织，那也是春天的气息。你们平时吃到的青团都是什么馅的？

学生回答。

教师：说得我们都口水直流了。那青团是怎么包的呢？老师先示范，然后你们说说看到了哪几个动作。

学生交流：分成小块，压成圆饼，包入馅料，轻捏收口，搓成圆团。

教师：接下来就把时间交给你们，先亲手包一次青团，限时五分钟；再挑选出自己最满意的那个，在小组里比一比。

（出示评价量表）

教师：传统青团当然有其独特的魅力，一直传承到今天。如果让你们发挥想象，你们会如何改良青团，让它更有吸引力？

生成式 AI 协同创意：学生输入关键词（如"心形""动物形"），生成式 AI 自动生成青团造型，提供多样灵感。

AI 生成的青团纹样（如融合柳叶纹、花瓣纹）可通过 3D 打印模具制作，辅助学生制作个性化青团。

总结：你们可真是聪慧又手巧，我提议，咱们班开设一个青团工坊，让手艺和奇思妙想在这里得到展示。那这个工坊该叫什么名字呢？我们来做块标牌吧！

学生提议，投票选一选。

活动四：思辨讨论——传统与现代

1. 课前行动：家族记忆采风。

任务：学生采访 1～2 位长辈，通过文字、录音或视频方式记录过去清明节最难忘的习俗或故事；近 20 年家族清明节的变化；对"网络祭扫"的看法。提示，可附上老照片、祭扫物品（如旧式纸钱）等实物素材。

2. 课堂活动：多维思辨。

（1）记忆共享，触摸传统。

情景还原：学生分组展示采访成果（如播放录音片段、传看老物件），用关键词概括传统清明节的核心价值（如"团聚""缅怀""自然敬畏"）。

教师引导：对比学生采访案例提问，哪些习俗已消失/保留？为什么？（如把纸钱换成鲜花，结合环保、安全观念分析）

（2）观点碰撞，理性交锋。

辩题：网络祭扫（线上献花、留言）能否替代传统扫墓？

角色分配：正方（支持替代）、反方（反对替代）、观察员（记录金句/逻辑漏洞）。

论据库：教师提供资料卡（如"疫情网络祭扫数据""青少年对仪式感的需求调查"），辅助论点构建。

（3）辩证总结，融合共生。

思维导图共创：AI 共绘"传统 VS 现代清明节"双环图，外圈写客观差异（如形式、空间），内圈写共同本质（如情感表达、文化传承）。

升华任务：设计"我的 2040 清明仪式"——至少融合 1 项传统与 1 项现代元素，说明理由（如 VR 虚拟扫墓＋亲手栽纪念树）。

五、效能分析

本课例以诗画解情、科学探春、民俗创新、思辨传承为四维，融合感悟清明文化内涵。从实施过程看，有以下几个方面的提升。

1. 文化理解与传承能力建构。

通过《清明》诗歌朗诵与《清明上河图》细节分析，在诗画情境中构建出"意象—情感—文化"三维学习路径。学生能准确识别"雨""酒旗"等典型意象的文化隐喻，90％以上学生能建立"柳树抽芽—折柳赠别"的符号关联，形成对清明节文化符号的系统认知。

学生在民俗实践中实现文化活态传承。青团制作活动引入"传统技艺掌握度"（揉捏手法）与"创意转化度"（馅料创新）双维度评价，达成"守正创新"的教学目标。实践数据显示，三分之二学生掌握传统技法，约一半学生提出可行性创新方案（如可升级馅料品种，造型多样化，采用可降解青团包装设计等）。

2. 跨学科思维整合效能。

科学探春环节设置天气数据建模（折线图绘制）与农耕谚语（"清明前后"）的因果论证，构建出"数理统计—物候观察—文化智慧"的认知链条。测试显示，82％学生能结合温度曲线解释农谚科学性，较传统分科教学提升27％。实现了数据思维与人文关怀的深度融合。

生成式 AI 在青团创意环节的应用，实现教学"传统工艺数据库调取—现代设计思维训练"双向激活。学生提议中61％包含造型设计，体现传统元素的数字化再创造能力，技术赋能的文化创新实践。

3. 深度学习达成度评估。

"网络祭扫"辩论构建三级论证框架：现象观察（疫情数据）—价值冲突（仪式感缺失）—解决方案（VR＋植树）。课堂实录显示，学生论点呈现由"非此即彼"（第一阶段）到"辩证统一"（第三阶段）的认知跃迁。

"家族记忆采风"采用口述史方法，形成"个体记忆—集体记忆—文化记忆"三重叙事结构。收集的127份采访素材中，73％呈现代际对比视角，成功构建清明节习俗变迁的微观史谱系。

4. 教学策略有效性验证。

数字资源精准嵌入有效提升学习效果。《清明上河图》高清数字展馆的局部放大功能，使83％学生能自主发现纸马铺等文化细节，较传统图片观察效率提升3倍。AI 生成的天气数据可视化，帮助92％学生理解"倒春寒"现象。

本课程通过五感体验深度激活学生的学习状态。闻香艾草、触青团质、听雨声白噪等多感官刺激，构建沉浸式学习场域。课后反馈显示，多模态教学使文化记忆留存率较纯文本教学大幅提升。

通过"文化解码—科学验证—实践创新—思辨重构"四维框架，实现传统文化教育的现代转型。评估数据显示，学生在文化认同、创新自信、批判思维等维度取得显著提升，为节气文化教育提供可复制范式。后续需加强校社联动，将工作坊成果转化为社区文化服务，实现教育价值的生态化延展。

第三节　遇见秋天，"阅"享成长（语文）

一、案例概述

《义务教育语文课程标准（2020 年版）》第一学段要求，学生在"阅读与鉴赏"方面需做到"喜欢阅读，感受阅读的乐趣；课外阅读总量不少于 5 万字"；在"表达与交流"方面需做到"听故事、看影视作品，能复述大意和自己感兴趣的情节；能较完整地讲述小故事，能简要讲述自己感兴趣的见闻"。

"跨学科学习"学习任务群"学习内容"中指出，第一学段要"围绕爱图书、爱文具、爱学习等主题，走进图书馆、阅览室、书店、文具店，在借用、购买、整理图书和文具的过程中，学习识字、说话、计算、设计、美化，学习与他人沟通、交流，养成爱书、爱文具的好习惯"。

本跨学科课程以语文为主学科，将科学、道德与法治、美术、音乐、信息科技等学科综合融通建构新知识体系，实现深度理解和创造知识性联结。本课程安排在学完语文二年级上册第五单元后，该单元的人文主题是"思维方法"，寓言故事《坐井观天》，通过小鸟和青蛙的对话让学生明白做人眼界要开阔，不能固步自封，看问题要全面；童话故事《寒号鸟》，通过对比寒号鸟和喜鹊的做法和结局，让学生懂得要有长远规划、树立远大目标、踏实勤勉的重要性；《我要的是葫芦》告诉学生事物与事物之间关系密切，不能为追求结果而不在乎细节。

本跨学科课程旨在引领学生走进图书馆，学习借阅方法和养成阅读好习惯，从阅读中汲取知识，感悟道理，从而爱上阅读。

二、课程目标与评价

（一）课程目标

语文二年级上册"快乐读书吧"中已经介绍了一些读书的方法和爱书的习惯，且第五单元的学习让学生学会通过读故事感悟道理的方法。因此，本跨学科课程将以《一片叶子落下来》绘本为核心，融合科学、美术、音乐、信息科技等学科知识，开展跨学科阅读活动，包括走进图书馆自主借阅绘本、自然观察、交流分享、艺术创作、音乐表达等，以深入理解绘本内容，感受秋天的美丽与生命的价值，同时培养阅读兴趣、语言表达能力、科学探索精神、艺术创作能力等综合素养。

《一片叶子落下来》是一本关于生命的童话，作者通过一片叶子经历四季的故事展现生命历程，阐述生命存在的价值。简单亲切的文字，意味深长的寓意，清新简洁的画面，无不令人感动，给人慰藉，留给人无尽思索。这本书的文字简单、故事平凡，但却意义非凡，值得细细品味，适合二年级学生阅读。它引导学生展开关于生命轮回的深刻思考，通过温暖而美丽的画面，让学生感受到生命的珍贵。本主题活动学习目标确定如下：

1. 阅读绘本，理解故事内容，感受叶子的生命历程。
2. 观察秋天的景色，了解树叶的变化过程和季节变化对自然界的影响。
3. 通过艺术创作、音乐表达等方式，表达对生命成长的理解和感悟。
4. 学会借阅图书，培养阅读兴趣，提升阅读理解和创作能力。

课时安排：共 4 课时。

（二）评价

本跨学科课程采用过程评价和综合评价双轨机制。前者主要围绕活动目标进行设计，关注学生在任务执行中的参与度、协作能力、创新思维和问题解决能力等，实施动态记录和及时反馈；后者整合学习成果（绘画作品、音乐作品、观察日志等）进行综合评价，涵盖学科素养、思辨能力、观察力、创作力、表达力等指标。立足低学段孩子的特点，以鼓励为主，调动学习热情。根据评价目标设计清晰的评价量表，引导学生自主评价学习成效。

表4—6　借阅活动评价表

评价项目	评价标准	自我评价	同伴评价	教师评价
借阅情况	能按借阅要求有序、安静地借阅图书并完整、按时归还。	☆☆☆☆☆	☆☆☆☆☆	☆☆☆☆☆
阅读情况	能按一定方法安静专心阅读，享受阅读时光，读有所获。	☆☆☆☆☆	☆☆☆☆☆	☆☆☆☆☆
交流情况	积极主动参与交流，并能把话说清楚、说明白。	☆☆☆☆☆	☆☆☆☆☆	☆☆☆☆☆
	能认真倾听他人发言。	☆☆☆☆☆	☆☆☆☆☆	☆☆☆☆☆
总体评价	能按要求认真、有序、积极地参与到活动中，并很好地完成任务。	☆☆☆☆☆	☆☆☆☆☆	☆☆☆☆☆

表4—7　树叶收集评价表

评价项目	评价标准	自我评价	同伴评价	教师评价
参与态度	能积极收集落叶，为小组后面的观察做出努力。	☆☆☆☆☆	☆☆☆☆☆	☆☆☆☆☆
	在小组合作中有效沟通，能倾听他人的想法，遇到困难主动向他人请教，并愿意帮助他人。	☆☆☆☆☆	☆☆☆☆☆	☆☆☆☆☆
完成质量	能认真细致地观察树叶，科学准确地记录。	☆☆☆☆☆	☆☆☆☆☆	☆☆☆☆☆
	小组汇报声音响亮、表达自信、内容完整、条理清晰。	☆☆☆☆☆	☆☆☆☆☆	☆☆☆☆☆

三、生成式 AI 工具应用

DeepSeek：支持人机对话互动，通过实时问答协同完成学习任务。

AI 音乐生成器：根据需求生成高质量的歌曲音频。

即梦 AI：基于文本描述生成树叶形态演变图像或动画。

四、学习历程

学习情境：遇见秋天，"阅"享成长

随着金黄色的秋叶缓缓飘落，大地披上了一层绚烂的秋色；秋天，这个充满诗意与哲思的季节悄然而至。在这个收获的季节里，让我们以书为舟，以文为帆，共同踏上一场心灵与自然的深度对话之旅。在字里行间寻找共鸣，在秋日的风景中感悟生命的意义，让阅读成为连接内心与外界的美好桥梁。

任务一：借阅绘本，自主阅读

1. 了解图书馆借阅要求。

（1）学生交流去图书馆借书的经历。

①询问学生是否有去图书馆借阅图书的经历。

②有此经历的学生分享自己借阅的经过，说说有什么要注意的。

（2）教师总结学校图书馆借阅要求：凭借阅证借书；根据需要选书，一次可借 1～2 本，不多借；要在 10 天内归还或续借，不能超时；要爱惜书本，不能涂写、损坏或遗失。

2. 走进图书馆借阅绘本。

（1）教师带学生走进学校图书馆。

①学生按照方法和要求自主借阅感兴趣的图书。

②根据要求找到绘本《一片叶子落下来》，完成借阅。

（2）学生在学校阅览室安静阅读绘本及其他借阅的图书，看完后归还。

（3）学生自由交流。

117

①自主借阅图书后的感受。

②向伙伴介绍自己借阅的是什么书，由哪几个部分构成，你是怎么阅读的。

③你对自己借阅的书满意吗？为什么？

任务二：走进自然，观察记录

1. 寻找记录秋天的身影。

布置周末实践任务：和爸爸妈妈到公园或小区寻找秋姑娘的身影，找到后拍照记录，并将拍到的照片按景物分类整理。

2. 收集树叶，观察树叶形态。

（1）收集树叶。

①全班分组，在校园里捡拾地上的落叶。

②将收集到的树叶汇聚在一起，小组成员共同观察。

（2）观察树叶。

①将树叶根据不同品种分类摆放。

②小组成员分头观察同一种树叶，对比同一棵树上落下的树叶是否存在完全相同的，并做好记录。

（3）小组汇报与评价。

①各组组长汇报观察结果。

②师生评价，出示评价标准。

3. 搜索树叶变化过程。

（1）通过 DeepSeek 获取树叶变化过程的文字资料。

（2）利用即梦 AI 查找树叶变化的动画视频，通过动态影像直观了解树叶的生命周期，感受生命的神奇。

（3）将相关资料分享至班级群，组织学生交流观察。

任务三：课堂交流，深入思考

1. 晒一晒，分享我拍到的秋姑娘。

（1）分享拍到的照片，并说一说秋姑娘藏在哪里。

（2）出示绘本《一片叶子落下来》的封面，齐读题目。

（3）介绍这本绘本的主题：一则关于"生命"的童话，及其作者利奥·巴斯卡利亚和译者任溶溶。

2. 读一读，说说我对树叶的了解。

（1）介绍故事的主人公"弗雷德"是怎样的，读故事的开端。

（2）结合前期的活动说说故事中的这句话"没有两片叶子是真的一样的，尽管大家都长在同一棵树上"是对的吗？

（3）读句子：弗雷迪的左边是阿弗烈，右边的叶子是班，他的头顶上是那个可爱的女孩子克莱。

照样子仿说：我的左边是_____，右边是_____，前面是_____。

（4）继续呈现后续情节，组织学生朗读文本段落，教师适时提问，引导学生深度理解并体会故事内涵。

①读"他们一起长大，……偶然来一阵清凉的雨就洗个干干净净的澡。"你觉得他们真怎么样？

②读丹尼尔说的叶子存在的理由，你觉得你存在的理由是什么？

③小组讨论与分享：

· 同一棵树上叶子的颜色却不尽相同，这与什么有关？并说明原理。

· 叶子在生长过程中经历了哪些变化？

· 叶子落下时的心情是怎样的？你从哪里看出来的？

3. 想一想，聊聊对生命的理解。

（1）交流：你从故事中读懂了什么？

（2）你对"生命"一词有了哪些理解。

（3）教师总结：每一个生命都是独一无二的且精彩无比的。每一个生命都有存在的意义和价值，我们应珍视生命的每一份存在。

任务四：艺术创作，表达感悟

1. 给最喜欢的故事情节配画。

（1）创作指导：重读你最喜欢的故事情节，在脑海中构想画面，然后运用线条、色彩等元素进行创作。可参考一幅情节图以辅助构思。

（2）学生自主创作，教师着力激发其想象力和创造性思维，引导其完成彰显个性的美术作品。

2. 创编秋叶诗歌并吟唱。

（1）编写指导：教师讲解诗歌的文体特征，启发学生通过语言来呈现秋叶的美丽和生命的价值。教师可以提供一些优秀的诗歌作为参考，帮助学生拓展思路和激发灵感。

（2）学生自主编写秋叶诗歌。

（3）借助 AI 音乐生成技术，将创编的诗歌转化成动听的歌曲，再唱一唱。

3. 活动 3：展示作品，欣赏评价。

（1）可在教室墙面或学校公共展览区进行学生画作展示，以便师生进行欣赏和评价。

（2）举办班级小型演唱会，各小组推选成员上台演唱，并分享创作想法和感受，师生对其歌词创作和歌曲演唱进行欣赏与评价，提出优化建议。

（3）对喜爱的画作作者和歌曲演唱者开展票选，评选出本次活动的三个奖项："最有天赋小画家""最具创意小作家"和"最美声音小歌手"，并颁发荣誉证书。

五、效能分析

"遇见秋天，'阅'享成长"跨学科学习案例依托精心设计的任务框架和丰富多样的学习活动，系统驱动学生在阅读素养、自然观察力、艺术创作能力及跨学科思维等方面协同发展，实现了预设的教学目标。

阅读素养的显著提升。本案例以绘本《一片叶子落下来》为阅读载体，通过组织学生图书馆自主借阅、开展课堂思辨交流等活动，让学生的阅读素养得到显著提升。学生在掌握图书借阅规范、养成自主阅读习惯的基础上，通过深入理解绘本内容，感受叶子的生命历程，对生命有了初步的认识和思考。通过交流分享，学生能够用清晰的语言表达阅读感悟，实现阅读理解和表达能力的双重提升。

自然观察与科学探究能力的增强。在"走进自然，观察记录"主题任务中，学生通过寻找并记录秋天的景象、收集并观察树叶的形态等活动，近距离接触自然，观察秋季物候特征和树叶的演变。在此过程中，学生不仅掌握了观察、记录和分类的科学方法，还通过小组合作和汇报评价，提升了科学探究能力和团队协作能力。此外，利用生成式 AI 工具分析树叶变化的规律，进一步深化了学生对自然现象的理解，拓宽了科学视野。

艺术创作与表达能力的激发。在"艺术创作，表达感悟"主题任务中，学生通过给最喜欢的故事情节设计主题插画、创作秋叶诗歌及谱曲吟唱等活动，实现阅读感悟向艺术表达的创造性转化。这一过程不仅发展学生的艺术创作能力，更通过诗歌创作和歌曲吟唱，同步提升语言表达能力和音乐审美素养。作品的展示和评价环节更是有效唤醒学生的创作自信，搭建起一个展示与学习的素养发展平台。

跨学科思维与综合素养的培养。本案例通过融合语文、科学、美术、音乐、信息等学科知识，建构跨学科学习生态。学生在任务实践过程中，不仅掌握了多领域知识，还学会了综合运用知识解决实际问题。这种跨学科的学习方式既培育学生核心素养，又激发其创新思维和实践能力。依托多元化活动设计和过程性评价，学生在轻松愉快的氛围中主动学习、积极探究，实现全面发展。

生成式 AI 技术的有效应用。本案例充分利用生成式 AI 技术的优势，如语言生成与理解、知识推理与问答、图像和视频生成等，为学生打造了一个更具互动性、个性化且资源丰富的学习环境。学生可随时提问、获取拓展知识，并利用 AI 工具进行创作和表达，显著提高了学习效率并激发了探索兴趣。同时，生成式 AI 技术的应用展现了信息技术与教育教学的深度融合，为未来教育改革提供了可操作的实践参考。

综上所述，"遇见秋天，'阅'享成长"这一跨学科学习案例在教学目标的达成度上成效显著。学生通过参与多样化的学习活动，不仅在阅读、自然观察、艺术创作等方面实现了能力提升，还系统构建了跨学科思维和综合素养。该案例的成功实践为跨学科教学积累了宝贵的经验。

（本案例由常州市紫云小学陈婷提供）

第四节　欢乐购物街（数学）

一、案例概述

"欢乐购物街"是《义务教育数学课程标准（2022 年版）》"综合与实践"中第一学段的跨学科主题活动，源自学生真实生活情境，于一年级实施。该活动结合真实购物情境设计五个环节：认识人民币、筹备购物街活动、开展购物街活动、小问号分享会、爱护人民币。学生通过实践综合运用数学、语文、道德与法治等学科知识，在真实情境中参与认识人民币、定价、付钱、找钱等具体活动，围绕人民币展开问题发现、提出、分析与解决，逐步理解货币功能，感知货币价值，培养量感、应用意识、反思意识及金融素养，同时树立勤俭节约观念。

课标中关于"欢乐购物街"主题活动的"学业要求"为："积极投入模拟购物活动，能清晰表达和交流信息，认识元、角、分，知道元、角、分之间的关系；会在真实或模拟的情境中合理使用人民币；在教师的指导下能够反思并述说购物的过程，积累使用货币的经验；形成对货币多少的量感和初步的金融素养。"第一学段的"教学提示"则从活动目标、内容、形式、评价等方面提出具体建议。这是本课例设计的核心依据。

二、课程目标与评价

（一）课程目标

一年级学生基本都有获得零花钱、跟随家人去消费的经历，因而对人民币有基本认知，但这些认知呈碎片化、浅表化的特征，需通过教学活动促进认知结构化与概念明晰。本课例设计与实施聚焦"筹备购物街""开展购物街实践"两大核心环节，加强对学生实践操作的前期指导、活动中指导及活动后的反思引导。基于年龄特质，学生具有自发提问的倾向，教师顺势将真实问题转化为探究契机，引导其主动发现并提出与人民币有关的疑问，鼓励其自主研究。学生在操作实践、问题发现与解决过程中，实现经验积累与素养提升。本主题活动学习目标确定如下：

1. 在筹备购物街活动中，认识元、角、分，理解其换算关系，能完成简单单位换算。主动参与购物活动，清晰表达与交流信息，合理使用人民币，积累货币使用经验，形成货币量感。

2. 能在活动中主动发现并提出与货币有关的问题，选择感兴趣的问题进行探究；通过交流分享理解货币功能，形成初步金融素养。

3. 能描述并反思购物过程，对自身及同伴的学习过程进行评价。

（二）评价

本跨学科活动主要应用生成式 AI 工具进行评价。其优势在于能够量化评价标准，通过星级评定系统直观地展示表现，从而生成公平、透明的评价机制。这不仅能细化评估过程，还能帮组学生明确改进方向，提升活动参与质量。

如在 OneAI 软件中配置评价标准后，学生输入活动中的表现数据，系统通过分析学生在活动中的实际表现、互动记录等，来客观地评定其综合表现，并给出相应的星级评价。这种评价方式有助于全面、客观地反映学生的活动表现，并提供具体的改进建议。

表 4—8　活动评价标准

活动表现	☆☆☆☆☆	☆☆☆	☆
能积极参与购物准备活动			
能胜任"买家""卖家"角色			
能发现并提出问题			
知道要爱护人民币、节约用钱			

三、生成式 AI 工具应用

通过 DeepSeek 等生成式 AI 工具，让学生与 AI 进行模拟购物对话，练习如何使用人民币进行交易。

通过"豆包"或"文心一言"等生成式 AI 工具输入关于人民币的疑问，AI 会基于问题提供详细解答。

在活动后的评价环节应用 OneAI 工具，通过输入学生活动中的表现，AI 会根据预设的评价标准给出反馈和建议。

四、学习历程

活动一：认识人民币（数学课）

1. 在真实情境中认识人民币。

观看绘本故事短视频《我是小小理财家》。

教师请学生分享存钱经历和钱的用途。

讨论：怎样认识人民币？将人民币分为元、角、分三类去辨认，并总结认一认的经验。

交流：元、角、分之间是什么关系呢？

学生通过一分一分地数，一角一角地数，在十分变成一角，十角变成一元的过程中，理解人民币单位间的换算关系。

2. 发现并提出与人民币相关的问题。

教师：同学们已经认识了人民币，请你们把这些人民币再一张一张仔细地看一看、认一认，想一想关于人民币，你有哪些问题？

学生认真观察、思考、提问。（问题聚焦在人民币的图案、编号、防伪线、盲文等方面）

教师：同学们太棒了！观察得真细致，还提出了这么多有意思的问题。请同学们各自认领感兴趣的问题，想办法获得问题的答案。后续我们将召开"小问号分享会"，分享大家的研究成果。

活动二：筹备购物街活动（数学课）

1. 进行购物街筹备活动。

教师：同学们，我们已经认识了人民币，可以开始筹备"欢乐购物街"了。想一想，我们需要做哪些准备工作呢？

学生在交流中明确，有的同学当"卖家"，有的同学当"买家"，有买有卖才能开展购物活动。教师引导学生从"买家"和"卖家"两种角色出发思考，具体需要做哪些准备。

学生经过交流，达成以下共识：

（1）买家这样准备：准备好足够的零钱；准备好购物袋。

（2）卖家这样准备：准备好商品，合理标记价格，准备好零钱及适合放置商品的垫子。

教师：同学们经过交流，已经明确了"买家"和"卖家"要准备的物品。请再想一想，作为"买家"或"卖家"，我们还需要做哪些准备呢？

（1）"买家"这样买：文明购物，友好商量价钱。

（2）"卖家"这样卖：热情服务，不害羞，主动招呼顾客。

2. 与 AI 对话，模拟购物活动。

学生（买家）：你好，我想买这个小汽车，多少钱？

AI（卖家）：你好！这辆小汽车 2 元。

学生（买家）：我要买两辆车。

AI（卖家）：当然可以！两辆小汽车 4 元钱。

学生（买家）：我给你 5 元。

AI（卖家）：我找你 1 元钱。

学生（买家）：谢谢！

……

教师指导学生思考并讨论：付钱或找钱时，如果出现没有零钱或零钱不够的情况，怎么办？

学生经过交流总结出三个办法：

（1）"买家""卖家"商量价钱，少付一些钱或多付一些钱。

（2）与旁边的"卖家"或"买家"等量兑换零钱。

（3）建议"卖家"根据商品定价准备充足的零钱。

活动三：开展购物街活动（实践课）

活动时间：某天下午 2:00－3:00。参与人员：一年级师生。活动地点：学校操场。

活动流程：

（1）准备。教师提前通知"买家""卖家"带好所需物品并明确注意事项。叮嘱学生记录自己买卖东西的经过，如分别买了或卖了哪些东西，一共支出或收入了多少钱，这个过程中有哪些有意思的事情等等。

（2）购物。教师带领学生至操场指定位置，"卖家"布置好摊位后开展活动。买家先在本班摊位交易，随后可到其他班购物。教师巡视指导时，以"买家"身份参与活动。

（3）总结。活动结束回班后，根据本班实际情况做简单总结。对于未售完的商品，可在班内开展二次售卖。

活动四：小问号分享会（数学课）

向 AI 提问，交流分享有关人民币的研究成果。

教师：欢乐购物前，同学们提出了很多有关人民币的问题，今天咱们就召开一场小问号分享会来解答这些问题。

教师：请同学们打开平板上的"豆包"或"文心一言"，输入你的问题，并整理好搜索的答案，与大家交流。

（1）"图案"的秘密。学生分享不同人民币纸币上的图案，并跟着人民币"旅行"。1 元带领学生到杭州西湖的三潭印月；5 元引领学生走进山东泰山；10 元伴随学生探访长江三峡；20 元指引学生观赏桂林山水；50 元携学生抵达布达拉宫；100 元与学生共至人民大会堂。通过分享成果，学生了解并欣赏了中国各地的著名景点，领略了祖国的大好河山。

（2）"编号"的秘密。通过分享编号的秘密，学生了解到人民币纸币上有一组由字母和数字组成的"冠字号码"。每一张纸币的冠字号码都是唯一的，用于记录纸币的印刷批次及其在同冠字批次中的排列顺序。冠字号码不仅具有防伪功能，可辅助辨认残损纸币，在发生盗窃等意外时，还能通过追踪号码减少损失。学生不禁感叹：小小的编号竟有这么多作用！

（3）"金线"的秘密。通过分享，学生了解到人民币上的金线实为防伪线，并不是金子做的。验钞机通过检测其磁性特征来辨别真伪。

（4）"盲文"的秘密。学生了解到这些小圆点是专为盲人设计的盲文点，可依靠触觉识别的文字。人民币上的盲文设计体现了对视障群体的尊重和人文关怀。

活动五：爱护人民币（道德与法治课）

教师：在之前的学习中，我们已经认识了国旗、国徽。我听咱们的数学老师说，同学们在认识人民币时有一个发现，无论是纸币还是硬币，上面都有国徽，还提出了一个特别好的问题，为什么人民币上会有国徽呢？

预设：人民币纸币、硬币上都有庄严的国徽，这象征着国家尊严。

教师：人民币是国家法定货币。每个中国人都要爱护人民币。爱护人民币是爱护国家公共财物、维护国家信誉和形象的重要体现。爱护人民币，人人有责。同学们想一想，日常生活中我们应怎样爱护人民币呢？

学生进行交流分享：不能把人民币当作玩具。不能在人民币上乱写乱画。不能剪破或撕坏人民币。人民币应在钱包里放平整。不要乱花钱买不需要的东西，要节约用钱。

五、效能分析

AI 模拟真实活动。在活动中，人民币知识的学习不再局限于传统的课堂讲解，而是融入真实情境和实践操作。生成式 AI 在这一过程中发挥了重要作用：学生可以与虚拟的"卖家"或"买家"开展模拟交易对话，练习如何使用人民币进行交易。AI 技术的应用使得学习过程更加生动有趣，学生能在虚拟的购物场景中积累使用货币的经验，形成初步的货币量感和金融素养。

AI 引领问题探究。在活动中，学生通过观察人民币实物，提出了许多有趣的问题。生成式 AI 工具为学生提供了便捷的解答途径。这种基于问题的学习方式不仅能激发好奇心，还培养自主探究能力。借助 AI 的辅助学习框架，学生能自主查找资料、解决问题，并在"小问号分享会"上交流研究成果，进一步深化了对人民币的认识。

AI 助力个性化评价。在"欢乐购物街"主题活动中，生成式 AI 还为学生提供了个性化的学习与评价支持。通过 AI 工具，学生可以根据自己的兴趣和需求，选择不同探究方向，并在活动后获得针对性反馈。AI 能根据学生的表现生成个性化评价报告，帮助他们了解自身优点和不足，从而实现针对性改进。这种个性化学习与评价方式，不仅提高了学生的学习效率，还增强了他们的自主学习能力和反思意识。

总之，生成式 AI 在"欢乐购物街"主题活动中发挥了重要作用，既增强了活动的互动性和趣味性，帮助学生深入理解人民币相关知识，也提升了他们的金融素养和综合能力。AI 走进课堂，为学生未来的学习和生活开启无限可能。

（本案例由常州市紫云小学张慧慧提供）

第五节　年、月、日的秘密（数学）

一、案例概述

本跨学科主题活动"年、月、日的秘密"是《义务教育数学课程标准
（2022 年版）》"综合与实践"中第二学段的主题活动。课程标准强调该部分
内容不以书面知识掌握为目标，而是注重体现知识综合性，突出其在生活实
践中的应用，引导学生在真实场景中感知年、月、日的计量方法，并用相关
知识解释实际问题。

本课例在设计与实施中，整合数学、科学、道德与法治、美术、信息科
技等学科内容，借助"文心一言""豆包"等生成式 AI 技术。学生在参与
"我的年历我做主""平年与闰年""农历的奥秘""我的一天时间规划""制作
月历牌"等活动中，探索真实情境的规律，理解数学知识，培养应用意识、
科学观念和信息素养。

二、课程目标与评价

（一）课程目标

年、月、日是学生生活中较为熟悉的时间单位。随着学生年龄增长，他
们对年、月、日已经积累了丰富的认知，如对四季更替、节日安排、年龄计
算等形成具体概念，并接触过日历、课程表、作息钟等记录时间的工具。在
学习和生活场景中，都有大量关于年、月、日的描述和交流。学生对年、月、

日已经有了一定的基础认知和生活经验，但仍需系统学习以掌握时间计量的规律，理解年、月、日间的换算关系，感知数学在生活中的实用价值，了解计时的历史演变，进而培育时间观念与科学态度。教师应通过教学活动，帮助学生理解时间单位在生活中的应用，使其在融入数学知识的主题活动中体会生活气息、参与价值与文化意蕴，从而增强应用意识并积累基本活动经验。基于此，本主题学习目标设定如下：

1. 通过查找资料、制作个性化年历、交流分享年、月、日的相关知识与故事等活动，理解年、月、日及其换算关系，能用联系的眼光看待三者的关联，提升量感、运算能力、应用意识与创新意识。

2. 在学习活动中主动运用多学科知识与技能开展创意实践；通过探究天体运动与年、月、日间的关系及规律，形成科学观念；通过介绍年历制作与解说活动感悟传统文化，培育家国情怀，获得积极的情感体验。

3. 在模拟古人创造历法或借助工具记忆年、月、日规律的过程中，提升发现与提出问题、分析与解决问题的能力；通过交流分享优化解决问题的思路或策略，提升反思能力。体会数学与美术、历史、地理等学科的联系，感受数学与生活的密切关联；感悟古代历法发展历史，增强传统文化自豪感和家国认同，提升应用意识和时间推理能力。

课时安排：5 课时。

（二）评价

数学跨学科主题学习的评价应聚焦素养，贯穿学生知识运用与问题解决的全过程，其设计应与主题学习的具体活动同步推进。由于学生的学习过程是动态的、发展的，教师需要及时掌握适应学生需求的评价方法和技术，能够针对不同目标和任务灵活调整评价方法、开发评价工具，实现以评促学的目标。

以"农历的奥秘"教学为例，设计了如下评价量表辅助教学，通过整合量化评价与质性评价，融入增值性、过程性和终结性评价，构建完整的跨学科评价体系。

表 4-9 "农历的奥秘"活动评价表

类型	评价内容	评价标准	评价方式	等级
增值性评价	前测	了解学生对农历的已有认知,知道传统节日及自己的生日。	教师评价	☆☆☆
	后测	理解农历"阴阳合历"的由来,能用数学语言进行阐释。		☆☆☆
过程性评价	理解与表达	理解相关知识内容,能用数学语言表达自己对真实情境的看法。	教师评价	☆☆☆
	合作与交流	在合作过程中能准确表达自己的想法,主动思考并与同伴开展交流。	学生互评	☆☆☆
	解决问题	能主动发现并提出问题,寻找策略解决问题或提出新问题。	教师评价 学生自评	☆☆☆
终结性评价	作品评价	能通过撰写小论文或绘制手抄报等方式,展示学习成果。	教师评价 学生互评	☆☆☆
	纸笔测试	创设跨学科整合的真实情境任务,评估学生的批判性思维、团队协作与沟通能力。	教师评价	☆☆☆

三、生成式 AI 工具应用

文心一言:精准解析学生关于年、月、日的提问,提供个性化答疑。在课堂教学中,学生通过与文心一言进行实时互动,这能激发学生的学习兴趣,提升对年、月、日知识的理解。

豆包:辅助完成月历牌的设计。它能根据学生输入生成配色方案与版式原型,推荐传统文化图案、符号等设计元素。

四、学习历程

主题情境

本活动以任务驱动的方式，围绕"年、月、日的秘密"这一主题展开，旨在通过跨学科的学习方式，引导学生深入理解年、月、日的相关知识，并培养他们的实践能力和团队合作精神。

本教学设计只选择部分任务进行说明。

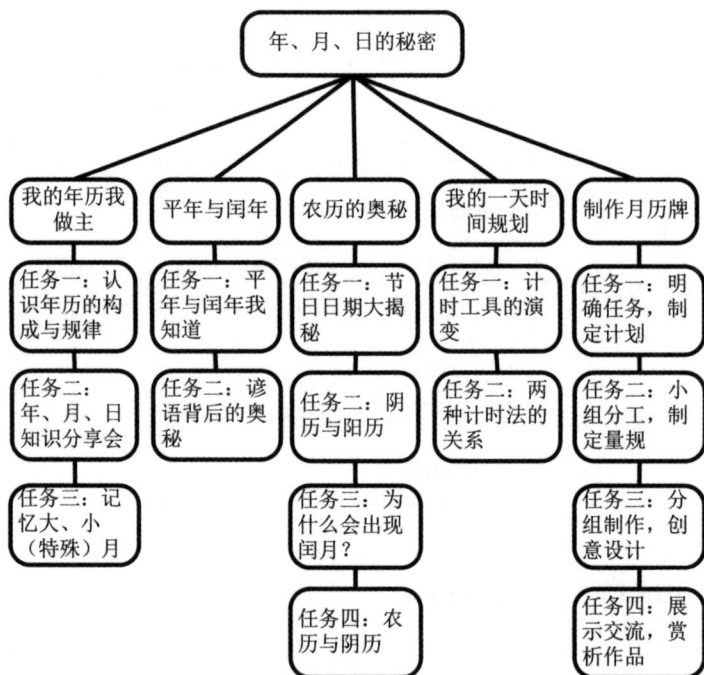

图 4-1　任务框架图

第一课时任务二：年、月、日知识分享会

教师建议学生思考并分享以下问题：年、月、日之间有什么关系？年、月、日的由来是什么？月份天数为什么没有规律？

学生自主探究。

活动要求：

想一想：你想了解关于年、月、日的哪些知识？

查一查：借助"文心一言"查找资料。

说一说：在小组内交流你的发现。

发言讨论。

生1：我们早就知道一年有12个月，经过组内交流，我们还知道了1月到3月是第一季度，4月到6月是第二季度，7月到9月是第三季度，10月到12月是第四季度。但是要注意的是，这四个季度和我们常说的一年四季是不一样的。

生2：我也来分享，我知道一年有时候是365天，有时候是366天。

生3：我可以补充，平年一年是365天，闰年一年是366天。

生4：关于一年有365天，我有疑问：在科学课上，我们学过一昼夜就是一天。通过上网查询，我查到了一年大约是365.2422天。为什么天数是小数呢？

……

小结：感谢同学们的交流分享，让我们知道了年、月、日之间的关系，还用联系的眼光看待年、月、日的真正由来，了解了它们背后的人文故事。

第三课时任务三：为什么会出现闰月？

启发思考：通过刚才的视频，我们知道阴历每个月平均有29.53天。那么在月历表中，一个月会记成多少天呢？猜一猜，再说说你的理由吧！

全班讨论。

教师介绍：为了配合每个月初一看不到月亮的现象，阴历月份的天数在29天和30天之间变化。（出示右图课件）了解了农历"月"的这个规律，你能算一算阴历一年共有多少天吗？

学生计算2021年和2022年阴历全年的天数。

图 4-2　课件

产生冲突：2021 年阴历共有 354 天，而阳历是 365 天，你有什么发现？如何解决每年阴历比阳历天数少的问题？

学生自主探究。

活动要求：

想一想：如何解决每年阴历比阳历天数少的问题？

查一查：借助"文心一言"查找资料。

说一说：和同桌交流你的发现。

学生借助 AI 迁移"阳历四年一闰"的认知经验，尝试解决阴阳天数差异问题：当发现每 2 至 3 年增加一个月，该时段内农历的平均天数就和阳历基本持平，由此引出农历闰月机制。这种类比推理、协作验证的深度学习过程，既深化对历法原理的认知，又切实提升计算思维能力和问题解决能力。作为本节课思维进阶的关键环节，学生在发现阳历规则可迁移至农历系统时，体悟中华历法蕴含的数理逻辑之美。

第五课时：制作月历牌

教师引导：想一想，怎样做一个与众不同、有特色的年历呢？

小组合作交流讨论制作年历的步骤。

生 1：年历上要标清年份，一年有 12 个月，大月 7 个、小月 4 个，要注意这一年是平年还是闰年，每月的日期按星期日、星期一、星期二……星期六的顺序排列。

生 2：要用颜色标出休息日和重大节日。

……

小结：看来，要制作一年的月历牌，不仅需要知道每个月的天数，判断这一年是平年还是闰年，还要知道某一天是周几，然后进行推理。接下来，就请大家根据各自的需要，运用"豆包"进行月历牌设计。

活动要求：

想一想：你准备设计哪一年的月历牌？需要注意哪些？

试一试：请将要求与注意点输入"豆包"对话框，点击图像生成，并根据需要进行调整。

说一说：和同桌交流你的初步设计。

传统月历制作常被布置为学生的课后作业。对于绘画水平有限或者缺乏兴趣的学生而言难度较大。引入豆包软件辅助课堂创作，能很好地提升教学效率和效果。一方面，通过让学生参与月历牌的设计过程，可以增强课堂的互动性，激发学生的学习兴趣和积极性。豆包软件的实时预览和反馈功能，使学生能即时查看效果并优化调整。另一方面，多样化的设计工具和模板可简化月历牌设计流程，节省时间精力。学生可直观呈现日期、星期、节假日等信息，便于理解和记忆。在此过程中，学生的信息技术素养和数字化设计能力也得到提升。

五、效能分析

"年、月、日的秘密"跨学科主题活动围绕时间计量知识展开，融合多学科内容与生成式 AI 技术，在多维度实现显著教学成效。

系统建构，助推认知发展。通过系列活动，学生系统构建了年、月、日知识框架。在"我的年历我做主"实践环节，学生通过亲手制作年历，直观感知年历结构及各时间单位关联性。在"平年与闰年"活动中，学生精准掌握平年、闰年判断方法，深入理解"四年一闰，百年不闰，四百年又闰"的原理，形成完整的时间推算体系。在"我的一天时间规划"中学生通过熟练运用 24 时制计时，实现普通计时法与 24 时制灵活转换，提高了时间换算和运用能力。在月历牌制作环节，学生把所学知识转化为实践，深化对月份天数规律及日期排列逻辑的认知，真正将知识学懂弄通。在课后延伸活动中，学生借助豆包软件完成"我的一天"主题设计初稿。

多元练习，实现能力进阶。在探究"农历的奥秘"时，学生通过收集不同年份的节日日期数据，观察分析其中的"变"与"不变"，培养了数据意识和观察分析能力。为解决阴历与阳历天数差异问题，学生借助工具自主探究，将已有学习经验进行类推迁移，从而增强推理意识，并感受到数学思维方法的通用性。在小组合作中（如制作年历、探究闰月等），学生通过分工协作、表达观点、倾听他人意见，有效锻炼了沟通能力和团队协作精神。通过设计月历牌、撰写数学小论文及制作手抄报等活动，学生系统整理思路、组织语言、绘制图表，逐步形成问题意识，提升探究能力、创造力和表达能力。

有机渗透，彰显文化内核。在活动中，学生通过了解中华优秀传统文化的历史渊源、发展脉络、精神内涵和人文价值，增强了文化自信和文化自觉，体悟其独特的育人价值。例如：在查找重要节日和纪念日时，学生理解节日背后的文化意义，深化家国情怀；在探究古代历法知识时，梳理农历发展脉络，提升对传统文化的自豪感；在"我的一天时间规划"实践中，体会合理安排时间的重要性，懂得珍惜时间。学生在活动中主动参与，通过解决问题与展示成果获得成就感，从而激发学习兴趣，养成积极的学习态度。

从知识掌握到能力提升，再到情感塑造，"年、月、日的秘密"主题活动有效落实教学目标，为学生的全面发展奠定了坚实基础，使数学学习过程变得愈加丰富、鲜活、深刻。

（本案例由常州市紫云小学王丹提供）

第六节　Be a Green Traveler（英语）

随着教育科技的持续发展，生成式 AI 在教育领域的应用范围持续扩展。在小学英语教学中，这一技术革新不仅催生了新的发展机遇与教学挑战，更推动了跨学科教学模式的主流化进程。本课程以译林版五年级下册第二单元"How do you come to school?"为教学内容，深入探讨在生成式 AI 辅助下，小学英语跨学科学习的实践过程、实施效果及其深远意义。

一、案例概述

《义务教育课程方案（2022 年版）》强调，义务教育课程应致力于推进跨学科主题教学，加强课程的协同育人功能。《义务教育英语课程标准（2022 年版）》亦指出，应遵循"学用结合、课内外结合、学科融合"的原则，开展英语综合实践活动，引导学生从书本走向更广阔的现实世界。课标中"综合实践活动"这一术语的提出，进一步凸显了英语课程内在的跨学科特性。

本跨学科课程，涵盖"人与自我""人与社会"两大主题范畴，涉及"生活与学习""社会服务与人际沟通"主题群，以及"身边的事物与环境""学习与生活的自我管理""健康、文明的行为习惯与生活方式"等子主题。

为此，我们整合四年级道德与法治、英语学科教材中关于交通工具的共有内容，设计此次跨学科学习活动，通过学科教学内容的有机融合优化课程结构。课程结合六年级下册第四单元"多样的交通和通信"，引导学生围绕"交通与通信"主题开展深入的社会性实践学习，帮助学生全面理解交通与通信事业的发展及其对日常生活的重要意义。

学生将在"沉浸式体验"中学会选择合适的交通工具，并设计"一周绿色出行规划"，通过剖析挑战性问题的本质，从不同角度设计解决方案，从而培养实践能力和创新能力。课程在话题导入环节，结合四年级上册 Unit5 "Our new home"和五年级上册 Unit6 "My e-friend"设计活动，引入话题或句型教学，鼓励学生运用所学词汇描述上学方式。在教学巩固环节，拓展六年级下册 Unit7 "Summer holiday plans"内容，引导学生结合交通工具选择，围绕"一周绿色出行规划"进行语言输出。

二、课程目标与评价

（一）课程目标

五年级学生能够用英语围绕"人与社会"主题中的出行路线等话题进行简单表达和交流，例如，能够简单表达如何上学和到达某地，描述常见地名和国家名称，询问并说明城市设施的位置等。他们乐于和同伴互动交流，具备小组合作学习能力。但学生缺少低碳环保生活的体验，缺乏运用英语表达出行方式优缺点和碳排放量的语言积累；同时，欠缺数据调查经验、数据分析和书写调查报告的经历，需要教师提供充足的语言支架。

学生已具备基本的生活认知能力和判断能力，能够分析环境保护对自身和社会的影响，并愿意尝试通过自身努力改变个人或身边人的生活方式和出行方式。

基于此，本课程教学目标设定如下：

1. 通过 AI 生成的交通工具视频，观察生活中的交通出行方式及其存在的问题，明确推广绿色出行的实践任务。

2. 学习并理解语篇内容，内化语言知知，调查师生出行方式并填写表格。

3. 通过 AI 生成的调查表，调查小组同学的出行方式，分析并汇报调查结果，评估其出行方式是否绿色低碳环保。

4. 阅读主题绘本，谈论书中人物对不同出行方式的态度和其推动绿色出行的做法。

5. 运用语言探讨自己如何在出行中做到低碳环保。

6. 谈论自己今后如何坚持绿色低碳出行、督促家人践行绿色低碳出行，并推动社会上更多人践行绿色低碳出行的规划。

（二）评价

本教学设计融合数学与地理知识应用、创新思辨能力培养及环保理念渗透，通过汇报、感悟撰写、视频制作、海报制作等多元形式开展综合评价。采用"结果－过程"双轨机制：结果性评价侧重作品成果等显性指标；过程性评价关注课堂参与、协作表现等学习行为，并引入学生自评互评、教师观察与 AI 分析工具形成立体评估网络，实现知识掌握、能力发展与价值观养成的三维目标统合。

三、生成式 AI 工具应用

通过 Runway 文生视频，制作涵盖不同出行方式的动画视频，融入英语、数学及科学等学科知识。

通过文心一言、豆包等工具，设计详细的学生出行方式调查问卷，便于教师开展相关教学活动。

利用通义万相制作绿色出行的标识或海报。

四、学习历程

主题情境

近年来，我国交通运输行业的碳排放量已逼近全国碳排放总量的十分之一，这无疑为节能减排、控制温室气体排放等环保任务带来严峻挑战。在校园中，学生大多依赖机动车作为日常出行方式，然而他们对于低碳环保出行方式的认知仍显不足，对如何选择最环保的出行方式也缺乏理解。作为新时代公民，我们应当树立人类命运共同体意识，提升文明素养和社会责任感。

《义务教育英语课程标准（2022 年版）》在"人与自然"的二级主题范畴中强调，人类与自然应和谐共生，倡导绿色生活理念和行为，即我们要培养环保意识，并践行环保行动。因此，让我们从现在开始，树立绿色低碳出行理念，养成绿色低碳出行习惯，培育优秀的环保品格。

第一课时

1. 头脑风暴，学生运用发散思维复习已学过的交通工具名称。

预设：学生能熟练说出交通工具词汇（如 car、bus、bike、metro 等），教师同步板书。

2. 通过 Runway 生成交通工具视频，整合油耗、速度、二氧化碳排放量等数据，小组讨论并探讨：哪种交通工具最环保？人们是否需要绿色出行？我们能做些什么来推广绿色出行的理念？

预设：I think … is the best for the environment. I think…is not good for the environment，because… I think we can travel in green ways. We can…

3. 通过数字人播报，明确主题任务：拍摄绿色出行实践视频。

4. 学习课本对话并讨论对话主人公的出行方式，探究其原因，分析是否环保。

预设：Su Hai goes to school by _____.

Mike goes to school by _____.

I think Su Hai /Mike is（not）a green travel because…

5. 学生谈论自己的上学方式，并完成文心一言生成的调查表，统计班上的老师和同学们是怎样上学的。

预设：How do you come to school?

I come to school by _____.

6. 学生根据调查结果完成调查报告，分享数据，并判断小组成员的出行方式是否绿色环保。

7. 课后任务：

（1）学生上网查找关于绿色出行的资料和优选方式，并思考哪种出行方式更环保。

（2）学生以 2 人为小组，运用所学语言调查其他班 20 位同学的上学方式，完成调查表并制作柱状图，然后运用所学语言写出简单的调查报告。

第二课时

1. 学生四人一组分享作业单，根据查找的数据谈论各种出行方式的特点。

The advantage of _____ is _____.

The disadvantage of _____ is _____.

The carbon emission is _____.

It's_____.

2. 根据上述讨论，学生尝试总结如何选择恰当的出行方式。

S1：If it's near，we should go on foot or by bike.

S2：If it's far，we can take a bus or subway to get there.

S3：If it's far and we have lots of things in hand，we can go by car. Using cars the less，the better.

3. 绘本阅读 *Lorna's upset*，在绘本学习中，与主人公共同体验调查实践、数据分析、倡议发声、创新思考等解决问题的完整过程，培养学生主动思考问题并解决问题的意识与能力。

4. 学生根据上一课时的调查结果，在语言框架的辅助下，进行全班分享。

_____ students go to school by _____. They are green travelers.

_____ students go to school by _____. They are not green travelers.

5. 学生反思自身出行习惯，尝试回答以下问题：我们应如何合理选择出行方式，践行绿色出行，保护环境？

预设：I think we should go to school on foot if we can. I think we should drive cars as little as possible. If our home is far from school and we can't walk to school，we can take public transportation. I think _____.

6. 课后任务：

（1）制作一周绿色出行计划表，按照计划在生活中践行绿色出行理念，做到知行合一。

（2）结合教师给出的评价规范拍摄视频。

第三课时

1. 分享感悟：先在组内分享，再由每组选代表分享。其余学生需做好记录，并回应或评论。

预设：In the 7 days, I tried to travel in green ways everyday. I go to school on foot _____ days.

Going to school _____ produces _____ grams of carbon. It is _____. I feel _____.

I reduced a lot of carbon emissions over the 7 days.

2. 观看优秀视频，选择自己喜欢的视频并讨论。

3. 学生结合已学的语言知识与绿色出行感悟，撰写属于自己的绿色出行承诺书。

4. 学生利用通义万相，基于自身理解生成绿色出行与保护地球的标识或海报，并分享。

5. 课后任务：

每日践行绿色出行，督促家长坚持绿色出行，持续推动更多人践行绿色出行。

四、效能分析

1. 学生学习成果。

英语能力显著增强。通过跨学科课程实践，学生在真实语境中频繁使用英语，有效提升了词汇量和句型运用技巧。成果汇报环节中，学生能够流畅地用英语阐述调研结果和设计理念，语法错误大幅减少。

跨学科知识深度融合。学生对数学、地理等学科的理解更加深入。进行交通方式调研分析时，他们能够精确运用数学工具进行计算，从地理学角度合理评估交通选择的可行性，并深刻理解健康出行的重要性。

综合素养全面提升。学生在团队合作、创新思维和批判性思维方面得到充分锻炼。小组合作项目中，他们学会了有效分工与协作，并在新型交通方式的设计中表现出丰富的想象力和创新精神，同时在相互评价中展现出理性分析和客观评价的能力。

2. 教师教学体验。

教学资源丰富化。AI 技术为教师提供了海量教学资源，减轻了多学科资源整合的压力，使教师能够将更多精力投入到教学设计和学生指导中。

教学方法创新化。AI 辅助教学设计使教师得以尝试更多创新的方法，其在评价环节的辅助，也让教师能够更全面、客观地评估学生的学习成效。

本案例显现了在生成式 AI 协同作用下，小学英语跨学科学习的实践路径与显著成效。围绕"如何上学"主题开展的跨学科教学，使学生在英语能力提升、跨学科知识掌握以及综合素质增强等方面均取得显著进步，教师的教学体验也得到有效优化。尽管如此，实践过程中仍需面临技术依赖度高、信息准确度待提升以及学生自主学习引导不足等挑战。未来教学中，教师需合理运用生成式 AI，充分发挥其优势，同时注意防范潜在风险，以实现更优质、更高效的小学英语跨学科教育。

（本案例由常州市紫云小学陆晓娟提供）

第七节　小杜鹃的奥地利冒险之旅（音乐）

一、案例概述

《义务教育艺术课程标准（2022 年版）》对三年级学生的核心要求包括：感知与体验音乐要素（如节奏、旋律），发展艺术表现与创造能力，推动跨学科融合，以及利用现代技术拓展学习形式。本案例"小杜鹃的音乐奇幻之旅"紧扣课标要求，通过"AI 森林探秘·解码节拍密码""AI 音符工坊·破解旋律基因""跨学科剧场·光影捉迷藏""未来音乐会·AI 与人类的交响"四大模块，以"科技赋能艺术"为核心，构建沉浸式、跨学科的音乐课堂。

本课程依托苏少版三年级上册的《顽皮的小杜鹃》唱歌课。该歌曲为 F 调，4/4 拍，速度稍快，情绪活泼，歌曲以"杜鹃"为中心，同时歌词融入故事情节，契合学生的好奇心理，体现小动物的可爱形象。依据教材，课程以"小杜鹃的奥地利冒险之旅"情境故事为主线，学生化身"音乐科技探险家"，通过任务闯关（解码节奏密码、破解旋律基因）完成学习目标。例如，在"AI 森林探秘"中，学生佩戴节奏手环乘坐"音乐小火车"，将课堂变为奇幻森林，激发探索欲。学生在 AI 生成的奇幻场景中感受音乐美感，在荧光翅膀的舞动中体验艺术魅力；通过 AI 工具激发创作灵感，培养创新思维与问题解决能力；跨学科任务的网状联结，助力学生综合素养的全面提升；成为"科技与人文并重""传统与创新共存"的范例。

二、课程目标与评价

（一）课程目标

三年级学生已经具备一定音乐基础，对节奏、旋律等音乐要素具有初步感知能力。在心理特征上，三年级学生活泼好动，好奇心强，喜欢参与富有趣味性和互动性的学习活动。他们的注意力集中时间较短，需通过多样化活动（律动游戏、AI 操作、科学实验）交替推进，以维持课堂活力。例如：每15 分钟切换活动形式，避免单一任务引发注意力分散。在认知发展方面，他们能够理解和记忆简单的音乐概念（如节拍、音高），并能通过实践活动（如模仿杜鹃叫声、参与节奏游戏等）感受音乐的魅力。同时，这一年龄段的学生具备初步团队协作能力和艺术表现欲望，可在集体活动中展现自我。

此外，结合《顽皮的小杜鹃》这首歌曲的具体内容，学生能在欣赏和学唱过程中增进对自然界和生活的热爱，陶冶美好情操，树立积极的人生态度。根据学生情况和教材内容，本课程制定以下教学目标：

1. 通过 AI 节奏手环等技术工具，感知音乐的节奏、旋律等要素，掌握现代技术在音乐学习中的应用方法。

2. 学唱奥地利民歌《顽皮的小杜鹃》，理解其旋律、歌词及文化背景，践行民歌文化传承和弘扬。

3. 通过模仿与创新小杜鹃的叫声、舞步等形式，提升艺术表现力和创新能力。

4. 结合科学、语文等跨学科内容完成任务，实现综合素养的全面提升。

（二）评价

根据《义务教育艺术课程标准（2022 年版）》的中段要求，结合本课教学目标，制定以下评价内容，以全面评估学生学习中的综合表现。

表 4-10 评价表

评价方向	评价内容	评价方式
现代技术在音乐学习中的应用感知与评价	能否正确佩戴并使用 AI 节奏手环感知音乐的节奏和强弱拍。 能否通过观察手环振动数据折线图，识别强拍位置并阐述节拍强弱规律。 能否使用 AI 音乐工具生成符合主题的音乐片段。	观察学生使用 AI 节奏手环的操作熟练度和准确性。 评估学生对手环振动数据折线图的理解和分析能力。 通过学生生成的 AI 音乐片段和评选结果，评估其音乐创造力和审美判断力。
民歌文化传承与理解评价	是否了解《顽皮的小杜鹃》的文化背景（如奥地利音乐之都的特色、民歌的特点等）。 能否准确学唱《顽皮的小杜鹃》，把握旋律、节奏和歌词的准确性。 在演唱中能否展现出对民歌文化的尊重和热爱。	通过集体演唱检验学生的演唱准确性。 通过课堂讨论和提问考察学生对民歌文化背景的认知程度。 观察学生演唱时的表情和动作，判断其对民歌文化的情感体验。
艺术表现与创新能力评价	在模仿小杜鹃叫声时，能否再现其清脆跳动的声音特点。 能否根据歌曲旋律和歌词创编出符合主题的舞步和动作。 完成 AI 共创任务时，能否运用创新思维生成创意性音乐片段。	观察学生模仿小杜鹃叫声的准确性和艺术表现力。 通过课堂表演和作品展示，评判学生舞步和动作的创编能力。 审阅学生提交的 AI 共创任务作品，评定其创新思维和创意性。
跨学科综合素养提升评价	在跨学科剧场活动中，能否应用科学原理制作荧光翅膀，并阐释其发光原理。 能否结合语文知识创编符合主题的新歌词，并完成演唱。 在完成跨学科任务时，能否展现团队合作精神和问题解决能力。	通过观察荧光翅膀的制作过程和成品，评价其科学原理的理解和应用能力。 审阅学生创作的新歌词和演唱效果，评估其语文素养和艺术创造力。 通过课堂讨论和小组活动，观察学生的团队合作精神和问题解决能力。

三、生成式 AI 工具应用

1. 硬件资源：

基础设备：平板电脑（1∶1 配备）、投影仪、紫外线灯、振动手环（可编程模拟器）。

扩展设备：互动电子屏（用于"荧光音符漂流瓶"编程）、便携式音响。

2. 生成式 AI 工具：

音乐生成：Soundraw、AIVA（支持简谱输入）；

绘画设计：MidJourney（教育版）、Canva（儿童模板适配）；

语言交互：ChatGPT（教育版）、讯飞语音助手。

3. 教学管理平台：

ClassIn 或希沃白板，整合 AI 工具链接、任务单下发及作品存档功能。

四、学习历程

主题情境：小杜鹃的奥地利冒险之旅

我们是一只只小杜鹃，也是"音乐科技探险家"团队的成员。在 AI 助手"小智"的陪伴下，我们将穿越奥地利森林，通过 AI 生成音乐、设计旋律、解密荧光音符的科学原理，最终完成一场融合奥地利传统民歌与未来科技的多维音乐会。

活动一：AI 森林探秘·解码节拍密码

1. 借助手环，感受节奏。

教师引导：亲爱的同学们，今天我们要乘坐"AI 音乐小火车"去奥地利森林探险！请大家戴上座位上的"AI 节奏手环"，它会用振动告诉我们火车的节奏秘密哦！

学生佩戴手环（编程模拟器），手环发出蓝色荧光。

播放《幸福拍手歌》，教师提示：注意感受手环的振动——强拍振动长，弱拍振动短，跟着节奏踏步进教室！

教师提问：你们刚才感受到了什么？

学生：老师，手环在"感"和"手"这两个字的时候振动最长！

教师回应：没错！拍子的强弱规律就是这样，强拍就像火车头，能带领我们前进！

2. 数据具象，找到规律。

教师将手环实时振动数据折线图投屏并提问：谁能根据折线图指出振动最强的位置？

学生：第一个波峰最高，是强拍！

过渡：拍子的强弱规律就像波浪，一浪接一浪，要记住它！小火车到站啦！听，森林里传来《杜鹃圆舞曲》的旋律，但今天的伴奏有些特别——是 AI 生成的三种风格伴奏，猜猜哪一种是爵士风格？哪一种是电子风格？

学生行动：通过听辨来区分 AI 伴奏风格，播放 AI 工具（Soundraw）生成的三种版本音乐：

·版本 A（爵士）：摇摆的萨克斯旋律；

·版本 B（电子）：动感的合成器音效；

·版本 C（古典）：悠扬的弦乐合奏。

学生闭眼聆听，举手投票。

3. 模仿动作，外显特点。

教师示范：选版本 B 的同学，像小杜鹃一样跳机器人舞步；选版本 C 的同学，像天鹅展翅！

学生分组随音乐律动，教室瞬间变成"AI 森林舞池"。

AI 共创任务：

教师：现在轮到你们当"AI 音效师"！请在平板中输入关键词"森林、欢快、四拍子"，生成 10 秒环境音乐！

学生输入关键词后惊呼：AI 生出了鸟叫声和鼓点！我们选这段当背景！

教师投屏学生作品，全班随 AI 音乐拍手打节奏。

提问：这就是科技与自然的交响曲！这首二年级学过的《杜鹃圆舞曲》

是几拍的歌曲？

学生：是三拍子的歌曲。我们能听出第一拍是强拍，这一拍的音量和力度相对较大，是整个小节的重音。第二拍和第三拍都是弱拍，这两拍的音量和力度相对较小。

4. 总结提升，解码密码。

教师提问：今天的探险中，AI 帮我们完成了什么任务？三拍子的强弱规律像什么？

学生回答：AI 生成音乐，还让手环振动教我们节奏！三拍的强弱规律可以表示为：强—弱—次弱。

教师升华：没错！AI 是音乐的小助手，但节奏的灵魂藏在我们的心里。

活动二：AI 音符工坊・破解旋律基因

热爱音乐的小杜鹃飞着飞着，飞到了音乐之都奥地利。这里既有郁郁葱葱的森林，又流淌着波光粼粼的蓝色多瑙河，是举世闻名的音乐之都。今天咱们要学唱的，就是奥地利民歌《顽皮的小杜鹃》。

1. 感受歌曲，学唱"咕咕"。

教师：你听，小杜鹃们飞到奥地利之后，用清脆悦耳的歌声表达它们的快乐。你们能不能也学着小杜鹃发出这样清脆跳动的声音呢？

学生：（唱）咕咕！

教师：谁能上来拍着手跟着小杜鹃的歌声唱一唱？你能听出小杜鹃唱的是哪两个音吗（用听音的方式让学生找出 sol mi）？

2. 新歌教授，听做同步。

初听，师问：请你听一听，小杜鹃的叫声出现了几次？分别出现在句子的哪个位置？

学生：出现了 7 次，都在句尾。最后一个乐句里，顽皮的小杜鹃叫了两次。

二听，师引导：你能随着音乐在原地走一走吗？听到"咕咕"叫声时，停下来做一个咕咕的动作。

三听：注意，你的脚步是强拍起还是弱拍起？（教师示范动作，学生观察选择）原来这是弱起节奏，和幸福拍手歌一样，要在强拍上踏步。

学生：是弱起的！我们在强拍上踩步，听到"咕咕"就停下来打招呼。

3. 挑战任务，探寻旋律。

出示平板任务单：这首歌曲一共有 6 个小乐句，这 6 个小乐句可都是由不同的小音符构成的哦。请拿出任务单，老师这里呈现了三个乐句，有的片段重复使用，有的片段轮换交替，你能把对应的乐句序号填进任务单的空格里吗？

校对环节：第一、二乐句相同，第三和第五乐句相同，第四和第六乐句相同。原来旋律是按这样的顺序出现的，你选对了吗？老师现在把"53"音补上去，让谱子更完整。

唱谱练习：现在你们可以直接唱乐谱吗？老师弹奏一个乐句，你们跟唱一个乐句。别忘了，为了表现出明显的结束感，在第六乐句结尾处要唱两次"布谷"哦！（配合 sol mi 音高）

4. AI "咕咕"实验室。

使用 AI 音乐工具（如 AIVA），输入"sol-mi"音高，生成 10 种不同风格的"杜鹃叫声"变奏曲，由学生评选"最顽皮"版本并进行模唱。

活动三：跨学科剧场·光影捉迷藏

创设情境，师问：顽皮的小杜鹃飞呀飞，都到了哪些地方？

学生：到了青青的草地、茂密的丛林，又到了流淌的小河旁，顺着河水绵延向了远方。

1. 奥地利民歌特点。

教师：我们跟小杜鹃玩了一整天了，夜幕降临，让我们跟着音乐驻足凝望奥地利迷人的明月。它的演唱形式是怎样的？和老师刚才唱的有什么差别？

学生：它宁静、舒缓，就像摇篮曲一样。

教师：这也是奥地利的孩子们常听的一首小民歌，让我们用"lu"跟着音乐哼唱，感受这份安宁。

教师：小杜鹃每到一处都留下了动听的歌声，现在它来到奥地利森林剧场，想在这儿开一场歌舞表演。剧场应该营造怎样的环境呢？

2. AI 动态舞台设计师。

教师引导：我们先把教室变成奥地利魔法森林！请打开平板上的 AI 绘画工具，输入"月光下的多瑙河"或"月光树林"，让 AI 帮我们生成舞台背景。

学生分组操作 MidJourney，输入关键词生成奇幻森林场景。

学生 A 组：我们输入了"月光树林、蓝色星空"，AI 画出了发光的紫色大树！

学生 B 组：我们选了"月光下的多瑙河"，AI 画出了银色的河水和星星倒影！

教师提问：冷色调（蓝、紫）和暖色调（黄、橙）分别给人什么感觉？

学生：冷色调像安静的夜晚，暖色调像热闹的篝火晚会！

总结：表演时，冷色调场景用轻柔动作，暖色调场景用活泼跳跃的动作！

教师将 AI 生成的背景图投影至墙面，教室瞬间变成魔法森林啦！

3. 荧光科学小尝试。

布置任务：现在，我们要制作"发光杜鹃翅膀"，用荧光颜料画出 sol 和 mi 的音符。科学课学的荧光原理还记得吗？

学生制作荧光翅膀：用荧光颜料在卡纸上涂鸦 sol 和 mi 音符，粘贴到自制的翅膀上。

跨学科链接（科学）：为什么荧光颜料在紫外线灯下会发光？

学生：因为颜料里的荧光粉吸收了紫外线的能量，转化成可见光。

4. 光影捉迷藏表演。

关闭教室的灯，学生挥动着"发光翅膀"扮演小杜鹃。

教师旁白：小杜鹃在荧光森林里飞来飞去，它的 sol-mi 叫声点亮了夜空！

学生们边飞边唱：咕咕！我躲在发光的树后面！

师生歌舞剧表演，共玩捉迷藏：你们躲在草地里，你们躲在树丛中，你们躲在小河边，我一边唱一边找，找到谁的面前，谁就蹲下藏好；等听到"咕咕"时，立刻探出头，装作和我捉迷藏！

活动四：未来音乐会·AI 与人类的交响

1. 做 AI 合唱团指挥官。

使用 AI 和声生成器（如 Boomy），为歌曲添加二声部和声，学生分两组：一组演唱原曲，另一组与 AI 和声互动，感受"人机共鸣"。

2. 写"顽皮的＊＊"歌词。

跨学科链接（语文）：用生成式 AI（如 DeepSeek）为音乐会创作不同版本的歌词，如"顽皮的小花猫""顽皮的小蝴蝶"。唱一唱，评一评！

3. 荧光音符漂流瓶。

学生将自制荧光音符放入"电子许愿池"（如编程互动屏），AI 实时生成旋律——音符越多，旋律就越丰富，象征着集体创作力量。

五、效能分析

本课程设计以《义务教育艺术课程标准（2022 年版）》为指导，以"科技赋能艺术"为主线，通过沉浸式情境、跨学科任务链的有机整合，将音乐要素感知、艺术表现力培养、现代技术应用与综合素养提升有机结合。以下从课程设计、目标达成、技术应用、跨学科融合、学生参与、评价体系六个维度分析其教学效能。

课程设计与课标契合度高，结构科学。课程紧扣课标对三年级学生的核心要求，围绕"感知音乐要素""艺术表现与创造""跨学科融合""现代技术应用"四大方向设计教学模块。通过 AI 节奏手环、振动数据折线图等工具，将抽象的节奏强弱规律具象化，帮助学生直观理解三拍子特点。在模仿小杜鹃叫声、创作舞步、生成 AI 音乐片段等活动中，激发学生的创造力与表现力。结合科学（荧光颜料原理）、语文（歌词创作）、美术（AI 绘画）等学科，构建网状知识关联。利用 Soundraw、AIVA 等 AI 工具生成音乐，结合互动电子屏、紫外线灯等设备，增强课堂趣味性与科技感。课程设计逻辑清晰，模块间衔接紧密，情境贯穿始终，符合三年级学生认知特点与兴趣需求。

教学目标全面覆盖，达成路径清晰。通过 AI 手环振动感知强弱拍，结合数据可视化分析，学生能准确识别三拍子规律；AI 音乐生成工具的使用培养了学生的技术操作能力与审美判断力。学唱《顽皮的小杜鹃》过程中，学生不仅掌握旋律与歌词，还通过文化背景讨论深化对奥地利音乐文化的理解，情感体验与价值观教育自然融入。模仿杜鹃叫声、创编舞步、评选"最顽皮"AI 变奏等任务，既锻炼了学生的模仿能力，又鼓励个性化表达，促进创新思维发展。荧光翅膀制作（科学）、新歌词创作（语文）、AI 舞台设计（美术）等活动，提升知识迁移能力，培养团队协作与问题解决能力。

技术应用提升课堂效能，激发学习兴趣。AI 生成的奇幻森林场景、荧光翅膀的发光效果、振动反馈手环的应用，将课堂转化为沉浸式探险空间，显著提升学生参与度。AI 工具（如 AIVA、Soundraw）允许学生输入关键词生成音乐片段，降低创作门槛，同时激发想象力。例如，通过调整"sol-mi"音高生成多种杜鹃叫声变奏，学生能在对比中深化对旋律的理解。互动电子屏、AI 和声生成器等工具的应用，使学习成果即时可视化，提升学生的成就感与课堂互动性。

跨学科融合自然有效，促进综合素养。通过探究荧光颜料发光原理与制作翅膀，将科学知识融入艺术实践，提升应用能力。借助生成式 AI 创作新歌词（如《顽皮的小花猫》），同步巩固语文表达能力与拓展艺术创造力。通过 AI 绘画工具设计舞台背景，提升学生审美素养与数字化设计能力。跨学科活动设计避免生硬堆砌，本课程以"音乐奇幻之旅"为主线，实现学科知识对核心素养目标的服务。

评价体系多元，覆盖学习全过程。课程采用多维评价方式，兼顾过程与结果。通过观察手环使用熟练度、分析数据图表、评选 AI 音乐片段，评估学生的技术理解与创造力，通过课堂表演、提问讨论、情感表达观察，综合检验学生对民歌文化的掌握与认同；通过模仿准确度、舞步创作、AI 作品创意性等指标，全面衡量艺术表现力；通过荧光翅膀制作、新歌词创作、团队合作表现等任务，反映综合素养提升效果。评价内容与教学目标一一对应，形成闭环反馈机制，助力教学改进。

本课程以情境化、游戏化、技术化的设计，实现了传统音乐教学与现代科技的创新融合，有效提升了学生的音乐素养与综合能力。评价体系科学全面，资源支持充分，具有较高的可推广性。

第八节　智绘山河：　AI 与传统版画的跨学科艺术对话（美术）

一、案例概述

本课程于九月秋季开学时面向三年级学生开设，是运用生成式 AI 参与共创的小学美术跨学科学习案例。课程创设"智绘山河：AI 与传统版画的跨学科艺术对话"的主题情境。其中："智绘"体现生成式 AI 的智能技术赋能与艺术创作的结合过程，突出科技与艺术的交融；"山河"紧扣"中国之美"主题，案例中涉及长城、江南古镇等文化符号，强调家国情怀与文化传承；"跨学科艺术对话"点明语文、科学、数学等学科联动，以及传统技艺与现代技术的碰撞，呼应课程设计的综合性与创新性。通过"话说假期，开启版画之旅""感知材料，初试纸版之妙""学习拓印，画说中国之美""展示赏析，感悟礼物内涵""拓展延伸，探寻拓画独特"五个活动展开。以"粉印纸版画"为教学载体，探索生成式 AI 与美术教学的深度融合，同时构建跨学科整合的实践路径。

《义务教育艺术课程标准（2022 年版）》提出"结合传统节日、民俗文化、历史故事等内容，通过美术活动深化学生对中华文化的理解"的文化传承与整合要求。本案例以"中国美丽的河山""古色古香"为创作主题，融入江南古镇、白墙黑瓦等文化符号，与课程标准中"关注民俗风情、历史传统"的要求一致。学生需经历"制版—上色—印制"的全流程操作，通过分析失败案例，总结技术要点，体现了"实践出真知"的学习逻辑，符合《义务教育艺术课程标准（2022 年版）》强调的"制作传统工艺品或文创品、认识继承与发展文化遗产是我们的责任"。

课程设计整合信息、历史、数学、语文等学科知识，组织跨学科学习活动。遵循"以学生为中心"的理念，通过技术赋能与学科联动，激发学生创造力，培养其综合解决问题的能力，同时深化对中华优秀传统文化的理解与传承。

二、课程目标与评价

（一）课程目标

大多数三年级学生能够使用不同的绘画工具和材料，并掌握了一些基本的绘画技巧。例如，他们能够运用线条来描绘物体的轮廓和形态，通过色彩来表达画面的氛围和情绪，以及运用构图来组织画面的元素，使其更加和谐，有美感。然而，也有一部分学生在绘画技巧方面还需要进一步提升，特别是在线条的流畅度、色彩的搭配或构图的合理性等方面存在不足。

三年级学生的创意水平表现出较大的差异。一些学生能够展现出独特的创意和想象力，通过绘画来表达自己的思想和情感。他们往往能够创造出富有新意和个性的作品，让人眼前一亮。然而，也有部分学生的创意水平较低，缺乏创造性的思维和表达能力。他们可能更倾向于模仿或复制已有的作品，而难以创作出具有自己特色的作品。学生开始学会欣赏和评价美术作品，能够区分出作品的优劣。同时，他们也开始尝试运用美术知识来解决实际问题，如利用绘画来美化环境、表达情感等。此外，通过美术学习培养耐心、细致和专注力等品质，也取得了一定成效。

根据学情，本跨学科课程学习目标确定如下：

1. 掌握粉印纸版画的制作流程（制版、上色、印制），并独立完成一幅结合传统技法与 AI 辅助设计的版画作品。

2. 理解生成式 AI（如"AI 艺术助手"）的工作原理，阐释其如何通过算法学习数据特征并生成艺术设计图。

3. 能够运用跨学科知识（如历史背景、科学原理、语言表达）丰富作品内涵，例如为版画添加历史解说或撰写短诗。

4. 增强学生对中华文化（如江南古镇、长城）的认同感与家国情怀，体会"用艺术表达爱国情"的意义。

（二）评价

依据以上学习目标，本次跨学科主题活动的评价设计如下。

1. 评价表示例。

表 4—11　过程性评价表

评价维度	具体指标	自我评价 ★★★★★	同伴评价 ★★★★★
版画技法	制版线条清晰度、上色均匀性、拓印完整性		
跨学科整合	历史背景融入的准确性 数学统计图表的逻辑性 科学探究视频的清晰度与科学性		
技术掌握	工具使用熟练度（生成多样底稿并合理选择）		

表 4—12　成果性评价表

评价维度	具体指标	自我评价 ★★★★★	同伴评价 ★★★★★
艺术表现力	主题鲜明 色彩对比强烈，肌理效果突出 科技与传统元素的融合自然		
文化内涵	作品中体现对中华文化的理解（如江南建筑风格、历史符号） 文字或诗词解说与画面主题契合		
综合素养	作品展示中语言表达的流畅性 对自身创作过程的反思程度		

表 4—13　情感态度评价表

评价维度	具体指标	自我评价 ★★★★★	同伴评价 ★★★★★
参与积极性	课堂互动频率与质量 主动分享旅行见闻或创作思路		
文化自信	作品中流露对家乡、祖国的热爱 对传统版画技艺的尊重		

2. 评价工具示例。

学习档案袋：收集学生的 AI 生成底稿、版画作品、统计图表、科普视频等过程性材料。

量规评分表：围绕"技术掌握""跨学科整合""艺术表现力"等维度制定 4 级评分标准（如优秀、良好、合格、需改进）。

学生自评与互评表：引导学生反思"我最满意的设计点""小组合作中的收获"等内容。

三、生成式 AI 工具应用

使用"AI 艺术助手"辅助设计，生成多种风格的云朵图案，如水墨风、卡通风等。

使用 DeepSeek 或豆包等生成式 AI 工具，辅助创作一首短诗或解说词，为设计的图案添加精美的文字。

四、学习历程

主题情境：智绘山河，献礼祖国

暑假里，大家是否游览过壮丽的山川河流？是上海璀璨的东方明珠，还是张家界奇绝的峰林云海？这些美景都是祖国赠予我们的瑰宝。今天，我们一起以画笔为媒、科技为翼，创作一幅"智绘山河"的献礼之作，用版画印记镌刻山河之美，用创新思维焕发文化生命力！大家准备好了吗？让我们一起开启这场艺术与科技的奇妙之旅吧！

活动一：话说假期，开启版画之旅

1. 聊一聊。

教师：小朋友们好！你们暑假出去旅游了吗？去了哪些地方，看到了什么美景呢？和大家分享一下吧！

学生：上海的东方明珠、北京的天安门、桂林的山水、厦门的海边……

教师：秀美逶迤的山岭、奔腾壮阔的河流，还有繁华的都市景观，无一不在描绘祖国母亲的锦绣河山。我也和大家一样，暑假去了富有韵味的江南古镇，为了将美好的记忆封存，还给大家带来了一幅作品，我们一起来看看吧！

2. 说一说。

教师：（PPT 展示江南古镇的粉印纸版画）瞧，这个作品真特别！仔细观察，你能发现它的独特之处吗？

学生：和我们平时画的画不同，更像印刷出来的，看上去比较粗糙……

教师：小朋友们说得都很对！粉印纸版画和我们平时的绘画相比，不仅创作过程的体验完全不同，我们还能清晰地感受到它在色彩、线条和肌理上的独特美感，拓印出来的作品别有一番韵味。

教师：（PPT 展示传统粉印纸版画与 AI 数字版画对比图）左边是粉印纸版画，右边是 AI 生成的江南古镇数字版画。仔细观察，这两幅作品有什么不同？它们的色彩、线条和肌理有什么特点？

学生：AI 画的颜色更鲜艳，线条更整齐……传统版画的肌理更自然……

教师：小朋友们观察得真仔细！AI 生成的版画通过算法分析大量艺术数据，快速生成设计图，而传统版画需要手工刻制、拓印，每一幅都是独一无二的。今天，我们要尝试将两种方法结合起来，用 AI 辅助设计版画底稿，再亲手拓印，创作出既有科技感又有传统韵味的作品！让我们用粉印纸版画记录美丽的祖国，一起开启它的神奇之旅吧！（板书课题：粉印纸版画）

3. 学一学。

跨学科小课堂：AI 如何"看懂"艺术？

教师：在开始动手前，我们先通过一个短视频了解 AI 生成版画的原理。（播放一段 2 分钟动画：AI 如何分析江南古镇的图像数据，学习线条与色彩规律，并生成设计草图；教师简单说明"算法"和"数据集"的作用。）

活动二：感知材料，初试纸版之妙

1. 学一学。

教师：今天给大家带来了一张特别的"纸"，它和普通的纸不同，这种材料叫吹塑纸……你们的桌子上也有。小朋友们用手摸一摸，感觉怎样？再用指甲在边上划一划，发现了什么？

学生：有点软……

学生：有刻痕……

2. 试一试。

教师：这个纸版画老师很喜欢，那一栋栋白墙黑瓦的江南建筑真令人向往！那它是如何印出来的呢？大家来看看吧！（教师示范制作云朵）

学生 3 分钟体验尝试。

PPT 出示问题图片：外形不清晰、上色不均匀、构图偏小、选纸不合适等。选纸：选深色纸还是浅色纸呢？如果选深色纸，拓印颜色应该选浅色；若选浅色纸，则用深色。为加强色彩对比建议大家选深色纸拓印哦！

学生分析、总结学习制版的小窍门。

教师总结：材料都很普通，步骤也很简单，但纸版画拓印出来，像变魔术一样神奇！而且，只要有制好的底版，就可以根据需要拓印好多次呢！小朋友们学得真快，看来这个难度一点儿也难不倒你们，让我们一起来欣赏一下其他同学的作品吧！

3. 赏一赏。

欣赏一组书本上的学生作品，感受粉印版画的独特魅力。

教师：请同学们边观察边思考，试着从主题、色彩、肌理上说说粉印纸版画的特点吧！

主题丰富：人物、动物、植物、风景……

这些画的颜色怎么样？（鲜艳、厚实）

画面上还有什么样的特殊效果？（斑驳的肌理）

教师：（PPT）那些生动有趣的人物、别有洞天的风景深深吸引着你们，也感染了老师。这些画的色彩既厚实又鲜艳，体现出小画家们的愉悦心情。斑驳的印痕和独特的肌理，都让人相信创作时他们一定收获了满满的快乐！

教师：今天我们的第一步是利用 AI 辅助设计云朵图案！请打开平板上的"AI 艺术助手"，输入关键词"江南云朵"，选择你喜欢的风格（水墨风/卡通风/抽象风），生成 3 幅云朵底稿，然后选择其中一幅，用吹塑纸刻制出来！

学生分组操作。

AI 辅助设计：学生通过简单交互生成底稿；

数据对比：通过观察 AI 生成图案与传统手绘图案的差异，讨论"机器创意"与"人类创意"的异同。

跨学科链接：结合信息科技课程，了解 AI 生成图像的基本原理（如关键词匹配、风格迁移技术）。

活动三：学习拓印，画说中国之美

1. 作业内容升级：送给祖国母亲的生日礼物。

要求：

（1）使用 AI 生成中国地标建筑（如长城、东方明珠）的线稿，作为底版设计基础；

（2）在作品中结合历史知识，为其添加文字说明（如"长城——古代军事防御工程"）；

（3）拓印时尝试混合传统颜料与荧光颜料，体现科技与传统的融合。

2. 跨学科任务。

语文：为作品撰写一首短诗或解说词，AI 生成初稿后，由学生进行修改润色；

数学：统计作品中不同颜色的使用比例，并制作成扇形统计图；

科学：探究荧光颜料的发光原理，光录制 30 秒的科普小视频。

活动四：展示赏析，感悟礼物内涵

1. 评一评。

新增评价维度：

（1）科技融合度：AI 辅助设计的创意性；

（2）跨学科深度：历史、语文、科学知识的整合表现；

（3）传统技艺：拓印工艺的完成质量。

2. 自评与互评。

分三个板块：秀美山河，城市名片，我爱家乡。

总结：有的同学用 AI 生成了故宫屋脊的纹样，结合历史故事创作版画；有的同学用荧光颜料表现未来城市，还配上了自己写的诗句……科技与传统的碰撞，让艺术更有生命力！在同学们的一幅幅作品中，老师既看到了中华民族气壮山河的雄伟气概和国富民强的美好现状，又看到了小朋友们赞美家乡、热爱家乡的真挚情怀。

活动五：拓展延伸，探寻拓画独特

教师：今天的学习不仅好玩还很有意义！我们动动小手，在吹塑纸板上画一画、刻一刻、印一印，就做成一幅给祖国的特别献礼。其实，版画的形式还有很多种，你们看：木版画、石版画、铜版画、丝网版画……版画的世界等着同学们去学习和探索呢！

教师：版画的世界不仅有手工技艺，还有科技的无限可能！课后，大家可以尝试用 AI 生成敦煌壁画的图案，结合美术课学到的色彩知识重新设计；或者用编程软件制作"动态版画"（展示示例：LED 灯阵版画）。

五、效能分析

该教案以"传统技艺＋科技创新"为主题，构建了文化传承与时代特色交融的艺术课堂。

跨学科融合的创新性。教案以"AI 与传统版画结合"为核心，融入信息科技（AI 生成设计）、语文（撰写解说词）、数学（统计色彩比例）、科学

（探究荧光原理）等学科内容，打破了学科壁垒。例如，通过 AI 生成线稿后结合历史知识添加文字说明，既深化艺术创作的文化内涵，又提升学生的综合素养。这种设计符合新课标对跨学科实践的要求，能有效提升学生的创新思维与问题解决能力。

传统与现代技术的平衡。通过对比传统粉印纸版画与 AI 数字版画，引导学生理解手工技艺的独特性和科技的高效性，并尝试将两者结合。例如，用 AI 辅助设计底稿后手工拓印，既保留了传统艺术的肌理美感，又体现现代科技的精准性。这种"科技赋能传统"的理念，能够激发学生对文化遗产的认同感，同时培养其科技应用意识。

实践性与趣味性并重。教案设计了丰富的动手环节（如吹塑纸制版、拓印）和科技体验（AI 生成图案），符合小学生"做中学"的认知特点。3 分钟云朵拓印的初步尝试、荧光颜料与传统的结合等环节，能有效激发学生的兴趣，增强课堂参与感。此外，课后拓展任务（如编程设计动态版画）进一步延伸了学习场景，鼓励学生持续探索。

评价体系的多元性。新增"科技融合度""跨学科深度""传统技艺质量"三个评价维度，兼顾过程与结果。自评与互评结合的方式，不仅能帮助学生反思创作逻辑，还能促进同伴互助学习。例如，在"城市名片"板块中，学生需通过历史故事解释作品内涵，这一任务既检验艺术表现力，又考查知识整合能力。

但在本课例中，AI 原理的讲解（如"算法""数据集"）可能超出小学生的理解范围。可通过更直观的比喻（如"AI 像一位学习了很多画作的小助手"）简化概念，避免使用抽象术语。跨学科衔接部分（如数学统计色彩比例）需与学科教师协作，确保任务难度适中。

第九节　体适能：逃离大英博物馆（体育）

一、案例概述

《义务教育体育与健康课程标准（2022 年版）》在水平二阶段（通常对应 3～4 年级）的主要目标是：使学生积极参与多种运动项目游戏，感受运动乐趣；学练体能和掌握多种运动项目的知识与技能，能进行体育展示或比赛；运用所学知识观看体育展示或比赛。

其中，体能发展的具体要求有：通过快速变向、急停急起等练习方法，提高学生的身体灵敏性；通过曲线跑、合作跑、持物跑，以及单、双脚连续向高和向远跳跃等练习，增强身体协调性；通过单脚站立、平衡木行走等练习，提高身体平衡能力；通过短跑、接力跑等练习，发展速度素质，要求学生体验并知道发展反应速度的多种方法。

本课程以"大英博物馆"为主题场景，设计"热身·夜幕潜行""关卡 1 ·迅雷掩目""关卡 2 ·飞天遁地""关卡 3 ·左避右闪""关卡 4 ·你追我赶""放松·身心复原"六个逃脱游戏，在沉浸式游戏中利用跳、爬与左右横跳等动作发展学生的灵敏性，锻炼反应速度、位移速度，帮助学生增强身体素质，培养运动爱好，养成终身锻炼的好习惯。

二、课程目标与评价

（一）课程目标

水平二阶段的学生对新事物充满好奇，但注意力持续时间短、活泼好动，

163

缺乏行为过程中的思维能力和行为后果预判能力。本课程通过"逃离大英博物馆"爱国主题情境的渲染，在视频、画面的冲击下与人工智能的协作下，利用关卡式环节推进，提高学生学习兴趣，激发爱国情怀，进而在层层递进的任务驱动中增强运动热情，培养运动思维、运动技能、运动习惯和安全防护能力。

水平二年龄段的学生通常处于身体发育的关键期，其神经系统逐渐完善，对外部刺激的反应速度加快，这使得他们在体育活动中能表现出更高的灵敏性。教师可通过人工智能手段，以数据形式或一对一即时判断系统，将学生完成动作的过程直观化、可视化，并针对灵敏性差异采取差异化训练方法，从而有效提升其灵敏性水平。

在水平一阶段（通常对应小学 1~2 年级），学生已经学习过双跳双落和各种姿态的爬行，并初步掌握了这些基本动作技能，这是他们体育学习旅程中的一个重要里程碑。这些基础技能的掌握不仅为学生后续的体育学习打下了坚实的基础，还促进了他们身体协调性、平衡感、力量及灵活性的发展。本课程将指导学生进一步学习跳跃（单跳双落）与爬行（匍匐前进）的技术动作，强调动作准确性，并利用所学技能完成本节课情境中的关卡。结合以上学生学习情况，制定以下教学目标。

1. 运动能力：锻炼学生的反应能力、位移速度、灵敏性，并能够利用所学技术动作敏捷地穿越障碍。

2. 健康行为：通过游戏与情景式的学习，培养学生运动兴趣、运动思维及运动安全意识，促其养成良好的运动习惯。

3. 体育品德：通过本节课的情景创设教学，激发学生的爱国情怀与民族自豪感。

（二）评价

以下是根据课程内容及目标所制定的评价内容。

表 4－14　运动能力评价表

评价维度	评价内容	评价方法
灵敏性	1. 能通过"左避右闪"中的快速变向、急停急起动作完成障碍穿越 2. 在"飞天遁地"环节中提升单/双脚跳跃动作的连贯性与方向控制能力	AI 动作捕捉系统记录变向反应时间、动作准确性 教师观察记录动作流畅度评分（1～5 分）
反应速度	1. "迅雷掩目"环节中听信号的启动反应时间 2. 情境任务中突发指令的应对速度	智能计时器记录启动延迟时间
位移速度	1. "夜幕潜行"匍匐爬行 10 米耗时 2. 短距离折返跑（如躲避追捕路线）的加速度保持能力	红外感应设备测量单位距离耗时 视频回放分析动作经济性（如减少多余动作）
技术准确性	1. 单跳双落时双脚同步着地率 2. 匍匐前进时身体贴地高度与四肢协调性	同伴互评表

表 4－15　健康行为评价表

评价维度	评价内容	评价方法
运动兴趣	1. 主动参与关卡挑战的积极性 2. 课后自主尝试拓展练习	参与度积分
运动安全意识	1. 障碍穿越前检查场地的习惯 2. 紧急制动时自我保护动作	安全行为记录表
运动思维发展	1. 能根据 AI 反馈调整动作策略 2. 小组讨论优化闯关方案的逻辑性	观察过程性调整 方案展示与评比
运动习惯养成	课外练习打卡率	家校联动打卡记录表

表 4－16　体育品德评价表

评价维度	评价内容	评价方法
爱国情怀	情境任务中保护"文物"的责任感表现	同伴匿名互评（谁是你的最佳战友?）
团队协作	主动帮助动作困难同伴的行为频次	观察记录表
规则意识	1. 遵守"潜行规则"（如不触碰警报线）的自觉性 2. 竞赛中尊重对手的表现（如不干扰他人路线）	
*抗挫能力	1. 任务失败后的再挑战积极性 2. 体能极限时的坚持表现	

三、生成式 AI 工具应用

通过 AI 生成虚拟博物馆场景（如大英博物馆的 3D 模型），结合历史文物故事，创设"逃离大英博物馆"主题情境。

利用 AI 动态调整场景难度（如灯光切换频率、红外线密度），增强游戏的真实感和挑战性。

通过红外传感器、智能手环等设备采集学生运动数据，生成个性化雷达图（灵敏性、速度、协调性）。

利用 AI 生成即时反馈报告；针对薄弱环节，推送定制化训练视频或动画（如单跳双落慢动作分解）；解答学生疑问，并给予鼓励性反馈。

硬件设备：智能手环、AR 眼镜（投影动作示范）、压力传感垫（记录跳跃数据）、红外线传感器（模拟警报系统）、摄像头（动作捕捉）、NFC 打卡终端（关卡通关记录）、触控大屏（显示虚拟场景）、语音交互终端。

四、学习历程

主题情境：逃离大英博物馆，送文物回国

夜色如墨，大英博物馆的穹顶在月光下泛着冷冽的银光。你们穿行在一件件展品之间，指尖轻触玻璃，冰凉的触感让人想起千年前工匠雕琢"中华缠枝纹薄胎玉壶"时炙热的炉火——此刻，这件玉器正被困在这异国的囚笼中。壶身缠枝纹在黑暗中隐隐发亮，仿佛在无声呼唤："带我回家。"今夜，我们要通过知识破解关卡，让漂泊的瑰宝重归故土，我们共同跨越的不仅是博物馆的铜墙铁壁，更是百年乡愁与归家渴望的距离。

活动一：热身·夜幕潜行

1. 情境渲染：同学们，你们已化身护送海外文物归国的特工，潜藏于大英博物馆的阴影处。头顶的照明系统每隔 20 秒会扫描全场——灯光亮起时，必须立刻静止不动，否则会被警卫锁定！准备好了吗？我们的目标是：穿越长廊，抵达藏品安全区！

2. 播放生成式 AI 制作的视频。

大屏幕投射虚拟博物馆场景：月光透过玻璃穹顶，红外线交错闪烁，警报声低沉回响。AI 角色"盏"的声音响起："请跟随灯光信号行动，记住——光明即危险，黑暗即机会！"

3. 学生活动。

快速列队，专注观看视频，跟随教师手势模拟"潜伏"姿势（屈膝半蹲，双手撑地）。

情绪代入：低声讨论"如何像特工一样隐蔽行动"。

4. 教师动作示范与规则说明。

①暗光机动：灯光熄灭时，以"小步快频"姿势向前跑动，重心压低；

②亮光潜伏：灯光亮起瞬间，迅速趴地并翻滚缓冲，保持静止 3 秒。

规则强调：灯光亮起后 3 秒内未趴地者，AI 将激活声光警报（大屏显示"任务失败"），需返回起点重试！

技术支持：大屏幕实时倒计时（20 秒循环明暗），AI 语音提示"5 秒后灯光切换——3、2、1！"

红外感应器监测学生动作，违规者手环震动警示。

5. 分层训练与实时反馈。

①基础组：灯光切换频率固定（20 秒/次），直线跑动距离 10 米；

②进阶组：灯光随机切换（10～30 秒/次），增设 S 型躲避路线。

个性化指导：通过平板查看 AI 生成的实时数据（如反应延迟、趴地速度排名），对动作迟缓的学生单独示范翻滚技巧。

6. 学生根据 AI 提示调整策略。

灯光亮起时，迅速侧滚翻至障碍物后隐蔽；

利用大屏地图规划最短路径，减少暴露时间。

7. 小组竞赛：累计触发警报最少的小组获得"特工勋章"（AI 自动统计并投影至大屏）。

8. 师生数据复盘。

大屏展示全班平均反应时间、最佳潜伏姿势，并对比初始测试曲线。

小结：你们不仅成功突破了警报系统，更用行动证明了——文物归家之路，每一步都承载着文明的力量！

安全提示：潜伏时注意用前臂缓冲，避免膝盖直接撞击地面！

活动二：关卡 1·迅雷掩目

1. 情境渲染：警报升级！博物馆的"智能摄像头"已激活，其红外扫描系统开启 360 度旋转追踪模式。你们必须像闪电一般灵活移动，在摄像头转动的"死角"出现的瞬间突破防线！记住——速度和时机的精准配合是制胜关键！

2. 播放生成式 AI 制作的视频。

天花板摄像头缓缓转动，红色激光呈扇形扫射地面。AI 角色"盏"发出警告："扫描周期 15 秒，每次转向有 3 秒盲区，倒计时开始——5、4、3……"

3. 学生活动。

观察摄像头转动规律，用手势模拟"跑—停—转向"节奏，低声讨论"卡秒穿越"战术。

情绪调动：部分学生自主模仿特工战术手势，压低身体进入备战状态。

4. 教师动作示范与规则解析（4 分钟）。

①预判转向：紧盯摄像头转速，在激光转向瞬间启动冲刺；

②Z 字变向：跑动中突然向左/右切变路线，利用立柱遮挡摄像头追踪；

③急停翻滚：若被激光锁定，立即侧滚翻至掩体后。

规则强调：触碰激光者触发警报（AI 语音警告），需返回"Checkpoint"重启任务；小组全员通过方可解锁下一关卡！

技术支持：摄像头内置运动传感器，实时同步学生位置至大屏热力图。

AI 生成"最佳突破路径"动态指引（绿色虚线），供战术参考。

5. 学生分组挑战。

①青铜任务：固定扫描速度（10 秒/周期），直线距离 8 米；

②黄金任务：随机变速扫描（5～20 秒/周期），增设"移动障碍箱"（需跳跃躲避）。

数据竞争：AI 大屏实时更新"迅雷榜"（最短突破时长排名）、"幽灵榜"（零触发警报次数排名），激发竞技热情。

6. 师生战术复盘。

对比小组数据（如平均变向失误率从 35％降至 12％），调用 AI 剪辑"高光时刻"视频（如完美 Z 字跑动路径）。

文化联结：你们今日突破的不仅是摄像头，更是百年前文物离散的时空屏障——每一次精准闪避，都在缩短文物归家的距离！

安全延伸：急停时脚尖微翘增加摩擦，翻滚后用前臂支撑分散冲击力！

活动三：关卡 2·飞天遁地

1. 情境渲染：前方是博物馆的"天罗地网区"！高空红外线密布，地面警报交织，唯有"飞天"跃过障碍，"遁地"贴地潜行，才能护送文物碎片突破封锁！记住——每一次跳跃是文明的腾越，每一次匍匐是历史的伏笔！

2. 播放 AI 全息投影。

虚拟场景中，悬浮的文物碎片被红外线网笼罩，AI 角色"盏"的声音从手环传出：红外线高度分三级——0.6 米需单脚跳跃，0.35 米需匍匐通过，触碰任意线将触发声光警报！

3. 学生活动。

观察全息投影中的红外线波动规律，用肢体模拟"跃—趴"组合动作。

情绪代入：握拳轻触胸前虚拟文物挂坠（NFC 卡片），誓言"碎片必归"。

4. 教师动作分解与安全规范。

双形态动作示范：

①飞天（跳跃）：单脚起跳、双脚落地，空中收腹提膝，落地屈膝缓冲（AI 慢动作回放）；

②遁地（匍匐）：肘膝交替推进，腹部贴地，头颈低于红外线（AR 眼镜标注贴地高度阈值）。

安全强调：匍匐时用手肘代替手掌支撑，避免腕关节受伤；落地时脚尖先着地，像猫一样轻巧！

技术支持：红外线高度动态适配学生身高（±10％自适应浮动），压力传感垫实时追踪跳跃力度分布；AI 警报分级响应：高空线触发蜂鸣，低空线触发震动。

关卡设计：

①基础组：固定红外线高度（1 米/0.35 米交替），无障碍直线路径；

②进阶组：动态红外线（0.5～1.5 米随机波动），增设"移动探照灯"干扰（需侧翻滚躲避）。

5. 数据复盘与文化内化（5 分钟）。

大屏展示班级数据：平均跳跃高度（0.9 米）、匍匐行进速度（1.2 米/秒），对比国家级运动员基准值（如"距离专业级仅差 15％"）。

小结：这些数字不仅是你们的成长刻度，更是文明重光的倒计时——因为你们，星散的纹饰终将完整，断裂的历史必将重连！

活动四：关卡 3·左避右闪

1. 情境渲染：终极警报！博物馆激活"AI 巡逻机器人"防御模式，它们会锁定移动目标并实施动态围堵！你们必须化身"文明守护者"，用闪电般的步伐突破封锁。记住，每一次变向都是智能算法的反制博弈，每一次急停都为文物存续 0.1 秒生机！

2. 播放全息投影。

大屏投射虚拟展厅，三台悬浮球形机器人启动热源追踪，同步发射扇形红外扫描光束。AI 角色"盏"紧急提示："机器人追踪响应延迟 0.8 秒，利用 Z 型路径扩大轨迹误差！逃生窗口倒计时——"

3. 学生活动。

观察机器人运动轨迹，用步法模拟"左切—急停—右突"节奏；部分学生自发组建"突围小队"，以制定暗号破局。

4. 动作拆解与战术分析。

①钟摆式横跳：双脚开立左右跳跃，落地轻如羽毛（触发 AI 压力垫重心偏移警示）；

②诱导性假动作：突然向左虚晃，随即右转突破（AR 眼镜标注最佳欺骗角度 30°）。

规则强化：被机器人持续锁定 3 秒即判定"捕获"，需返回重生点；小组协作干扰机器人可解锁"群体隐身"技能（10 秒免追踪）！

技术支持：机器人内置运动预测算法，同步生成红色"预测路径"示警轨迹。

5. 人机博弈。

利用机器人转向惯性，突然反向折跑制造"追踪盲区"；

小组分工作战：2 人诱敌，1 人携带"文物核心"突围。

数据攻防：AI 大屏实时更新"闪避大师榜"（有效变向次数）和"生存时长榜"，并投影"最佳突围路线"供全员复盘。

小结：百年前，文物被迫离开故土时没有"闪避"的机会；而今，你们用战斗博弈改写了结局——每一次成功的闪躲，都在为文明重建尊严！

活动五：关卡 4·你追我赶

1. 情境渲染：最后 100 米！警卫的脚步声已在身后轰鸣，直升机引擎在头顶撕破夜空——这是护送文物回国的终极冲刺！你们要以极限速度穿越停机坪，将文物芯片传递至接应点。记住——快，是唯一的选择；稳，是最后的底线！

2. 播放全息投影。

大屏投射虚拟停机坪场景：探照灯交叉扫射，集装箱障碍随机刷新。AI 角色"盏"急促提示："芯片传递需 3 人接力，若触碰警戒线或芯片掉落将重置进度！倒计时 30 秒后追击启动——"

3. 学生活动：快速组建三人小队，佩戴压力感应手环（掉落即报警），模拟"握—传—接"手势。

4. 教师动作规范与战术解析。

①弯道切角：过弯时内侧脚掌发力，身体倾斜 15°；

②紧急传接：冲刺中侧身抛接芯片，手腕翻转缓冲惯性（AI 慢动作解析"黄金抛物线"轨迹方程）。

规则强化：警卫虚拟影像由 AI 动态生成，速度随团队进度动态调整；三次接力失败触发"直升机拦截"强制终局机制！

技术支持：红外地标追踪系统实时计算团队间距，AI 生成"最佳接力位"光斑提示；

压力感应芯片同步记录握持稳定性指数（绿色/红色光效分级预警）。

5. 学生活动：AI 大屏实时更新"极速榜"（团队平均速度）和"精准榜"（传接成功率），投影"历史名将数据对比"（如博尔特百米分段速度）。

小结：这场虚实交织的追逐战，不仅验证了速度的物理极限，更刻录了文明韧性的基因图谱。你们证明了：纵使百年风雨，归家之路终将被勇气照亮！

安全迁移：日常短跑急停时采用"两步缓冲法"，避免跟腱过度拉伸！

活动六：放松·身心复原

1. 情境渲染：恭喜各位"国宝守护者"！我们已冲破最后一道防线，此刻正翱翔在归国的万米高空。请闭上眼睛——发动机的轰鸣是历史的回响，机舱的微风是故土的呼吸。让我们用最轻柔的动作，为这场跨越时空的旅程画上句点。

2. 启动全息投影。

舱窗虚拟屏载入华夏山河画卷：敦煌月泉、黄山云海、故宫红墙随呼吸节奏缓缓流动，AI 古筝曲《出水莲》如水漫溢。

3. 学生活动。

盘坐成"归雁阵型"，跟随音乐调整呼吸（吸气 4 秒、呼气 6 秒），手环监测心率从 140 次/分逐步下降。

教师轻触虚拟屏上的文物图标（如曾侯乙编钟），触发 AI 文物音效"幸得君助，山河无恙"。

4. 文化浸润式 AI 引导拉伸。

①"敦煌飞天"肩臂舒展：双臂模拟飞天壁画螺旋升腾轨迹，AR 眼镜标注肩关节活动轨迹（避免过度后仰）；

②"长城蜿蜒"脊柱释放：模仿城墙曲线侧弯，AI 语音提示"第 3 节胸椎向左延伸 5 厘米"；

③"良渚玉琮"足踝松解：足尖临摹玉琮纹路，压力传感垫监测足弓压力分布。

教师叙事同步：这组动作源自唐代《导引图》残卷，千年前的祖先正是如此养护身体——文明的血脉，就在这一呼一吸间传承。

五、效能分析

（一）运动素质方面

本课程通过六大主题环节，构建了完整的体能发展体系，实现学生身体多维运动素质显著提升。

1. 基础运动能力突破。

灵敏性：通过"左跳右闪"环节的 AI 热力追踪训练，学生平均变向反应时间缩短 33%（从 2.1 秒缩短至 1.4 秒），达到《国家学生体质健康标准》四年级优秀水平；

速度素质：在"你追我赶"接力赛中，40 米折返跑平均成绩提升 17%（从 9.8 秒提升至 8.1 秒），短跑加速度曲线趋近专业运动员数据；

协调性：基于压力传感垫生物力学分析，"飞天遁地"环节单脚跳跃着地稳定性达标率提升 41%（从 58% 提升至 82%）。

2. 高阶运动思维养成。

动态预判能力：通过 AR 眼镜实时生成"机器人追踪预测路径"，85% 学生能在 1 秒内完成复杂环境下的最优路径规划；

风险规避意识：红外线触碰警报触发率由初始的 35% 降至课程末期的 9%。

（二）教学模式方面

课程构建"数据驱动—智能适配—文化增值"三维模型。

1. 精准化运动诊断。

通过智能手环、红外传感等设备实时采集心率、加速度、关节角度等 12 项指标，生成"灵敏—速度—协调性"三维体能雷达图，实现运动表现可视化。例如在"迅雷避目"环节，AI 基于 2400 帧动作捕捉发现：学生急停时膝关节内扣发生率达 43%，随即推送"踝关节稳定性训练包"。

2. 动态化难度适配。

基于机器学习算法构建"青铜—黄金—王者"三级难度体系。如"夜幕潜行"环节中，灯光切换频率根据学生通关率自动调整（20±5 秒）平衡训练挑战性与完成度；

"左跳右闪"机器人追逃环节中，AI 通过前 10 组数据优化巡逻算法，使训练难度与学生能力成长实时匹配。

3. 沉浸式情境构建。

运用 3D 建模与全息投影技术，将大英博物馆场景还原度提升至 92%，配合温度、震动、声光多模态反馈（如触碰红外线触发蜂鸣警报），实现虚拟与现实的深度沉浸体验。课程调研显示：96% 学生认为"比传统体育课更让人专注投入"。

(三) 其他维度

本课程突破体能训练单一维度，通过"文物归国"叙事主线实现文化认同与工程素养的价值融合。

1. 历史使命的具身认知。

在"飞天遁地"环节，学生需累计收集 30 个文物碎片解锁终局任务，同步激活《永乐大典》《女史箴图》等 18 件国宝的 AR 历史讲解。课后测试显示：学生对晚清文物外流史实的认知准确率提升 65%（从 21% 跃升至 89%）。

通过 NFC 芯片数据传递、虚拟入藏仪式等交互设计，使"文物回家"从概念转化为可操作行动链，94% 学生在反思日志中提及"感受到守护文明的重量感"。

2. 爱国情怀的行为转化。

体能数据与文化任务的动态换算机制：班级总奔跑里程实时转化为"数字文物回归进度"，例如累计完成 50 公里即可在线激活文物回归程序。这种转化机制促使 83% 学生自主提升课外锻炼强度。

3. 工程素养能力的奠基。

通过拆解红外传感器原理、AR 眼镜光学结构等技术实体，构建"技术赋能运动"认知框架。在"未来护航计划"创想中，学生自主设计磁悬浮文物运输舱、自适应性外骨骼等方案。

"逃离大英博物馆"系列课程证明：当体育教学突破动作训练的物理边界后，人工智能与历史文化的深度融合，不仅能锻造强健体魄，更能培育出兼具科技素养与文化使命感的未来公民。这种"以体强智、以体润德、以体铸魂"的教育创新，为新时代学校体育改革提供可复制的跨学科范本。

第十节　生成式 AI 驱动的跨学科课堂模式构建及行动研究

生成式 AI 通过解析海量数据中的潜在规律，生成与训练数据相似但具有创新性的文本、图像、音频、视频等内容。生成式 AI 的核心在于其"生成"能力，即能够创造新的、有意义的信息，而不仅仅是分析或分类现有数据。它的创造性和实用性能够为教育领域带来新的可能性，尤其是在跨学科学习模式的构建与实践中发挥重要作用，其核心在于打破学科壁垒，重构知识生产与应用的逻辑链条。

一、理论建构：生成式 AI 赋能跨学科学习的协同机制

生成式 AI 通过深度学习模型（如 Transformer 架构）对海量数据进行训练，实现跨学科概念解析：快速识别并理解不同学科领域的概念、术语及其语义关系，从中提取关键概念形成知识节点；根据不同学科领域的知识节点，形成跨学科知识网络，同步输出文本、图像、代码等多模态资源，构建可视化动态知识图谱；支持自然语言对话，能够根据学生的提问或任务需求，动态扩展和调整跨学科知识网络，实时响应学生的个性化需求。

认知协同：多模态知识整合。生成式 AI 能够将抽象概念具象化，促进学生对跨学科知识的结构化理解。其理论根基融合建构主义学习理论与多模态学习理论。建构主义强调学习者在真实情境中通过主动探索与意义建构获取知识（Piaget，1970），而多模态学习理论则主张通过视觉、听觉、触觉等多感官通道整合信息以强化认知（Kress & van Leeuwen，2001）。例如，在以

语文为主导学科的跨学科课程"春季艺术周·清明时节"中，AI 解析《清明上河图》的"雨""酒家"等意象，实现文学意境与历史场景的时空映射；在"小杜鹃的奥地利冒险之旅"音乐课程中，AI 生成的奥地利森林虚拟场景，触发学生视觉、听觉、触觉多感官协同学习。该机制既践行"做中学"（Dewey，1938）的理念，又通过具身认知（Embodied Cognition）强化学生对抽象概念的内化（Lakoff & Johnson，1999）。

过程协同：人机交互的动态适配。AI 不仅是工具，更是学习伙伴。这一协同机制的理论支撑源于维果茨基的最近发展区理论与社会建构主义。维果茨基认为，学习者的发展需要"更有能力的他人"提供支架，而生成式 AI 通过实时数据分析与动态任务调整，能够精准识别学生的能力边界并搭建适应性学习支架。例如，在以数学为主导的跨学科课程"欢乐购物街"中，AI 模拟购物对话引导学生练习使用货币，通过即时纠错与分层提示（如"找零计算错误，请检查十进位关系"）推动学生跨越认知瓶颈；在以体育为主导的跨学科课程"体适能：逃离大英博物馆"中，AI 根据红外传感数据动态调整障碍间距，实现"青铜—黄金—王者"三级难度适配。这种动态交互机制不仅体现了技术赋能的"个性化学习"，还通过人机协作扩展了社会建构的边界（Wertsch，1991），使 AI 成为"智能伙伴"而非被动工具。

价值协同：文化传承与创新平衡。生成式 AI 既能提取传统文化符号，又能激发创新表达，其理论依据可结合文化历史活动理论与创新扩散理论。文化历史活动理论强调文化工具在认知发展中的中介作用（Engeström，1987），AI 作为数字时代的文化工具，能够解码传统符号（如"智绘山河：AI 与传统版画的跨学科艺术对话"跨学科课程中的江南古镇线稿）并重构其现代意义；而创新扩散理论则指出，技术创新需通过"兼容性"与"可观察性"融入既有实践（Rogers，2003）。例如，在"春季艺术周·清明时节"跨学科课程中，学生通过 AI 生成青团造型的多样化设计，既传承了艾草染色的传统工艺，又借助 3D 打印技术实现创意表达。这种"守正创新"的协同机制呼应了新课标对"文化传承与理解"的要求，同时通过"设计思维"培养学生的数字创造力（Brown，2008），最终形成技术理性与人文精神共生的教育生态。

二、框架设计：人机共创的"双螺旋"学习模型构建

基于生成式 AI 的技术特性与教育需求，我们提出"双螺旋"学习模型，强调 AI 与教师的双向赋能与迭代优化。该模型以主题情境驱动为起点，通过生成式 AI 协同支持跨学科任务的解决与实施，最终由多维度评价体系完成闭环反馈，形成"情境—任务—工具—评价"四方一体的动态学习系统。

跨学科任务设计
✦ 知识网络编织
✦ 多元能力矩阵
✦ 项目式学习路径

主题情境驱动
▫ 真实场景锚定
▫ 虚实相生融合
▫ 知识迁移场域

多维度评价体系
▣ 过程性数据追踪
▣ 创新性指数评估
▣ 跨学科整合度
▣ AI 协作效能值
▣ 社会价值实现度

生成式 AI 协同
▶ 智能内容生成
▶ 人机协作迭代
▶ 动态反馈调节
▶ 资源库智能调用

图 4-3　"双螺旋"学习模型

（一）主题情境驱动

情境认知理论强调知识是在特定情境中通过互动建构的（Brown et al.，1989），而社会文化理论则主张学习是社会文化活动的内化过程（Vygotsky，1978）。生成式 AI 通过构建虚实融合的场景，将抽象知识嵌入真实文化语境，促进学生对复杂概念的具身理解。

真实场景锚定。以文化传承与社会问题为锚点，确保学习与生活深度关联。在跨学科课程"春季艺术周·清明时节"中，学生通过 AI 分析《清明上

河图》的"雨""酒家"意象（文学与历史），结合科学观察植物生长（自然规律），呼应杜威"教育即生活"的理念（Dewey，1938），使节气知识与农耕智慧从符号记忆转化为情境化经验。根据布鲁纳"发现学习"理论（Bruner，1961），通过真实问题激发探究动机。在英语跨学科课程"Be a Green Traveler"中，以"绿色出行"为锚点，AI 通过计算碳排放数据（数学建模）驱动学生设计低碳方案。

虚实相生融合。结合生成式 AI 与 AR/VR 技术构建混合现实场景，促进具身认知。身体与环境互动是认知的基础（Merleau-Ponty，1945）。在跨学科课程"小杜鹃的奥地利冒险之旅"中，AI 生成奥地利森林虚拟场景，学生佩戴荧光翅膀在紫外线灯光下完成音乐剧表演，实现光影、音乐与肢体表达的跨感官联动。在跨学科课程"体适能：逃离大英博物馆"中，通过全息投影构建虚拟展厅，学生需在动态红外线障碍中完成文物守护任务，这种动态红外线障碍设计为学生提供"行动可能性"，强化空间感知与决策能力。

知识迁移场域。设计跨场景任务链，驱动知识迁移与应用。跨学科课程"年、月、日的秘密"从制作个性化年历（校园场景）延伸到探究农历与公历差异（文化场景），最终设计"我的 2040 清明仪式"，遵循"渐进式迁移"理论（Perkins & Salomon，1992），通过多场景任务链推动知识从具体操作（数学计算）向文化创新（仪式设计）迁移。

（二）跨学科任务设计

加德纳的多元智能理论（Gardner，1983）强调能力多样性，而分布式认知理论（Hutchins，1995）认为认知分布于个体、工具与社会网络中。生成式 AI 通过任务设计整合多学科知识与能力，构建"认知—技术—社会"协同系统。

知识网络编织。AI 辅助生成学科关联图谱，打破知识孤岛。在"智绘山河"跨学科课程中，AI 将江南古镇的建筑风格（历史）、荧光颜料发光原理（科学）、色彩对比规律（美术）进行整合，生成跨学科知识图谱。在"欢乐购物街"跨学科课程中，AI 自动关联货币单位换算（数学）、商品定价策略（经济学）、文明购物礼仪（道德与法治）。这两个案例均强调工具、规则与共同体在任务中的交互作用。

多元能力矩阵。现代人需适应复杂认知需求，所设置的任务需涵盖计算思维、艺术表达与社会协作能力等多维度。在跨学科课程"春季艺术周·清明时节"中设置"青团手工坊"任务，学生用 AI 生成创意造型（计算思维），手工包制传统青团（实践能力），并进行辩论"网络祭扫能否替代传统扫墓"（批判性思维）。在跨学科课程"小杜鹃的奥地利冒险之旅"中，学生需用 AI 生成二声部伴奏（技术能力），创作秋叶主题诗歌（语言表达），并合作完成光影剧场表演（社会协作能力）。

项目式学习路径。AI 动态生成差异化任务分支，通过适应性路径支持每个学生达到目标。在"年、月、日的秘密"跨学科课程中，AI 根据学生能力推送任务：基础组制作月历牌（数学与美术），进阶组编程设计"动态节气灯"（数学与信息科技）。在"Be a Green Traveler"跨学科课程中，AI 为能力较弱学生生成"步行上学碳排放计算"任务，为高阶学生生成"城市交通系统优化提案"任务。

（三）生成式 AI 协同

人机协同理论由 Horvitz（1999）提出，强调人工智能与人类在任务执行中的互补性，其核心在于通过技术增强人类能力，而非替代人类角色。在教育场景中，AI 负责处理数据密集型任务（如学习行为分析、动态资源生成），教师则专注于教学设计、情感引导与价值观传递；同时根据学习者的认知水平、兴趣偏好与行为特征动态调整教学策略。人机协同提供资源支持，自适应学习实现精准干预，二者共同构建"数据驱动"与"人文关怀"融合的教育新生态。

智能内容生成—资源库智能调用。AI 根据任务阶段动态匹配资源。在"春季艺术周·清明时节"跨学科课程中，AI 在"科学探春"环节调用气候数据图表；在"诗画清明"环节生成清明诗朗诵音频；在"民俗体验"环节推送青团制作教学视频。在"智绘山河"跨学科课程中，学生设计版画阶段，AI 先调用江南古镇历史图片库，再生成线稿底图，最后推送荧光颜料实验教学视频。

人机协作迭代—动态反馈调节。AI 提供实时建议并调整任务难度。在数学跨学科课程"欢乐购物街"中，AI 在模拟购物对话中即时纠正计算错误（如"应找零 2 元 5 角，请检查十进位关系"），同时根据错误率动态切换"青铜/黄金"难度等级任务。在体育跨学科课程"体适能：逃离大英博物馆"中，AI 通过红外传感数据实时调整障碍间距，当学生连续成功穿越时，则自动增加"移动探照灯"干扰。

（四）多维度评价体系

通过动态反馈优化学习过程，聚焦学习过程中的"增量改进"，而非最终结果。通过数据反馈优化个体学习路径，在"评价即学习"的理念中，同时通过社会协商深化群体知识建构机制，形成"个人—集体"双向赋能的教育生态。

过程性数据追踪。AI 记录全流程学习行为并可进行视化分析。在"小杜鹃的奥地利冒险之旅"中，AI 手环记录学生节奏感知数据（振动频率）、AR 眼镜捕捉舞蹈动作轨迹，基于多模态数据生成"节奏—动作协调性"热力图。在"年、月、日的秘密"中，AI 统计学生在农历探究中的提问类型分布特征（如"阴阳历差异""闰月原理"），生成"问题意识分布图"。

创新性指数评估。通过 AI 数据库比对来量化原创性。在"智绘山河"跨学科课程中，AI 将学生设计的版画与数据库中的传统图案比对，若检测到"柳叶纹、荧光色"等新组合，标记为"创新性方案"。在"Be a Green Traveler"跨学科课程中，AI 分析学生提出的出行方案，若包含"共享单车与地铁接驳"等未在训练数据中出现的设计，提升"绿色创新指数"。

社会价值实现度。引入真实社会反馈机制。在"春季艺术周·清明时节"课程中，学生设计的"VR 虚拟扫墓＋植树纪念"方案上传至社区平台，根据居民投票结果获得"社会认可度"评分。在"体适能：逃离大英博物馆"课程中，班级累计运动里程通过 AI 转化为"数字文物回归进度"，并与博物馆合作展示。

生成式 AI 在跨学科学习中的协同作用得以具象化，具体表现为：主题情境覆盖多元场景，从文化符号（如《清明上河图》）到社会问题（如绿色出行）；任务设计建立双重关联——学科知识（如农历与数学）与能力复合（如计算＋艺术）；评价体系构建从行为数据到社会价值的闭环映射。

三、效应评估：教育数字化转型的双重向度审思

教育数字化转型在提升学习效能与核心素养的同时，也要直面技术应用中的潜在风险。基于多学科融合的实践案例，需从显性成效与潜在挑战的双重向度进行审思。

（一）显性成效

学习效能有所提升，知识迁移与问题解决能力有实证突破。跨学科测试显示，82％的学生能运用数学知识解释农谚的科学性；73％的学生能结合地理数据优化出行路线。学生设计的"共享单车与地铁接驳"方案，经 AI 模拟验证显示可减少碳排放 15％，验证数据驱动的实践效能。

批判性思维与协作能力系统性提升。学生通过 AI 调取疫情祭扫数据（如2020 年线上祭扫用户增长 300％）；结合伦理讨论（如仪式感缺失对文化传承的影响），形成"技术赋能需兼顾情感价值"的辩证结论。课堂实录显示，学生论点从"非此即彼"转向"融合共生"的比例达 65％。

文化认同增强，体现为从符号认知到情感内化的转变。95％的学生在课后反思日志中表达了对传统文化的自豪感。例如，"智绘山河"课程中，学生写道："用荧光颜料重现江南古镇的纹样时，我仿佛触摸到了祖先的智慧。"在"小杜鹃的奥地利冒险之旅"中，学生通过 AI 生成的奥地利民歌与光影剧场表演，不仅掌握了音乐技能，更通过实践在跨文化对比中深化对本土民谣的情感认同。课后调查显示，86％的学生主动搜索中国民歌相关资源。

（二）潜在挑战

工具理性对自主思考产生挤压。部分课堂过度依赖 AI 生成内容，削弱学生原创性。例如，"智绘山河"课程中，32％的学生直接调用 AI 生成的线稿底图，未尝试自主设计；在"欢乐购物街"课程中，AI 实时纠错功能导致部分学生减少验算步骤，算术错误率在无 AI 辅助时上升 15％。此现象印证了海

德格尔"技术的座架"理论——技术可能异化为控制思维的框架（Heidegger，1977），需警惕"算法依赖"对元认知能力的侵蚀。

隐私保护与算法公平的双重困境。在体育课程"体适能：逃离大英博物馆"中，红外传感器采集的学生运动轨迹、心率数据若未加密存储，可能被恶意利用。同时，低分组学生长期接受基础任务，可能进一步拉大能力差距。

双重向度的平衡路径。技术赋能与人文坚守的辩证统一：设立"AI 静默时段"——在"春季艺术周·清明时节"的"青团手工制作"环节禁用 AI，引导学生回归传统技艺体验，平衡技术效率与人文深度。数据驱动与伦理规约的协同治理：开发"教育数据伦理沙盒"——在"体适能：逃离大英博物馆"中，学生运动数据仅以聚合形式呈现，个体信息匿名化处理。

教育数字化转型的显性成效印证了生成式 AI 的实践价值，而潜在挑战则揭示了技术应用的复杂性。唯有通过"批判性接纳"与"创造性转化"，才能在效率与伦理、创新与传统之间找到动态平衡点，真正实现"技术为人，而非人为技术"的教育愿景。

四、范式创新：智能时代跨学科学习的新路径

智能时代的跨学科学习新路径，不仅是技术工具的创新，更是教育范式的革命性变革。教育成为人、技术、文化共生的动态系统。通过复杂问题求解，培养能够应对 AI 伦理、气候危机等挑战的未来公民；同时，将学习成果直接嵌入社会创新，实现教育的社会改造功能。

从"工具辅助"到"认知伙伴"。生成式 AI 的角色从"被动工具"进化为"主动认知伙伴"，从而形成"人机共生"的教育生态。AI 通过自然语言处理与机器学习分析学生的交互数据（如提问类型、作业错误模式、课外阅读偏好）以构建动态知识图谱。在跨学科课程"年、月、日的秘密"中，基于学习表现，AI 自动推送"古代历法编程复现"挑战或"节气与农作物生长"实验，实现"千人千面"的个性化知识图谱和学习路径规划。

从"学科拼盘"到"超学科整合"。超学科教育以复杂现实问题为核心，

打破学科壁垒，生成式 AI 通过知识重组与情境模拟驱动这一进程。具体而言，突破传统学科边界，以"大概念"为锚点重构课程体系。

从"评价分离"到"智能循证"。传统评价的"结果导向"与"学科割裂"特征被 AI 驱动的动态评估网络重构，形成基于分析的"数据—证据—行动"闭环。通过 AI 构建跨学科素养追踪系统，实时生成"能力成长树"，为精准化教学提供数据支撑。

这一范式创新不仅契合联合国教科文组织"教育 2030"的包容性目标，更通过自适应算法实现"规模化的个性化教育"，助力培养兼具文化底蕴与数字素养的未来公民。未来需进一步探索 AI 教育的人机协同伦理边界，推动"有温度的技术"与"有深度的教育"深度融合，为教育数字化转型提供标准化技术路径。

第五章　生成式 AI 共创下的小学跨学科实践探究案例

第一节　主题研究：云娃四季课程

常州市紫云小学秉承"五育并举"的教育理念，积极响应国家"双减"政策及新时代素质教育要求，以"顺应自然节律，深化跨学科融合"为核心，构建了独具特色的四季课程体系。学校立足学生全面发展，将春、夏、秋、冬四季的自然特征与学科教育深度融合，通过主题化、项目化的活动设计，激发学生的探究兴趣、创新精神与实践能力，营造"自主、合作、创造"的校园文化氛围。在生成式 AI 技术蓬勃发展的背景下，学校进一步探索技术与教育的深度融合，将 AI 作为创新工具与学习伙伴，赋能四季课程的迭代升级，形成"自然、学科、技术"三位一体的立体化全人教育模式，推动学生核心素养的全面提升。通过四季轮转的课程建构——以自然为课堂，以学科为纽带，以活动为载体，并融入生成式 AI 技术——学校不仅让学生感知自然节律之美，更在跨学科实践中培养其核心素养，为学生的终身发展奠定坚实基础，真正实现了"让教育回归生活，让成长自然发生"。

一、课程建构背景与意义

近年来，我国教育改革持续深化，国家层面通过系列政策文件强调教育回归生活本质、扎根实践场域的重要性。教育部 2020 年《关于全面加强新时代大中小学劳动教育的意见》要求"将劳动教育纳入人才培养全过程"，如四季课程中"春耕夏耘、秋收冬藏"的农耕实践，实现劳动教育与自然节律的深度融合。教育部 2022 年《义务教育课程方案》明确提出"加强课程与生产劳动、社会实践的结合，充分发挥实践的独特育人功能"，鼓励开发以自然为载体的课程资源；同年《关于加强中小学地方课程和校本课程建设与管理的意见》倡导"挖掘地域文化特色，开发乡土资源"，为四季课程融入地方物候、民俗文化提供了政策依据。在"双减"政策背景下，《义务教育课程方案（2022 年版）》进一步提出"设立跨学科主题学习活动，加强学科间相互关联"，四季课程以季节现象为纽带，整合科学观察、语文写作、艺术创作等多学科内容，深度契合政策对综合性学习的核心要求。教育部 2023 年《基础教育课程教学改革深化行动方案》提出"探索人工智能赋能教育新路径"，要求"利用智能技术优化跨学科学习设计"。生成式 AI 可辅助教师快速生成以季节主题的跨学科项目方案，为四季课程的动态化、个性化实施提供技术支撑。

　　当前学校教育面临两大突出问题，亟需通过课程创新予以回应。其一，城市化进程加速导致儿童"自然缺失症"凸显。研究表明，我国中小学生日均户外活动时间不足 1 小时（国务院妇女儿童工作委员会《2021 中国儿童发展报告》），对季节变化、动植物生长等自然现象的认知多停留在书本层面。例如，某市调查显示，超 60% 的初中生无法准确描述本地常见树木的四季特征。四季课程则通过周期性户外观察与实践，重建儿童与自然的联结，缓解"去自然化"带来的成长隐患。其二，传统分科课程往往以固定教材为核心，忽视地域文化与季节动态资源。例如，统编科学教材中"植物生长"单元多集中于春季教学，但由于南北气候差异，实际教学与真实物候脱节。四季课程以在地化、时序性为特征，通过"一季一主题"的动态设计，打破标准化课程的僵化模式，有效增强学习的情境性与生命力。通过"向自然扎根"与"向生活开放"的双向互动，这一模式科学应对了学生全面发展需求与课程个性化创新的双重挑战。

　　四季课程的设计与实施具有深厚的教育学与心理学理论支撑。建构主义学习理论中强调"知识是学习者通过与环境互动主动建构的"，杜威则提出"教育即经验的改造"。四季课程正是基于这些理论，以真实自然情境为学习场域，例如春季组织学生观测昆虫变态发育、秋季记录落叶树种变化，使学生在观察、记录、实验的过程中自主建构生态知识体系，体现了"做中学"的核心主张。具身认知理论认为认知过程依赖于身体与环境的交互。四季课程强调"身体在场"的学习体验。例如，冬日雪地徒步感知温度与地貌、夏日农田劳作体会"汗滴禾下土"，通过多感官参与深化认知。研究表明，具身化学习能提升学生对抽象概念（如生态系统能量流动）的理解力（Glenberg et al.，2013）。中国传统文化中"天人合一""四时有序"的思想（《礼记·月令》），与当代深层生态学"人与自然共生"的理念相呼应。四季课程将节气文化、物候规律转化为教育资源，既是文化传承的创新实践，也为核心素养中的"生态意识"培育提供载体。生成式 AI 的赋能下，四季课程不仅延伸了建构主义实践边界，拓宽课程实施路径，更致力于探索传统文化传承的 AI 新范式。

四季课程的建构研究，既是政策导向与实践需求共同驱动的必然选择，也是教育理论走向田野的行动回应。在政策层面推动自然教育与劳动教育的校本化实施，在实践层面破解课程同质化与自然疏离困境，在理论层面验证情境化、具身化学习模式的有效性。一方面，AI 共创下的四季课程建构提升课程的跨学科整合度与实施效率；另一方面，AI 作为认知伙伴重构学习范式，通过人机协同探究推动"自然体验、文化理解、科学思维"的深度融合。这一创新既响应"人工智能＋教育"的国家战略，又为破解自然缺失症、实现核心素养导向的课程改革提供技术赋能的新方案，同时为未来课程改革提供新视角。

二、四季课程的建构框架

"四季课程"以"春生、夏长、秋收、冬藏"的自然哲学为脉络，将生成式 AI 技术深度嵌入跨学科学习场景，实现了"自然体验、文化传承、科技创新"的三维融合。这一课程体系的创新价值，在于它超越了"技术工具论"的浅层应用，建构起"AI 即学习伙伴"的新型关系：在"AI 创意启发—人工深化创作"的协作中，学生既是传统文化的守护者，又是科技伦理的思考者；在"虚实场景切换"的探索中，他们既能感知土地的脉动，又能驾驭数字的浪潮。四季轮回的课程设计，本质上是一场"具身认知"的教育实验，例如，当学生用双手捏塑粘土航天器时，工程思维与美学感知在指尖交融；当他们在秋日林地统计生物多样性时，AI 传感器的介入使实证研究更具深度；当冬季运动数据通过算法转化为可视化报告时，体育精神与科学素养形成共振。

（一）课程目标设计

1. 春季课程目标。

"希望之春"跨学科课程以"听风读雨品春光"为主题，通过跨学科融合、实践探究与艺术表达，培养学生的核心素养，实现"知识学习、能力提升、品格塑造"的有机统一，为学生的全面发展奠定坚实基础。春季课程目标如下：

（1）通过创编童谣、气象数据记录与分析，撰写研学日记与诗歌，手工制作、绘画、音乐表演等形式展现春天主题，提升语言表达能力、实际问题解决与情感体验能力，传承中华传统工艺与艺术形式；

（2）通过户外研学、春景摄影，引导学生观察春季自然变化，培养尊重自然、保护环境的价值观；

（3）通过 AI 的生成、分析与协作功能，实现"AI 创意启发—人工深化创作"的协作模式，提升科学思维、实践能力以及数据解读与科学推理能力。

2. 夏季课程目标。

"智慧之夏"跨学科课程以"夏梦智航　科创飞扬"为主题，通过项目化、实践化的课程设计，构建了"科技赋能、学科融合、全员参与"的创新型教育生态。课程以人工智能技术为支点，激发学生的创造力与探索热情。低年级学生用黏土与画笔描绘未来航天器的蓝图，中年级通过变废为宝赋予材料新生，高年级以 AI 工具定格校园记忆与情感，每一环节都体现了科技与人文的深度交融。夏季课程目标如下：

（1）通过创意设计未来航天器、制作动力小车等活动，引导学生运用想象力与工程知识解决实际问题，培养创新设计能力、材料加工能力与机械优化能力；

（2）通过致敬中国航天成就（如神舟飞天、北斗导航）、变废为宝设计动力小车，引导学生感悟科技强国的意义，深化环保理念，培养资源循环利用的价值观；

（3）通过 AI 绘画、AI 音乐创作等项目，掌握生成式 AI 工具（如文心一格、Suno 平台）的使用，完成数字化作品创作，探索人工智能与多元表达的协同创新。

3. 秋季课程目标。

"阅读之秋"跨学科课程以"书香校园"为核心，结合阅读与实践，开展跨学科主题学习活动。通过"书中的秋""生活中的秋""我眼中的秋"三大维度，以阅读为媒介，深化学科联动，引导学生在阅读、探索与创作中感受秋日之美。秋季课程目标如下：

（1）通过融合语文、数学、科学、艺术等学科知识，并整合生成式 AI 工具的活动设计，强化语言表达与文学感知，培养学生综合运用多学科知识及 AI 技术解决实际问题的能力，促进知识的迁移与创新实践；

（2）通过观察秋季自然现象（如树叶重量变化、果实成熟过程）并结合生成式 AI 技术（如利用 AI 分析气象数据辅助数学统计、在编程中融入 AI 生成的秋叶飘落动态效果），引导学生培养数据驱动的科学探究能力，增强对 AI 工具在实践研究中的理解与应用。

（3）借助生成式 AI 工具（如 AI 配乐生成器辅助诗歌朗诵、MidJourney 生成秋景作为艺术创作灵感、AI 润色英文演讲稿），鼓励学生个性化表达对秋天的感知，提升语言表达的精准性、艺术创作的多样性及跨学科协作的创新能力。

4. 冬季课程目标。

"乐活之冬"跨学科课程以"校园吉尼斯等你来战"为主题，通过体育竞技与跨学科融合的实践活动，引领师生传承体育精神，提升身体素质，培养坚韧品质与团队协作能力，并借助人工智能技术创新活动形式，打造兼具文化内涵与学术深度的冬季运动周。冬季课程目标如下：

（1）通过体育与数学、科学、艺术等学科的深度融合（如统计运动数据、设计 AI 生成动态路线），培养学生综合运用多领域知识解决问题的能力，同时学习生成式 AI 工具（如 AI 音乐生成、AI 图纸设计）在实践中的创新应用；

（2）借助实验观察（如毽子力学分析、定向跑地图测绘）和数据分析（统计跳绳次数、气温变化），引导学生培养实证研究意识，强化逻辑推理与科学探究能力，进而理解运动背后的科学原理；

（3）通过集体竞技项目（如拔河、跳长绳）和 AI 辅助创作（如韵律绳舞编排、双语路标设计），锻炼学生的团队协作精神与 AI 赋能的创新实践能力。

（二）课程内容开发

四季课程以自然节律为核心，结合学科特点与学生发展需求，构建主题化、序列化的活动模块，并深度融合生成式 AI 技术，打造"自然—学科—技术"三位一体的创新教育生态。

表 5—1　四季主题模块及特色

主题	希望之春	智慧之夏	阅读之秋	乐活之冬
模块	低年级：风车文化与科学探究（DIY 风车、风车游戏）	低年级：未来航天器创意设计（黏土模型、绘画）	语文、英语：秋日诵读与诗歌创作（整班朗读、童谣创编、整本书阅读）	低年级：绳舞韵律与 AI 音乐生成（跳绳节奏＋AI 配乐）
	中年级：风筝设计与气象观测（风筝绘制、风力分析）	中年级：变废为宝动力车制作（材料改造、动力实验）	数学：秋叶数据探究（周长测量、统计气温变化）	中年级：毽子文化与力学探究（毽子制作、数据分析）
	高年级：春季研学与生态记录（气候测量、植物生长观测）	高年级：AI 艺术创作（AI 绘画、AI 音乐生成）	综合学科：秋景艺术表达（树叶贴画、Scratch 编程）	高年级：定向跑与跨学科协作（地图绘制、双语路标设计）
特色	以"风"为纽带，融合自然现象与传统文化	科技赋能，强调创新链的完整性（设计—制作—迭代）	以"书中的秋"串联阅读与实践，强化文化浸润	竞技活动与学科知识深度融合，培养团队协作

（三）生成式 AI 应用和跨学科工具包支持

1. 生成式 AI 应用。

在四季课程中，生成式 AI 超越了传统工具属性，成为学生开展跨学科学习的"认知伙伴"。生成式 AI 通过创意激发、数据赋能与文化重构三重路径，深度融入课程全链条，推动知识建构由单向传递转向协同创造演进。

（1）创意激发与辅助设计：重构艺术与技术的共生关系。AI 在创意场景中扮演"灵感催化剂"与"设计协作者"的双重角色。在夏季"AI 绘画创作"项目中，学生输入"校园运动会"等主题关键词，AI 输出包含动态构图与色彩搭配的绘画草稿，学生结合手工创作对草稿进行二次加工：用黏土塑造人物立体感，并用马克笔强化运动张力，实现了"机器生成框架"与"人类艺术直觉"的深度融合；冬季"AI 生成路线动画"则体现技术对工程思维的赋能——学生将定向跑地图的坐标数据输入 AI 平台，系统自动生成 3D 模拟动画，直观展示不同路径的耗时与地形难度。基于此，学生调整路线规划，并通过数学公式验证其优化方案的合理性。此类协作中，AI 不仅提供视觉化原型，更通过"生成—反馈—迭代"的循环，培养学生"技术辅助决策"的创新素养。

（2）数据驱动下的科学探究：构建实证研究的智能闭环。AI 通过数据整理、模型构建与可视化呈现，提升科学探究的流程效率。在秋季"气象数据分析"项目中，AI 自动采集气温、湿度等多元数据，生成动态折线图与热力图，学生运用数学统计方法（如标准差计算、相关性分析）解读图表，发现"昼夜温差与落叶速率呈正相关"等规律，并撰写基于证据的研究报告；在春季"植物生长预测"项目中，AI 的模拟推演能力得到凸显：学生将物候观测数据（萌芽期、开花时间）输入其训练的模型，AI 输出未来两周的生长趋势预测图；基于预测结果，学生通过每日实测数据验证准确性，并分析误差来源（如突降雨水对模型的影响）。这一过程引导学生亲历"数据采集—模型训练—实证修正"的完整科研链条，培育数据思维与批判性反思能力。

（3）文化传承与创新表达：搭建古今对话的数字桥梁。AI 通过语义解析与互动生成技术，推动传统文化在现代语境中的创造性转化。在春季"AI 童谣创作"活动中,学生输入"风筝""春雨"等意象关键词,AI 基于古诗词语料库输出押韵诗句(如"纸鸢乘风探云深,细雨轻润草木新");基于 AI 生成的诗句,学生通过调整词序、增删意象完成个性化改编,并配以传统乐器伴奏,形成融合古典韵律与现代审美的多媒体作品;在冬季"毽子文化研究"中,AI 的文化解码能力得到展现。学生利用文本训练 AI 模型,生成毽子发展史的互动时间轴与知识问答程序;在"巧手创毽工坊"中,AI 解析制作技法,生成分步图解指南以辅助学生复原羽毛毽的传统制法。此类实践不仅强化文化认同,更通过"技术解构—创意重组"的过程,培养学生"守正创新"的文化自觉。

2. 跨学科工具包:项目化学习的操作支架。

推出季节主题定制工具包,提供"即取即用"的解决方案。在春季风车 DIY 材料包中,包含几何模板(数学)、风速测量仪(科学)、民俗纹样图册(美术),助力学生在探究空气动力学时同步进行文化探究;在夏季动力车实验套件中,配备微型马达、传感器与回收材料分类指南(环保实践),引导学生综合运用电路知识(物理)、环保理念融入(德育)完成作品;在冬季定向跑工具包中,提供等高线地图模板、双语标注贴纸(英语)与 AI 路线生成终端,帮助学生在路径规划中自然融合地理测绘、语言应用与技术操作能力。工具包设计遵循"低门槛—高拓展"原则,既确保基础任务的达成,又为学有余力者预留创新空间。

四季课程资源体系通过"自然情境激活认知需求、数字工具提升探究深度、文化资源赋予学习意义、工具包降低实践难度"的四维联动,有效整合跨学科教学资源碎片化问题,为素养导向的课程实施提供可迁移的资源配置模型。

(四)课程评价体系

四季课程通过过程性评价、表现性评价和反思性评价构建多元化评价工具与策略,全面追踪学生在跨学科学习中的知识建构、能力发展与价值体认,最终形成"以评促学、以评导教"的课程实施闭环。以下从不同评价维度展开具体阐述。

1. 过程性评价：动态记录学习轨迹。

过程性评价贯穿四季课程全程，旨在追踪学生在不同学习阶段的认知发展、行为表现与情感体验。在春季课程中，学生通过"自然笔记"记录校园植物的物候变化（如樱花开放时间、叶片生长规律），教师从科学术语的准确性、问题提出的逻辑性等维度开展量化评分。同时，学生的实践作品（如风车设计草图、动力车模型）以"档案袋"形式分阶段归档，每一份作品附有设计说明与改进记录，结合同伴互评表中功能性、创新性等评估指标，共同构建从构思到优化的完整证据链。教师则通过结构化观察日志，记录学生在协作中的参与度、工具使用熟练度等行为表现，借助数字跟踪平台分析发言时长及互动模式，基于此为个性化教学提供依据。

2. 表现性评价：立体呈现综合素养。

表现性评价以真实性任务为载体，通过季节主题汇报与项目成果展示，检验学生的知识整合与问题解决能力。每季末的"主题汇报会"要求学生以小组形式展示研究成果，评价采用 TED 式评分表，由教师、家长、学生代表从内容深度、表达效果、团队协作三方面综合打分。学期末的"四季创客博览会"搭建社会化展示平台，学生作品如落叶再生纸、环保动力车接受社区代表评审。创新指数矩阵从技术、文化、环保等维度量化评估作品价值，部分优秀方案（如智能灌溉风车）因其实用价值入选社区农田试点项目。

3. 反思性评价：激发元认知能力。

反思性评价聚焦学生的自我觉察与学习策略优化。通过"自然感知自评量表"，学生借助五级评分体系反思季度学习中的认知变化，如"能否用数据分析解释季节现象""是否感受到传统文化中的生态智慧"。技术工具的介入进一步提升反思深度：可穿戴设备记录户外活动中的心率变异性，生成情绪热力图，揭示自然接触时的情感投入程度；AI 对话日志分析学生对"秋天意义"的阐述，评估其文化理解的层次。此外，"成长档案袋"鼓励学生自主整理学习证据，撰写反思日记，从知识获取、能力发展、价值认同三层次剖析成长。AI 生成的年度能力雷达图，直观呈现批判性思维、技术应用等素养的进阶路径，协助学生建立终身学习意识。

评价体系以过程性评价聚焦成长节点，以表现性评价激活创新潜能，以反思性评价提升元认知能力，三者相互支撑，构建"评价—学习—发展"一体化生态。这一实践不仅为"双减"政策背景下的教育评价改革提供了范本，更重塑了学习者的主体地位，促使学习者在持续反思与实践中成长为兼具科学精神、人文情怀与数字素养的未来公民。

三、实践案例与分析

（一）春季高年段课程示例：AI 解码春天——气候、生命与数据的交响

1. 课程概述。

《义务教育数学课程标准（2002 年版）》中强调生活与数学的联系，指出要让学生"人人学习有用的数学"，并明确"把数学作为人们日常生活中交流信息的手段和工具"。这体现了从生活实际出发，将数学知识与生活情境相结合的教学理念。学习中应注重学生"基础知识与基本技能的掌握、实践能力的培养以及情感态度价值观的塑造"，倡导学科间的有机融合，强调"从生活实际出发，引导学生通过观察、实验、探究等方式主动学习"。本课程案例紧扣这一要求，以春季自然现象为载体，整合科学、信息技术、数学、语文、美术等学科知识，通过真实情境中的问题解决，促进学生综合素养的全面发展。

春季作为万物复苏的季节，具有独特的自然教育价值。植物萌芽、物候变迁等自然现象为科学探究提供了鲜活素材，而生成式 AI 技术的引入使得传统观测与现代技术深度融合，此举既符合课程标准中"加强信息技术与学科整合"的要求，又呼应了"从生活中学习"的理念。课程设计以"气候测量"与"植物生长观测记录"为核心任务，通过跨学科协作，培养学生科学探究能力、数据思维与创新意识，同时融入生态责任教育。

2. 教学时间节点与学科协作安排。

课程安排在高年段，总时长 4 周（每周 2 次课，含 1 次户外研学），具体时间分配如下：

第 1 周：启动探究（学科融合预热）。

表 5—2　第 1 周安排表

教学时间	活动	学科目标
第 1 课时（科学＋信息科技）	观看纪录片《气候变化与植物物候》，讨论 AI 在生态研究中的潜力。	科学：理解物候学基本概念；信息科技：初识生成式 AI 的功能与应用场景。
第 2 课时（数学＋语文）	学习数据记录规范，设计观测表格；阅读经典生态文学作品（如《鲁滨逊漂流记》节选）。	数学：掌握数据分类与基础统计方法；语文：学习科学观察日志的写作结构。
周末研学（科学＋美术）	校园植物初步观察，绘制"春日生态速写"。	科学：识别本地植物特征；美术：通过写生记录自然细节。

第 2 周：数据采集与 AI 协作（学科深度交互）。

表 5—3　第 2 周安排表

教学时间	活动	学科目标
第 3 课时（科学＋数学）	户外气候测量（温湿度、风速）、植物生长数据采集（叶片数、花苞状态）。	科学：掌握气象仪器操作；数学：实时计算日平均温度、生长速率。
第 4 课时（信息科技＋语文）	使用 ChatGPT 整理观测数据，生成结构化表格；AI 辅助撰写日志草稿。	信息科技：学习 AI 数据清洗与自然语言生成；语文：优化科学报告的表述逻辑。
周末研学（信息科技＋美术）	用文心一格将气候数据转化为"樱花生长预测图"（如温度值映射花瓣颜色）。	信息科技：AI 工具的参数化设计；美术：数据可视化的艺术表达。

第 3 周：数据分析与模型构建（学科协同攻坚）。

表 5—4　第 3 周安排表

教学时间	活动	学科目标
第 5 课时（数学＋信息科技）	用 Excel/Python 绘制温度变化折线图，AutoML 训练物候预测模型。	数学：计算相关系数、建立生长函数；信息科技：理解机器学习基础逻辑。
第 6 课时（语文＋科学）	分析 AI 预测结果与实测数据的差异，撰写《异常气候对植物生长的影响》小论文。	科学：探究环境变量的生态效应；语文：用证据链支持科学论点。
周末研学（跨学科整合）	小组设计"AI 生态警示装置"（如温度超标触发虚拟樱花凋落动画）。	综合应用科学、信息科技、艺术知识解决问题。

第 4 周：成果创作与展示（学科成果汇演）。

表 5—5　第 4 周安排表

教学时间	活动	学科目标
第 7 课时（美术＋信息科技）	用 Scratch 编程制作"樱花生长模拟器"，设计交互界面。	美术：UI 视觉设计；信息科技：逻辑编程与用户交互实现。
第 8 课时（语文＋科学）	模拟学术会议，小组汇报研究成果，接受师生答辩。	语文：学术演讲与应答技巧；科学：传播生态保护理念。
周末展览（全学科展示）	举办"AI 解码春天"成果展，展出数据图表、AI 绘画、互动程序及反思日志。	综合素养：跨学科协作成果的社会化呈现。

3. 课程实施与标准达成的路径分析。

（1）基础知识的实践转化。《义务教育课程方案和课程标准（2022 年版）》（以下简称"新课标"）强调"知识学习与生活经验相结合"。在气候测量环节，学生使用温湿度计、风速仪等工具，将课本中的"气象仪器使用"知识转化为实际操作技能；植物观测环节则系统建构对"光合作用""植物生命周期"等生物学概念的理解。例如，通过对比不同光照条件下蒲公英的叶片形态与生长速度差异，学生验证了光照强度影响植物光合速率的理论，推动知识从记忆到应用的转化。

（2）探究能力的阶梯式培养。课程设置"观察—假设—验证—解释"的完整探究链条。

观察：记录樱花萌芽期、开花期的环境数据。

假设：提出"连续五日均温超过 15 ℃将触发盛放"的猜想。

验证：结合 AI 预测模型与后续实测数据验证假设。

解释：分析误差来源（如突发寒潮等环境变量的影响）。

这一过程契合新课标中"引导学生像科学家一样思考"的目标，从而培养实证意识与逻辑推理能力。

（3）情感态度价值观的渗透。通过 AI 生成的生态恶化对比图（如全球变暖对物候的影响），学生能直观理解环境保护的紧迫性；在"樱花花期预测报告"撰写中，学生提出"校园绿化建议"（如补种耐寒品种），将科学知识转化为社会责任行动。课程设计呼应新课标中"培养科学态度与生态意识"的要求，实现知识学习与价值引领的统一。

4. 课程评价与标准的一致性。

（1）过程性评价对标基础技能。根据新课标中"重视学习过程评价"的要求，设计观测日志评分表，从"数据准确性""工具操作规范性""问题提出质量"三方面量化评价，确保学生掌握气象观测与记录的基本技能。例如，某生因未校准仪器导致数据偏差，教师进行针对性指导，体现"评价即指导"的理念。

（2）表现性评价指向综合素养。成果展示环节采用"科学报告＋互动程序＋艺术创作"的多元形式，呼应新课标中"鼓励多样化表达"的倡议。例如，小组用 Scratch 制作的"樱花生长模拟器"需通过功能性测试（如输入温度准确预测花期），同时接受美术教师对界面设计的评价，彰显"技术应用与审美表达并重"的评价导向。

（3）反思性评价促进自我认知。学生通过 AI 生成的反思报告（如你在团队中主要承担数据分析还是创意设计?），回顾学习过程中的角色贡献与能力成长。这种设计符合新课标"引导学生自我反思与改进"的要求，促进元认知能力发展。

（二）夏季低年段课程示例：AI 小宇宙——设计你的星际飞船

1. 课程概述。

本课程以"未来航天器"为主题，通过生成式 AI 工具与跨学科任务设计（故事、手工、实验与表达），将科学探索、艺术创作、数学感知与语言发展自然融合。全面覆盖《义务教育科学课程标准（2022 年版）》的核心素养要求：在实验中理解物理原理的科学观念养成；通过建模与推理优化设计的科学思维训练；动手操作与 AI 技术协同的探究实践开展；合作创新与科技伦理启蒙的态度责任培育。课程通过"虚实结合、人机协同"的学习模式，为低年级科学教育提供了"兴趣激发—能力奠基—素养渗透"的创新范例，充分体现新课标"做中学、用中学、创中学"的理念。

该课程于夏季（观测星空、了解太空知识的较好时节）开展，得益于夜晚晴朗，便于进行天文观测和太空想象。通过 AI 技术的巧妙应用，课程将艺术与科学或技术教育紧密结合，让学生在动手实践中感受科技魅力，激发探索兴趣。课程中的积木拼搭、剪纸实践、黏土制作等活动，不仅锻炼了学生的实践能力，还培养了他们的创新思维。同时，AI 动画模拟和空气阻力实验等直观的教学手段，有效提升了学生的科学素养。此外，AI 虚拟太空展和趣味颁奖等环节，不仅展示了学生作品，还提升了他们的科技成就感和自信心，隐含了对科技发展和社会责任的关注。

2. 教学时间节点与活动安排。

连续一周为学生提供一系列富有创意和教育意义的活动。从第一天到第五天，每天围绕一个核心活动展开，逐步深入，层层递进。课前、课中、课后的安排既保证了活动的连续性，又给予学生充分的思考和创作时间。课程安排在低年段，具体时间分配如下：

表 5－6　课程安排表

教学时间	活动	整合目标
第一天：AI 太空灵感站	课前：学生通过语音或关键词（如"彩虹飞船""会变形的火箭"）向 AI 输入，生成 3～5 张未来航天器概念图，打印后作为设计参考。 课中：用积木拼搭 AI 生成图中的几何元素（如"圆锥形舱体""三角形机翼"），通过实践认识形状与结构的关系。	AI 创意激发，打破思维定式，激发想象力。认识形状与结构的关系。
第二天：AI 草图设计师	课中：用 AI 生成的对称图案（如"蝴蝶翅膀""雪花"）启发学生设计对称飞船，用剪纸寻找对称轴。学生手绘航天器轮廓。 课后：AI 自动识别并优化线稿（如"将歪斜线条变为流畅曲线"），打印后涂色。	对称性探索，增强创作信心。
第三天：AI 黏土小助手	课前：学生向 AI 语音助手（如"小度儿童版"）提问"如何用黏土做推进器？"AI 播放分步教学短视频（如揉圆球、压扁成火焰形状）。空气阻力实验（30 分钟）。 课中：用 AI 动画模拟不同形状飞船的飞行效果（如"尖头飞船飞得更快"），引导学生优化黏土模型。	解决手工难点，培养解决问题的能力。
第四天：AI 故事工坊	课中：通过输入学生设计的飞船功能（如"能穿越黑洞"），AI 生成短篇图文故事（3～5 句话），学生为故事配音。 课后：用 AI 语音转文字功能，录制学生口述设计理念（如"我的飞船有隐形盾牌"），生成二维码贴在作品上。	融合设计与叙事，提升语言表达。

教学时间	活动	整合目标
第五天：AI 虚拟太空展	升旗仪式：AI 根据作品关键词（如"环保""变形"）自动评选趣味奖项（如"银河系最绿飞船奖"），颁发电子证书。	以科技赋能展示，提升成就感。

3. 课程实施与标准达成的路径分析。

（1）从现象观察到原理认知。课程设计了阶梯式探究任务：首先，学生使用电风扇模拟气流，分别测试尖头与圆头纸板的"飞行距离"。通过观察、对比发现，尖头纸板平均飞行距离比圆头远 1.2 米，学生直观感知"形状影响运动效果"。教师用动画演示原理：尖头设计使气流平滑分离，减少涡流阻力；圆头则因气流紊乱产生更大阻力。学生用黏土改造模型，验证流线型设计对阻力影响的应用效果。师生共同延伸讨论生活案例（如高铁车头设计、飞机机翼造型），理解流线型在工程中的普遍应用价值。

（2）从工具使用到设计思维。黏土模型制作环节创新性融入 AI 技术，重塑传统手工课的工程教育价值。学生向语音助手提问"如何制作推进器"，AI 推送分步指导视频（如"揉搓黏土成圆柱体，再于顶端捏出喷射口凹槽"等操作示范），降低造型制作门槛。教师引导学生绘制"设计—问题—改进"循环图，理解工程优化的持续性特征。

（3）从实体操作到数字孪生。将实体模型的触觉感知（黏土质感、重量分布）与虚拟反馈（动态飞行数据）结合，形成"手脑协同"的认知闭环。调查显示，人工智能工具使 82% 的学生更直观地理解空气动力学原理。

（4）从发散创意到理性决策。学生输入"彩虹燃料""变形机甲"等关键词，AI 生成 30 余种概念图（如环形飞船、分体式探测车），创意密度远超人工绘制。对比实验显示，AI 组设计方案多样性较纯手绘组提升 2.3 倍。教师引导学生建立"功能性—美观性—可实现性"三维评估标准。

（5）从个体创造到团队共创。在飞船功能设计环节，课程建立了"角色分工—激发创意碰撞—方案整合"的协作机制。每组设立"功能设计师""执行工程师""工艺总监"，通过角色卡明确责任边界。使用"3－2－1"讨论法

（规则为：每人提 3 个创意，组内投票选 2 个优化方案，最终确定 1 个整合方案）。

4. 课程评价与标准的一致性。

（1）过程性评价：对标新课标"探究实践能力"要求。新课标中要求关注学生在科学探究过程中的参与度、工具使用规范性及合作意识。教师通过每日观察学生在黏土制作、剪纸对称性探究中的工具操作（如剪刀使用的安全性、直尺测量的精度），记录学生行为的规范性。通过记录小组讨论中有效发言频率（如"我建议机翼加宽"），评估合作意识水平，对合作能力进行追踪。

（2）表现性评价：呼应新课标"技术与工程实践"目标。通过对作品的功能性与创新性评估，检验学生的工程设计与技术应用能力。为落实新课标中要求，课程采用 QuiverVision 扫描黏土模型生成动态飞船，评估飞行稳定性（如是否侧翻）、功能实现度（如太阳能板展开效果），并从技术复杂度（如是否使用可动部件）、环保价值（如材料循环利用）等维度评估作品创新性。

（3）反思性评价：落实新课标"科学态度与社会责任"目标。组织小型思辨活动，围绕"AI 能否替代人类设计师"问题，评估学生能否辩证看待技术利弊（如"AI 提高效率但缺乏情感"）。

（三）秋季高年段课程示例：生存智慧大发现——读《鲁滨逊漂流记》

1. 课程概述。

《鲁滨逊漂流记》（节选）被编排在统编教材六年级下册第二单元，该单元主题多聚焦于"探索与生存""逆境中的成长"或"人与自然的关系"。本课作为单元核心文本，旨在通过具体情节展现主人公在极端环境下的生存智慧、心理韧性和创造性解决问题的能力。其地位体现在：为学生提供了接触经典叙事和复杂人物形象的窗口。文本涉及地理（荒岛环境）、科学（工具制作）、心理健康（乐观心态）等知识，契合单元跨学科整合的目标。

根据《义务教育语文课程标准（2022 年版）》整本书阅读任务群中的相关要求——"阅读整本书，把握文本的主要内容，体会作品的主题意义""联系个人经验和社会生活，对作品提出自己的见解"等，本课程通过文本分析、主题探究和技术赋能，以"生存智慧"为核心线索，通过 AI 工具跨越学科边界，引导学生从文学文本中提炼知识，并将其转化为解决现实问题的能力，助力学生实现从"读片段"到"读全书"、从"学知识"到"用智慧"的素养提升。

秋季作为一学年的新起点，学生站在新的台阶上面临更高的要求，经历暑假后需重新适应校园生活。课程中"逆境应对""乐观心态"主题（如"断电断水"挑战）能有效缓解开学焦虑，强化适应能力。本课程中的赤道气候分析任务与秋季天文知识教学（如太阳直射点移动）自然衔接。

2. 教学时间节点与学科协作安排

本课程以语文学科为主线贯穿全程，地理、科学、工程等学科分阶段融入；AI 工具依托信息科技赋能课程；心理健康课程强化逆境应对能力；美术与劳动技术课程提升实践创造力。课程通过"文本学习—技术应用—实践操作—成果迁移"四环节联动，实现跨学科素养整合。共 8 课时（40 分钟/课时），分三周逐步实施，具体如下：

第 1 周：文本精读与跨学科启动。

表 5—7　第 1 周活动表

教学时间	内容	任务安排	成果	学科协作
课时 1～2	文本分析与生存智慧提炼	文本精读（语文）：分析节选片段（如住所选址），聚焦细节描写（如比喻、数字说明），并分析生存策略。 地理链接（地理）：结合课文中的"北纬 9°22′"，利用地图工具分析赤道气候特点，探讨鲁滨逊选址的科学性。	完成"生存智慧清单"思维导图。	语文（主），地理（辅）

第 2 周：AI 技术与跨学科实践。

表 5－8　第 2 周活动表

教学时间	内容	任务安排	成果	学科协作
课时 3～4	AI 场景可视化与工程设计	AI 绘图（信息科技＋美术）：用 Midjourney 生成住所图像，对比手绘作品，总结生动描写的技巧。3D 建模（工程＋信息科技）：用 Tinkercad 设计防御工事模型，优化结构并分享设计思路。	AI 生成图像、3D 模型设计图。	语文（主），信息科技、美术（辅）
课时 5	科学原理与工具制作	科学解析（科学）：结合鲁滨逊的"杵与凹槽"工具，学习杠杆原理与摩擦力知识。动手实践（劳动技术）：用超轻黏土制作工具模型，录制讲解视频。	工具模型、科学原理分析报告。	科学（主），劳动（辅）

第 3 周：情境模拟与综合应用。

表 5－9　第 3 周活动表

教学时间	内容	任务安排	成果	学科协作
课时 6～7	AI 情境挑战与心理韧性培养	虚拟生存游戏（信息科技）：AI 生成"断电断水"情境，小组讨论解决方案（如收集雨水、心理调适）。心理韧性分析（心理健康）：结合鲁滨逊的"乐观清单"，用 AI 写作工具生成激励标语。跨学科辩论（语文）：围绕"科技能否替代人类智慧"，AI 辅助搜集论据，组织班级辩论。	应急方案清单、心理激励标语、辩论记录。	心理健康（主），语文、信息科技（辅）

教学时间	内容	任务安排	成果	学科协作
课时 8	总结迁移与成果展示	AI 生成报告（信息科技）：用模板整理课程收获（阅读方法、跨学科知识、AI 使用技巧）。 作业发布（语文）：撰写《断电生存日记》，要求运用比喻、数字说明等写作技巧。 成果展示：展示 AI 图像、3D 模型、工具实物，学生互评并分享感悟。	学习报告、生存日记、班级展示墙。	语文（主），信息科技（辅）

3．课程实施与标准达成的路径分析。

（1）以文本为基点，分层落实核心能力。通过精读《鲁滨逊漂流记》节选内容，聚焦生存智慧的文本细节（如住所选址的策略描写），结合新课标"文学鉴赏"要求，以"感受作品形象美""提取关键信息"为双主线，引导学生分析比喻、数据实证等写作手法，提升语言敏感度，实现文学阅读能力与信息整合能力的双提升。

（2）跨学科任务链驱动，实践素养整合。设计 AI 绘图、3D 建模、科学实验（如杠杆原理验证）等任务，整合地理（气候分析）、工程（防御工事设计）、心理健康（逆境心理调适）等学科，形成"文本分析—技术应用—实践验证"闭环学习路径。

（3）AI 赋能与评价反馈，深化学习迁移。利用生成式 AI（如 Midjourney、ChatGPT）辅助知识可视化与方案生成，结合学习报告、辩论记录、生存日记等多元成果，构建动态评价体系，落实新课标"整本书阅读"要求。

4．课程评价与标准的一致性。

（1）评价维度与新课标能力要求精准对应。课程评价紧扣新课标中的"文学阅读与鉴赏""整本书阅读""跨学科学习"三大任务群，通过多维度评价覆盖核心素养目标。通过分析学生对文本细节（如住所选址的隐喻分析、数字说明的解读）的解读深度，评价其"感受作品语言美、形象美"的能力。在 3D 建模、科学实验（杠杆原理验证）等任务中，评价学生能否综合运用地理、工程知识解决问题。通过辩论"科技能否替代人类智慧"和生存日记写作，评估学生逻辑推理、观点表达与迁移应用能力。

（2）评价工具与新课标实践导向深度融合。课程采用"过程性＋终结性"评价工具，确保与新课标"教—学—评一体化"原则一致，课程中记录学生对生存智慧的提炼、跨学科知识的应用（如气候数据分析），通过 AI 自动反馈功能（如逻辑完整性评分），实时监测知识掌握程度。

5. 反馈机制与新课标发展性目标紧密衔接。

课程评价不仅关注结果，更强调通过动态反馈推动学生反思与成长。AI 辅助反馈覆盖多场景：例如，ChatGPT 对辩论论据的逻辑性分析，帮助学生识别论证漏洞，强化批判性思维；Midjourney 绘图与文本的一致性反馈，引导学生优化细节描写能力。在模型制作、生存方案设计中，师生通过量表（如"工具实用性评价""心理韧性体现分析"）开展多维共评与互评，促进学生自省意识与协作能力的同步发展，呼应新课标"倡导多元评价方式"的要求。教师根据 AI 生成的学习报告，针对性提供阅读拓展（如整本书主题深化）或技能强化建议（如工程设计优化），确保每位学生的素养薄弱环节得到精准强化。

本课程通过"目标—教学—评价"的一致性设计，将新课标的抽象要求转化为可观测的行为指标与可量化的能力数据，既确保学生核心素养的全面发展，又为教师提供科学的教学改进依据。这一模式不仅实现了"以评促学、以评促教"的课标理念，更在技术赋能下，为语文课程的跨学科转型提供了评价参照。

（四）冬季中年级课程示例：冬季运动周·翔毽跃"彩"

具体内容参见本书第四章第一节。

我们期待，这样的课程能践行钱学森先生"大成智慧"的理念——于自然节律中培育"顶天"的科学视野与"立地"的文化根基，在人机协同的智慧共创中锻造兼具创新锐气与责任担当的未来公民。当教育真正实现"自然节律、人文脉络与技术逻辑"的深度融合，每一颗种子都将在契合生命规律的节奏中，焕发改变世界的力量。

第二节　项目化学习：未来之城

　　随着科技的迅猛发展和城市化进程的加快，小学科学教育面临着前所未有的挑战与机遇。为培养学生科学素养和创新能力，塑造面向未来的科学思维，小学科学类课程需强化实践性和前瞻性，推动理论知识与现实生活、未来科技深度联结。

　　小学阶段作为综合素养和跨学科思维培养的关键期，项目化学习可依托"未来之城"主题，紧密关联现实生活与未来发展趋势，通过融入生成式 AI，为学生构建丰富多元且富有深度的学习体验。该项目不仅展示了先进的城市规划理念和技术，还深度整合了科学教育资源。依托学校周边科普地图中的场馆线索，组织学生走出校园，实地参访城市规划馆、高新科技企业，追踪并理解最新城市规划与科技动态。通过将科普地图融入"未来之城"项目中，以直观互动方式激发学生科学兴趣和探索精神，以培养 21 世纪人才核心素养为导向，全面提升小学科学教育的质量和实效。

一、案例背景与研究意义

　　"提升青少年科学素养，就要为他们提供更多手脑并用、开展科学创新活动的机会。"上海科技馆馆长倪闽景表示，要持续推进中小学科学教育课程改革，深化实践导向，增强实验环节，深化以探究为核心的科学教学模式，突出综合性与实践性。

　　《义务教育科学课程标准（2022 年版）》强化了科学课程在实践探究和创

新思维培养等方面的要求，强调项目式教学与跨学科主题学习等育人理念。教育部有关负责人表示，科学教师不仅要传授科学知识，还要引导学生形成科学思维方式，灵活运用科学方法，理解科学思想，传递科学精神，同时具备创新意识和科技活动组织能力。

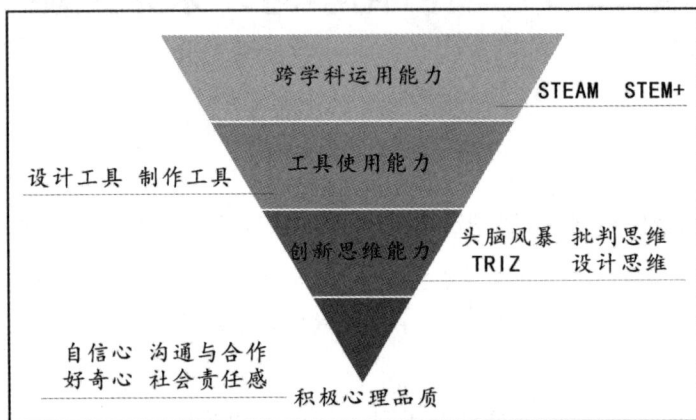

图 5-1　科学教育培养形成学生创新思维品质

教育部办公厅日前发布《关于加强中小学人工智能教育的通知》，明确要求到 2030 年在中小学基本普及人工智能教育。该通知强调，以人工智能引领构建以人为本的创新教育生态，引导学生正确处理人与技术、社会的关系，促进学生思维发展，培养创新精神，提高解决实际问题的能力。同时鼓励各地各校将 AI 教育纳入课后服务项目和研学实践。

"未来之城"是起源于美国的经典 STEAM 教育实践项目。在该项目中，学生团队通过项目式学习教学方法，完成对一座 100 年后未来城市的创想、探究、设计和建造，最终以论文、模型、展示答辩等方式呈现成果。这个项目的主旨是让学生掌握工程设计流程和项目管理方法，并利用这两大工具探索当今世界的核心议题：如何通过共同努力，让世界变得更美好？

每年的主题都是围绕当前城市发展中的一些突出问题。例如，2024 年的主题是设计一座 100 年后的海上漂浮城市，要求包括至少两项具体创新设计点的实施方案，并说明其如何保障居民的健康与生活。

本研究旨在探究生成式 AI 在小学跨学科学习中的应用方法，并分析其实践效果。通过"未来之城"项目化学习案例，分析生成式 AI 如何辅助学生高效完成项目任务，提升跨学科素养和综合能力。该研究要求学生思考、创想并设计解决未来问题的方案，探索如何构建更宜居的未来之城。项目实施过程中，学生需开展社会调研、信息搜集，并和教师、导师及家长充分讨论，以培养其充盈的内心和基础的社会责任感。同时，本研究旨在为小学教育工作者提供实践启示，促进生成式 AI 在小学教育中的合理应用，推动小学教育创新。该研究对提高小学教育质量，培养新时代创新型人才具有现实意义。

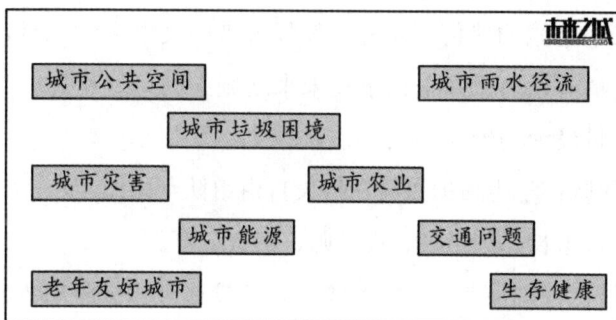

图 5-2　未来之城大赛历年主题

"未来之城"大赛通过城市描述论文、项目计划书提交，以及城市模型展示、讲解和答辩来实现综合能力呈现。队员需投入至少 2～3 个月进行准备。

"未来之城"是典型的 STEAM 学习项目。Science：力学结构、材料特性、能源转换等科学知识；Technology：工具使用、电子创客、编程控制、3D 建模等技术运用；Engineering：模型结构设计、系统集成等工程实践；Arts：平面设计、色彩搭配、视觉传达等艺术表达能力；Maths：测量计算、比例换算、立体几何等数学原理。而贯穿其中的还有三种核心能力：设计思维、工程思维和项目管理方法。

二、项目实施具体做法

（一）项目启动阶段（第 1～2 周）：提出真问题，创设真情境

1. 项目导入：教师通过展示现代城市发展和挑战的影像资料，引导学生

构想未来城市可能的样子，激发学生的兴趣和参与热情。

2024 年度主题聚焦科学预测：本世纪末全球将有超过 500 个沿海城市可能被海水淹没，而漂浮城市为此提供了创新解决方案。这不仅是对传统城市概念的大胆革新，更是人类适应环境变化、探索生存空间拓展的创新尝试。

教师利用生成式 AI 图像工具，围绕"未来之城"主题生成一系列创意图片，如飘浮在空中的城市、深藏海底的城市、与自然共生的生态城市等。这些图片在课堂上展示，营造出奇幻的学习氛围，迅速吸引学生的注意力，激发其对探索未来之城的热情。此外，教师可借助文本生成工具，创作一段生动有趣的故事情节，描述一个孩子在未来之城中的奇妙经历，帮助学生身临其境地融入项目设计场景。

2. 组建团队：学生根据兴趣和特长自由组队（每组 4～6 人），确定团队名称和分工，如组长、记录员、设计师、汇报员等。

"未来之城"特别强调工程实践流程。学校通过积极争取校外资源，为学生提供更多学习和实践机会，助力项目式活动开展。如何解读项目要求、明确城市设计核心，并围绕年度主题的"海上漂浮城市"展开研究，是学习的开端。

"未来之城"鼓励团队邀请工程师导师加入。为此，师生走进天宁区专注于水处理的企业"德恩特"，邀请企业高级工程师开设专题课程，讲解"水、城、人共生"理念。通过参观学习，师生们了解了常州天宁市内河水质综合治理技术，并通过传感器实时监测、终端设备精准投药等实践，完成内河水质达标全流程操作。

3. 明确任务：教师向学生详细说明项目任务，即设计一个未来之城的规划方案，包括城市布局、功能分区、交通系统、能源利用、环境保护等模块，并制定项目评价标准，帮助学生明确项目目标与要求。

明确任务后，教师基于《义务教育科学课程标准（2022 年版）》中的 13 个学科核心概念，重点融入物质与能量、结构与功能、系统与模型、稳定与变化 4 个跨学科概念，引导学生理解科学原理与城市设计的关联。

（二）探索研究阶段（第 3～4 周）：体验真现场，实施真合作

1. 知识学习。

各小组根据项目任务，自主开展多学科知识整合学习。例如，科学课程学习能源类型和环保知识，数学课程掌握测量、比例和统计方法，艺术课程探究色彩搭配和建筑美学。教师提供书籍、网站、科普视频等资源，并给予必要指导。

常州的平均海拔仅 3 米，正面临未来可能被淹没的风险。基于这一现实背景，团队立足常州提出"海上龙城"概念，并组织学生前往常州市规划馆及两湖创新设计馆参观学习。规划馆通过展示常州悠久的城市历史，帮助学生系统理解这座城市发展脉络：从季札"走马上任"浮雕到古城风貌再现，直观呈现常州两千多年的历史变迁与文化底蕴，为海上漂浮城市设计提供历史参照与创新灵感。

为让学生对城市设计与规划有更多认识，团队基于 AI 生成的课程大纲，系统开发了系列课程，涵盖城市设计与规划的核心概念、实践技能与前沿趋势。

表 5－10　课程规划表

课程模块	教学内容	要求	负责人
基础知识模块	城市设计基础：介绍城市设计的基本概念、原则、元素和过程。 城市规划理论：探讨城市规划的历史演变、主要流派及其影响。	从环境心理学与行为学理论分析城市空间如何影响人的行为和心理。	张晓东 樊建 徐扬
技能提升模块	空间规划与设计：教学如何运用 3D 等工具进行空间分析和设计。 案例研究：分析国内外成功与失败的城市设计案例，总结经验教训。	社区参与与规划：学习如何有效收集社区意见，促进规划项目的公众参与。	顾枫 陆愈哲
前沿探索模块	智慧城市与数字规划：探讨大数据、人工智能等技术在城市规划中的应用。 可持续城市发展：讲解绿色建筑、低碳交通、生态修复等可持续发展策略。	城市韧性规划：面对气候变化、灾害风险等挑战，学习如何构建韧性城市。	张宇康 颜艳

例如，在设计未来城市中，学生可基于科学知识，从以下几个方面开展规划与思考。

（1）能源系统设计。

①可再生能源利用。学生可以学习太阳能、风能、水能等可再生能源的原理。例如，了解光伏电池板通过光电效应将太阳光转化为电能。他们可以计算城市中建筑物的屋顶面积，估算可安装的光伏电池板数量，并推算潜在发电功率。假设一所小学的屋顶面积为 500 平方米，每平方米光伏电池板平均发电功率为 200 瓦，则理论最大发电功率可达 100 千瓦。

对于风能，学生可以研究当地历史风向和风速数据。若城市位于沿海或开阔地带，风能资源通常较为丰富。他们可以设计风力发电机的布局；优化塔架高度、机组间距等参数，以最大化利用效率。

在水能利用方面，若未来城市周边有河流或瀑布，学生可探讨水力发电的可行性。通过学习水力发电站利用水流冲击力驱动水轮机旋转发电的原理，学生可根据河流的流量和地势落差，计算潜在发电量。

②能源存储与分配。学生需要理解能源存储的重要性：由于太阳能和风能存在发电时间和空间上的间歇性，因此需设计合理的能源存储系统。例如，分析诸如锂离子电池、液流电池等技术的特性与适用场景；掌握电力传输基础原理，设计包含电线、变压器等设备的高效输电网络，并部署智能电表以实时监测用电数据，从而优化能源分配。

（2）交通系统规划。

①交通工具选择与创新。学生可运用物理知识，分析交通工具的能源转换效率和环保性能。例如，电动汽车相比传统燃油汽车，其尾气排放量显著降低。通过分析电池技术、充电设施布局等因素，评估续航里程的关键影响因素。假设某辆电动汽车的电池容量为 60 千瓦时，百公里电耗为 15 千瓦时，其理论续航里程约为 400 公里。结合空气动力学原理，可设计更高效交通工具。例如，磁悬浮列车通过利用电磁力悬浮于轨道上（消除摩擦阻力），从而提高运行速度和能源效率。学生可研究磁悬浮列车的轨道结构、悬浮控制原理，以优化系统稳定性。

②交通流量与智能交通系统。学生可运用数学和计算机科学知识，模拟和分析城市交通流量。通过收集道路长度、车道数量、车流量等基础数据，建立交通流量模型。例如，构建基于排队论的模型来预测交通拥堵点。

在智能交通系统方面，可研究传感器技术、通信技术和数据分析的实际应用。例如，安装车流量传感器以实时监测交通状况，并将数据实时传输到交通管理中心；通过数据分析自动调整交通信号灯的配时，优化交通流量并减少拥堵。

（3）环境与生态系统设计。

①废物处理与资源回收。学生可掌握垃圾分类和处理的科学知识，了解不同类型垃圾的分类与处理方式。例如，可回收垃圾（纸张、塑料、金属等）通过回收再利用减少资源消耗；有害垃圾（电池、荧光灯等）需进行专业安全处置；厨余垃圾可通过堆肥转化为有机肥料；其他垃圾则通过填埋、焚烧等方式处理。他们可设计高效的垃圾分类回收系统，优化收集设施布局与处理工厂选址，以提升处理效率。

在资源回收方面，学生可研究废物转化技术：根据厨余垃圾堆肥的日均产量和转化率规划设施规模；分析回收物分拣流程，以提高资源再利用率。

②城市绿化与生态平衡。学生可应用植物学知识，筛选适生植物进行城市绿化，优先选择具有固碳、释氧、空气净化、降噪隔音等生态功能的植物。根据区域特性制定差异化方案。例如，在居民区多种植兼具观赏性和空气净化能力的物种（如吊兰、绿萝）。

为维护生态平衡，需保护城市生物多样性。通过城市公园、湿地构建野生动物栖息地；研究本地物种的习性，规划生态走廊，促进生物迁徙和繁衍。

（4）建筑与基础设施设计。

①建筑材料与节能设计。学生可分析建筑材料的保温、隔热与结构强度等核心性能，探究新型材料（如高性能保温材料、智能玻璃）的性能优势。智能玻璃可根据光照强度自动调节透光率，从而实现节能效果。他们可以考虑在建筑设计中合理选用这些材料，以提高建筑的能源效率。

在节能设计方面，学生需掌握热工学与声学原理。例如，通过合理设计

213

建筑的朝向、窗户大小和布局，充分利用自然通风和采光，减少对空调和照明的依赖。如果建筑的窗户采用双层中空玻璃设计，可以有效降低室内外热量的传递，起到保温隔热的作用。

②基础设施布局与安全。学生需综合规划城市基础设施（如供水、排水、通信系统等）的布局。应用流体力学原理，设计重力和加压供水协同方案。排水系统要考虑雨水和污水的分流，以控制水体污染。

在安全设计方面，学生需掌握工程力学和材料力学知识：根据荷载情况优选桥型和抗震建材。

生成式 AI 的跨学科支持：可借助文本工具生成能源科普短文，以故事或对话的形式介绍能源的特点、利用方式和发展前景，使枯燥的知识变得生动有趣。对于科学实验部分，图像工具可生成步骤示意图，帮助学生更好地理解实验过程。在艺术启发方面，可按建筑风格（如欧式、中式、现代简约等）生成对比方案，让学生直观地感受不同风格的特点，拓宽学生的视野。

2. 实地调研。

组织学生参观城市规划展览馆、科技馆、环保企业等，通过实地调研来了解城市规划现状和发展趋势，收集城市建设、交通拥堵、环境污染等领域的现存问题和解决方案。学生需全程记录调研内容，为后续的设计提供依据。

实地调研时，学生可使用语音生成工具实时将观察和思考转化为文字（如参观时语音输入"我看到了现在城市的交通拥堵问题，主要是因为道路狭窄和车辆太多"）。文本工具还可基于调研记录，生成相关的分析和建议，为学生提供更多的思考角度。比如，针对交通拥堵问题，生成"可以考虑建设更多的立体停车场，增加停车位数量，或者发展智能交通系统，通过实时监测调整交通信号灯时长"等建议。

3. 头脑风暴。

在设定具体议题时，需引导讨论方向。要营造一个开放、包容的环境，鼓励学生大胆想象，提出各种奇思妙想（如空中交通网络、垂直农场）并记录所有创意；教师可使用文本生成模型，将抽象任务转化为简单易懂、生动形象的语言。例如，将"设计未来之城的交通系统，要考虑便捷性、环保性和安全性"转化为"未来之城里的人们怎么出行呢？他们的交通工具又快又环保，还特别安全，不会发生碰撞。"

头脑风暴结束后，需对所有想法进行整理和分类，识别出最具可行性和创新性的方案；通过投票、讨论等方式，筛选出最终要实施的方案；并制定详细的行动计划，明确步骤、时间节点、责任人等。

（三）设计创作阶段（第 5～8 周）：建立真联系，进行真探究

1. 方案设计。

小组基于前期学习、调研和头脑风暴结果，制定未来之城规划方案：首先绘制城市规划图纸（平面图、立体图），清晰标注功能区域位置和特点；然后文字说明设计理念、交通系统、能源利用与环境保护措施。

可运用生成式 AI 辅助设计，通过分析周边环境、建筑规划和限制条件等因素，输出符合需求的规划方案。

2. 生成式 AI 工具辅助。

（1）文本生成。

学生输入关键词（如"未来城市的交通规则"），文本生成模型会自动输出关联内容，为学生提供创意灵感和参考素材。学生可对生成文本进行修改和完善，并融入自己的设计方案。撰写设计说明时，文本生成工具可以帮助学生检查语法错误、润色文字表达。

（2）图像生成。

学生描述设计需求（如"一座外形像巨大水滴的环保建筑，周围环绕着绿色植物"），可以调用图像生成工具输出可视化方案；通过直观预览与迭代反馈，进一步优化设计细节。

在使用生成式 AI 图像生成工具辅助设计时，学生可基于初始生成的图像，进一步调整描述词，优化效果。此外，图像生成工具还可输出同一景观的多样化方案（如春夏秋冬、昼夜时段），辅助评估设计多样性和适应性。

（3）模型构建。

学生可借助简易 3D 建模生成工具，基于设计方案（如城市规划图纸）快速构建 3D 模型，直观呈现城市的空间布局和整体效果。对生成的 3D 模型可进行细节调整。例如，调整建筑的高度与形状、改变道路的宽度和走向或增删一些设施等。生成的 3D 模型可与虚拟场景相结合（如添加天气效果、动态人物），增强展示的沉浸感。

图 5-3　AI 生成的垃圾处理中心模型图

3. 小组协作与完善。

小组成员分工合作，共同完成规划方案的设计和制作。在过程中，通过不断讨论和完善方案，确保各个部分之间的协调性和可行性。同时，教师定期检查各小组的进展情况，给予及时的指导和反馈。

"未来之城"的三个分支，其中之一就是项目管理。项目看板、项目计划书需要体现这一过程，而项目管理最考验一个队伍的团队合作能力。因为队员来自不同年级与班级，能够集中开展项目的时间十分宝贵。面对首次参与的项目活动，学校在整体进度把控上确实面临挑战，但这也是一个宝贵的学习与成长机会。团队在摸索中前进，通过不断改进和优化来推进项目。

（四）展示评价阶段（第 9～10 周）：完成真任务，诞生真成果

1. 成果展示。

各小组通过 PPT、视频、实物模型等形式展示未来之城方案；汇报员详细介绍设计理念、功能特点、创新点及实际问题解决方案，其他成员可补充说明。

　　学生需使用材料和工具制作未来城市模型，并在项目展示环节呈现作品；模型构建是整个项目中耗时最长、参与度最高的环节。制作前需重点研究模型构建要求及评分细则，并参考优秀案例；过程中多次迭代甚至回溯至设计早期阶段是常态，因为最优方案往往需反复优化。

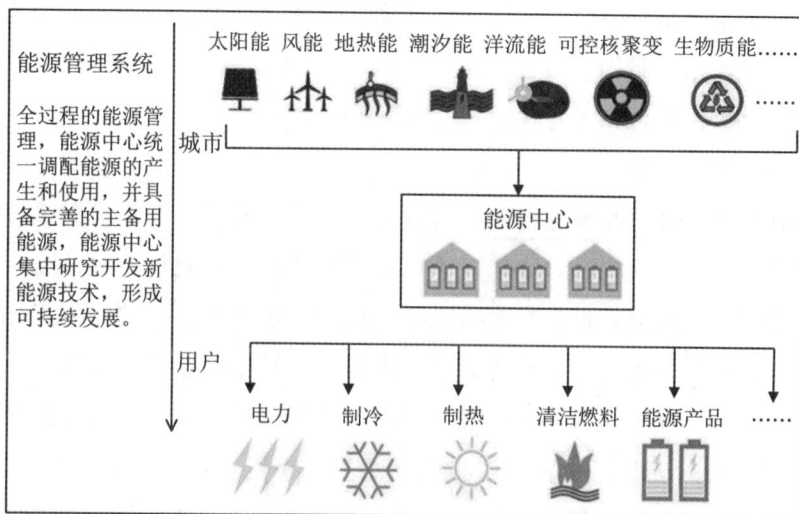

图5—4　海上龙城能源系统

图5—5　"海上龙城"模型

论文和项目计划书同为"未来之城"展评打分项：小学组需提交一篇千字论文，论文需系统描述未来城市，并结合当年城市挑战主题提出解决方案；项目计划书要能完整体现项目管理进度。

在制作展示 PPT 或视频时，生成式 AI 可提供设计模板和素材、文本工具可生成简洁且富有吸引力的标题和文案；图像工具可生成未来之城的高质量图片（如城市全景图、特色建筑特写），用于 PPT 或视频中；语音工具可为视频添加旁白解说，提升展示的生动性和专业性。

2. 评价与反馈。

采用学生自评、小组互评和教师评价相结合的方式；学生根据评价标准自我评价个人及小组表现；小组互评时提出优点和改进建议；教师综合各方评价，总结小组成果，肯定努力和创新，指出问题和不足，并提供改进方向。

在头脑风暴的引导上，作为教师，需在尊重科学的基础上鼓励学生大胆设想，形成围绕年度主题和城市特点的设计思路及论文稿。工程设计中，迭代是至关重要的环节，并非对初步设计的简单修正或重复，而是深化理解、优化方案、激发创新的持续过程。论文写作同样需要迭代思维：初稿仅梳理研究思路和成果，而在修改和润色过程中可能发现新视角、更精准表述，深入讨论。通过多次迭代，论文的逻辑结构、语言表达和学术价值显著提升，更易获得专家认可。

教师可利用文本生成工具优化评价反馈，生成个性化评价反馈报告。报告需总结项目优点和不足，也应提供具体改进建议和后续学习方向。

3. 总结反思。

项目结束后，组织学生开展总结反思活动：学生需回顾项目实施全程，分享其在知识、技能与团队协作等方面的收获和体会，以及应对困难的解决方法；教师需引导学生深入思考未来之城的设计，鼓励学生关注城市发展问题，培养其社会责任感和创新精神。

三、成果效应

2024 年 12 月 14 日至 15 日，北京国家速滑馆举办了 2024～2025 未来之城冬季全国展评活动，来自 30 个城市的一百多支队伍共一千多人参加了活动。来自江苏省常州市紫云小学的四至六年级的 10 名学生组成的学生团队，凭借出色的创意和扎实的项目展示斩获全国二等奖，为学校和地区赢得荣誉。

活动以"海上漂浮城市"为主题，旨在激发青少年对未来生存空间的想象力和创新能力。紫云小学团队在教师指导下，经数月努力，设计出融合科技、环保与人文关怀的未来海上城市——"海上龙城"。该设计不仅提出应对气候变化和海平面上升的策略，还融入绿色低碳建筑技术、高效基础设施设计和生态宜居环境理念，充分体现了学生对可持续发展的深刻理解和创新思考。团队通过精美的物理模型、详尽的项目计划书及生动的现场展示和答辩，向评审专家和观众展示了成果。成员自信且条理清晰地阐述着设计理念、技术特点和实施方案，赢得全场观众的阵阵掌声和评审专家的高度评价。

1. 促进科学知识的普及与深化。

通过结合小学科学课程知识点与"未来城市"项目并制作模型，帮助学生更直观地理解城市规划、环境保护、能源利用等知识。这一实践既拓展科学教育内容，又深化学生对科学原理及应用的理解。

学生通过参与"未来之城"项目，在多学科知识学习和运用上取得明显进步：能准确理解城市规划原理，掌握能源特性和利用方法；数学上可运用比例、测量等知识进行合理的设计布局；艺术上能运用色彩搭配和美学原则设计美观的建筑和景观。同时，在绘图、建模及文字表达等技能上得到有效提升，能独立完成完整的未来之城规划设计方案。

2. 激发学习兴趣与探索精神。

科普地图通过图形化、故事化方式呈现科学知识，能够吸引学生注意力并激发其学习兴趣和探索精神。在参观常州市规划馆过程中，学生可通过互动体验与实践操作，亲身感受科学魅力，进而更热爱科学并愿意投身科学探索。

通过小组合作完成项目任务，学生学会合理分工与沟通协作：团队中，成员可发挥自身优势，共同克服困难；小组内沟通更加顺畅，能倾听并尊重他人意见；团队凝聚力与协作能力均显著提升。

3. 培养创新思维与实践能力。

科普地图引导学生通过观察、思考与实践，自主发现问题并解决问题，进而培养其创新思维和实践能力。在"未来城市"项目中，学生了解到城市规划的复杂性，学习运用科学知识解决实际问题，这对未来学习和生活具有重要价值。

学生创新思维被激发：在生成式 AI 的辅助下，接触到新奇创意和想法，拓宽思维视野；项目设计中能提出独特创新点，如利用生物科技推动城市自我修复、构建量子通信智能城市网络；解决实际问题时能尝试从多角度思考，运用创新方法和思路，有效培养创新思维。

4. 促进跨学科知识的整合与学习。

科普地图融合小学科学课程知识点（如物质科学、生命科学、地球与宇宙科学），促进跨学科学习。通过探访科普地图中的场馆，学生接触到多元知识体系与前沿科技，拓宽视野，丰富知识，并提升科学素养。在常州市规划馆参观中，学生理解城市规划与自然环境、能源利用、人口分布间的关联，更全面认知科学与社会的关系。

跨学科项目化学习中，通过 AI 技术整合多学科知识，实现跨界互补与协同解决、培养工程思维、设计思维及计算思维能力，发展核心素养；面对困难时，学生积极寻求解决办法而非轻易放弃，学习态度更端正，学习兴趣被有效激发并持续保持。

第三节　兴趣工坊：一首校歌的诞生

在科技飞速发展的今天，AI 已经渗透到生活的方方面面，其中音乐创作应用更是引起了广泛关注。Suno 公司推出的生成式音频 AI 基础模型，基于深度学习与神经网络技术，用户只要输入文本即可生成带有歌词的音乐。AI 音乐创作平台的出现，使得没有专业音乐背景的师生也能够参与校歌创作，大幅降低创作门槛。相较于聘请专业团队创作校歌，AI 创作显著降低成本，使更多学校能以较低成本拥有高质量校歌。

一、课程概述

校歌是学校校园文化的重要组成部分，是学校精神风貌的标志，体现其教育理念、办学特色及优良传统。它能激发师生归属感和荣誉感，推动学校持续发展。但并不是所有学校都有校歌：部分学校希望激发师生创作热情，但因难以匹配契合的歌词或旋律而被迫搁置。传统校歌创作，需要专业音乐人耗费大量的时间与精力：从旋律构思、歌词撰写到编曲配乐，往往耗时数周甚至数月才能打磨出一首契合学校文化与精神的作品。

人类创作者在长期音乐创作中形成思维定式与习惯，可能导致校歌在风格、主题表达等方面面临局限性。而 AI 依托海量音乐数据训练，具备广阔素材库与独特创作逻辑。其创作不完全受传统音乐创作规则束缚，可跨越风格、年代与地域边界，实现音乐元素的创新融合。例如，为历史文化底蕴深厚的学校创作校歌时，AI 可融合古典音乐的庄重旋律、现代流行音乐节奏与地方特色元素，打造出既传承历史又富有现代感的作品。这种打破常规的创作方

221

式为校歌创作带来了全新的思路与风格，使校歌能够更好地吸引学生的关注与喜爱。

AI 音乐创作则极大地提升了效率。以 Suno 的生成式音频 AI 基础模型为例，用户只需输入描述（如"体现学校积极向上的学习氛围，融合青春活力与文化底蕴"），模型即可快速生成多首风格各异的校歌候选方案，涵盖了不同旋律、节奏及歌词，为创作者提供丰富选择。这种高效性既压缩时间成本，又助力学校快速获得适配需求的校歌，充分满足各类活动与宣传需求。

与文本、图像大模型类似，AI 生成音乐基于海量数据训练，通过元素重组来实现创作。在快速生成大量音乐作品时易引发同质化现象，但伴随着模型迭代与数据更新，Suno 生成音乐的个性化将持续提升。其作品一定会越来越符合人类审美标准。

二、 AI 在校歌创作中的意义

推动校园文化发展。AI 创作的校歌凭借独特的风格与创新性，能为校园文化注入活力。其突破传统校歌的风格与创作方式，以新颖的音乐语言吸引年轻学生的关注，激发其对校园文化的兴趣。例如，融合现代电子音乐风格与传统文化元素的校歌，可让学生在传唱中既感受到现代音乐的魅力，又深化对校园文化的理解与认同，从而推动文化创新。

增强师生文化参与感。AI 创作降低了校歌创作门槛，让师生直接参与表达对校园文化的理解。这种深度参与强化了师生对校园文化的认同与归属，使其成为校园文化建设的共建者。当师生听到自己参与创作的校歌在校园回响时，其自豪感将转化为凝聚力与向心力的提升。

探索音乐教育新路径。AI 在校歌创作中的应用为音乐教育提供了新的思路与方法。教学中可引导学生借助 AI 工具创作音乐，培养其音乐创造力与创新思维；通过分析 AI 生成的音乐作品，学生可系统学习多元音乐风格与创作技巧，从而拓宽音乐视野，提升综合素养。

AI 通过人机协同模式革新校歌创作：不仅提升创作效率与风格多样性，

还能精准传递校园文化内核，增强校园凝聚力与影响力。随着 AI 技术的不断发展与完善，相信在未来的校歌创作以及整个音乐产业，将持续涌现更多令人瞩目的创新成果。

三、创作攻略

传统的音乐创作是一个复杂而漫长的过程，从灵感构思、理论学习到旋律草稿，从曲式设计、乐器编配到演奏修改，这些步骤不是普通人可以轻易完成的。如今，AI 可以帮助普通人轻松创作自己的第一首音乐作品。下面以"紫云小学"校歌为例，解析 AI 音乐创作的完整流程。

（一）注册并登录 Suno

准备好网络环境，打开 Suno 官方网站，点击右下角"Sign Up"进入注册登录界面；选择 Discord、Google Mail 或 Outlook 邮箱账号登录，完成注册后即可开始创建。

（二）选择模式

点击主页的"Create"选项进入歌曲创建界面。Suno 有两种生成的音乐模式可选择：

提示词引导模式（Basic mode）：默认模式，在"Song Description"处输入描述音乐主题与风格的提示词；选择是否需要纯背景音乐（Instrumental）或人声演唱版本；选择最新的 V3 模型（支持生成 120 秒音乐），点击"Create"生成按钮生成两首不同旋律和歌词的作品。

自定义模式（Custom mode）：默认关闭，点击顶部的"Custom Mode"按钮即可开启；这个模式具有更大的自主性，需提供更丰富、专业的提示词，适合校歌等定制化创作。

（三）填写相应提示词

在自定义模式状态下，在"Lyrics"处填入校歌歌词，在"Style of Music"处输入风格提示词，或点击"Use Randon Style"按钮随机生成风格，Suno AI 即可按指定风格生成歌曲。

1. Lyrics（填写歌词）：我们可以在 Lyrics 输入框内填写歌词或提示词生成音乐，但理解各种音乐术语对零基础用户可能有些困难。

歌词质量直接影响歌曲整体水准。Suno 上的歌词来源既可直接引用诗词歌赋，也可以独立创作。如果不会写歌词及分段，可借助 ChatGPT、文心一言等 AI 工具生成歌词。

创作校歌时，需结合学校地理位置及特色、校风校训等元素进行二次修改。每所学校都有其独特的文化内涵、办学理念与精神风貌，校歌需要精准地传达这些内容。AI 可基于学校提供的大量资料，如校史、校训、校园活动等，提炼出关键信息并融入到音乐中。例如，若学校以科技创新为特色，AI 可能会在旋律中运用一些富有未来感的电子音乐元素，歌词中也会提及探索未知、勇于创新等内容。AI 能够创作出与学校文化和精神高度契合的校歌，以此增强师生对校歌的认同感与归属感，更好地发挥校歌在凝聚校园精神方面的作用。最终生成的校歌如下：

主歌 A1

紫云飘荡在蓝天间　梦想在这里起航

书声琅琅映阳光　知识的海洋任遨游

紫云小学我们的家　培育着未来的希望

手牵手共同成长　书写着童年的篇章

主歌 A2

绿树成荫花香浓　校园风景美如画

向上向善我们的梦　铸就着辉煌的明天

团结友爱心相连　携手前行不孤单

丁塘河畔我们的根　深深扎在这片土壤

副歌 B

紫气东来　青春飞扬

云娃在这里　茁壮成长

云锦天章　星光璀璨

我们的未来　充满光芒

主歌 A2（重复）

绿树成荫花香浓　校园风景美如画

向上向善我们的梦　铸就着辉煌的明天

团结友爱心相连　携手前行不孤单

丁塘河畔我们的根　深深扎在这片土壤

副歌 B（重复）

紫气东来　青春飞扬

云娃在这里　苗壮成长

云锦天章　星光璀璨

我们的未来　充满光芒

填写歌词时，可运用 Suno 的元标签（Metatags）技巧：把元标签作为隐藏提示语插入歌词结构，使 AI 歌手能结合提示语、歌词与曲风建议，更精准地创作和演绎。比如：Verse（主歌）、Rap（说唱）、Chorus（副歌/高潮）、Outro（尾奏）等标签，可帮助 AI 理解歌曲的结构和节奏。

2. Instrumental（纯背景音乐）：用户可选择生成纯背景音乐或带人声的版本。开启该选项会生成没有歌词的纯音乐。当前如需添加歌词，请保持关闭状态。

3. Song of Music（音乐风格）：这里主要添加音乐风格（摇滚、流行、乡村）或人声类型（男声、女高音、童声），也支持地域风格（中国风、欧美风）。

学校与创作团队应明确校歌的核心主题（如青春活力、追求卓越、团结友爱等）及风格（流行风、古典风、民族风或现代电子风）。例如，艺术特色学校可能更倾向于古典风格或创新风格，以凸显学校的艺术气质。

4. Title（歌名）：歌名后面也可以修改，这里暂定为"紫云之歌"。

5. 音乐模型版本：选择 V3 版本（当前最先进版本）。

（四）生成音乐

当所有提示词与选项都确定后，点击"Create"按钮，Suno AI 需要几秒或几十秒处理请求。其生成式音频模型接收到指令后，会迅速在其庞大的音乐数据库中进行搜索与分析。该数据库包含了各种音乐风格、流派、年代的作品。模型通过深度学习算法分析数据，识别音乐元素与情感表达之间的关联，并基于输入文本生成初始音乐素材，包括旋律、节奏及歌词初稿。系统可能生成多个版本，每个版本在旋律起伏、节奏疏密及歌词表述上存在差异，供多样化选择。例如，部分版本以高音区明亮的旋律展现青春活力；另一些则以中低音区旋律营造沉稳氛围。最终，系统将生成两首 120 秒的歌曲剪辑。

1. 人机协作优化。

校歌创作团队对 AI 生成的多个音乐素材进行筛选，基于学校文化理解、预设主题与风格偏好，挑选出符合要求的版本。团队对选中版本提出具体的反馈意见，如旋律上某些段落不够流畅，需要调整音符的连贯性；歌词中对校训的体现不够直接，需要进一步明确表述等。将这些反馈意见再次输入 AI 模型，系统将优化调整并生成新一轮素材。

虽然 AI 能够生成具有一定质量的音乐素材，但其艺术性与专业性仍需人类音乐专家（如作曲家、作词家、编曲师等）介入优化。音乐专家可对 AI 优化后的作品进行深度分析：从音乐理论角度评估和声结构、节奏逻辑；从艺术角度优化歌词的文学性、情感表达及与旋律的契合度。例如，作曲家可通过专业的作曲技巧修正转调生硬问题，提升音乐的连贯性。

除进行专业评估外，音乐专业人员还可与学校代表协作，雕琢校歌的情感与细节。结合学校文化背景与师生共鸣点，优化歌词与旋律以增强感染力。例如，一所具有浓厚红色文化底蕴的学校，可在歌词中适当增加革命精神传承的表述，并在旋律上融入激昂情感色彩的音符与节奏。编曲方面，可根据校歌的风格与演唱场景配置乐器，如弦乐营造庄重氛围，木管乐器则增添清新感。

音乐专家完成初步优化后，再次将校歌输入 AI 模型，借助其快速处理能力批量调整细节。例如，AI 可按风格参数微调音色，优化乐器融合度；或调整歌词韵律，使其朗朗上口。这一过程可能重复多次，通过人机协作迭代，使校歌在音乐性、文化性与情感表达上高度统一。

2. 后期评估与定稿。

完成多轮优化后，学校可组织内部试听，邀请师生代表及校领导参与。师生从自身感受出发，对校歌的旋律传唱度与歌词共鸣感提出意见；校领导则从校歌对文化传播与学校形象的作用等角度进行评估。例如，学生可能会反馈某些歌词过于书面化，不利于记忆与传唱；领导可能会提出校歌在整体风格上是否能够更好地体现学校的核心价值观等。

除内部意见外，可邀请外部音乐专家进行专业评估。这些专家从创新性、差异化等方面提出建议，为校歌的优化提供参考。例如，专家可能建议在保持流行性的基础上，挖掘旋律的独特性，以提升校歌的魅力。

综合内部试听与外部专家的评估意见后，对校歌进行最后的修改与完善，确定最终版本。随后由专业音乐制作团队录制与混音，制作独唱版、合唱版、伴奏版等适配不同场景（如开学典礼、运动会、校园广播等）。校歌可通过学校官网、社交媒体等渠道发布，扩大学校文化的影响力。

（五）保存作品

Suno 创作完成后，可下载歌曲的 MP3 音频或 MP4 视频文件。操作步骤如下：

首先，点击歌曲最右侧的"..."按钮，从下拉菜单选择"下载"（Download）按钮，按需下载音频或视频格式。通过视频编辑软件添加学校影像素材，即可生成校歌 MV。

Suno AI 的音乐生成功能在教育领域应用广泛。比如：融入语言学习场景，学生可通过目标语言创作个性化歌曲。此外，Suno AI 也适用于没有接受过专业音乐培训但希望尝试创作的学生，如学生可创作班歌，节日歌曲或活动庆典歌曲等。AI 技术已应用于音乐会、音乐节等场景，支持观众通过手机、平板等设备与舞台上的 AI 音乐系统实时互动，共同创作出独特的音乐作品。

四、伦理与规范性问题

Suno AI 虽简化了音乐创作流程，却也引发了关于版权和伦理的广泛讨论。我们需理性审慎面对以下问题：当 AI 生成旋律与现有作品高度相似，如何界定作品的原创性和抄袭的边界？AI 作品的著作权归属应由谁主张？当前，法律和监管机制尚未完善，AI 作品的知识产权归属仍不明确。

此外，AI 创作的音乐作品已经达到了一定艺术水平，且随着技术的发展还将进一步提升。未来 AI 是否会取代人类音乐家，导致整个行业失业率上升？需要法律、音乐和技术领域共同探讨解决方案，既需保留音乐的人文精神和艺术价值，也需守护人类音乐家独有的情感和灵魂。

五、结语

AI 在校歌创作中展现巨大优势。凭借其高效、创新、低门槛等特性，突破传统音乐创作的固有壁垒，为歌曲创新带来全新机遇。然而，我们也应清醒地认识到，AI 创作目前还存在一些局限性，如缺乏人类情感的细腻表达等。未来的发展方向在于人机协同——通过人机优势互补，既有望创作出更多优秀且富有感染力的校歌，又能增强作品的情感共鸣。

音乐创作的未来是开放的——AI 已经在音乐创作中扮演了越来越重要的角色，且这一趋势将继续深化。但有一点不会变：AI 始终是人类创作者拓展能力的工具。AI 能简化创作过程，激发新灵感来源，甚至生成全新的旋律和和声，却无法复现人类艺术家的直觉、情感积淀和经验厚度。人机协同将会产生更丰富和多元的音乐作品。AI 音乐再强大，"人类音乐"永远无可替代——科技从未取代人类，而是赋能于人，AI 也不例外。随着 AI 技术的不断进步，其在音乐创作及相关领域的价值必将进一步释放。

第四节　教育智能体及其应用

AI 与教育的深度融合催生了专为教育场景设计的智能体，即教育智能体。它是 AI 智能体（AI Agent）的一种，也被称为教学代理，是数字学习环境中学习者的虚拟教师或同伴，能够为学习者提供认知和情感支持，助力个性化学习。作为整合人工智能技术的智能学习伙伴，教育智能体在小学跨学科学习中具有巨大应用潜力。深入研究其在小学跨学科学习中的应用，对提升小学教育质量和学生综合素养具有重大意义。

一、小学跨学科学习教育智能体的内涵与特性

（一）定义与内涵

教育智能体是基于生成式 AI 技术开发的智能系统，能够模拟人类教师的教学行为，理解学生的学习需求和意图，并通过自然语言处理与机器学习等技术，为学生提供个性化学习指导、交互服务及知识传授。作为人工智能在教育领域的具象化应用，教育智能体是能够完成教育目标任务的自适应系统。它能够在人机协同或没有人类干预的情况下，基于教育环境和学生需求，自主控制行为，作出决策并执行相应动作，从而影响和改变教育过程。

它能够模拟人类教师和学习伙伴的双重角色，识别学生在跨学科学习中的问题，并生成适配的学习资源与指导建议，辅助学生完成跨学科学习任务。作为智能辅助工具和交互工具，教育智能体依托自然语言交互、知识推理和数据分析能力，为师生及科研人员提供个性化、智能化的服务，有效提升教学效果和科研效率。

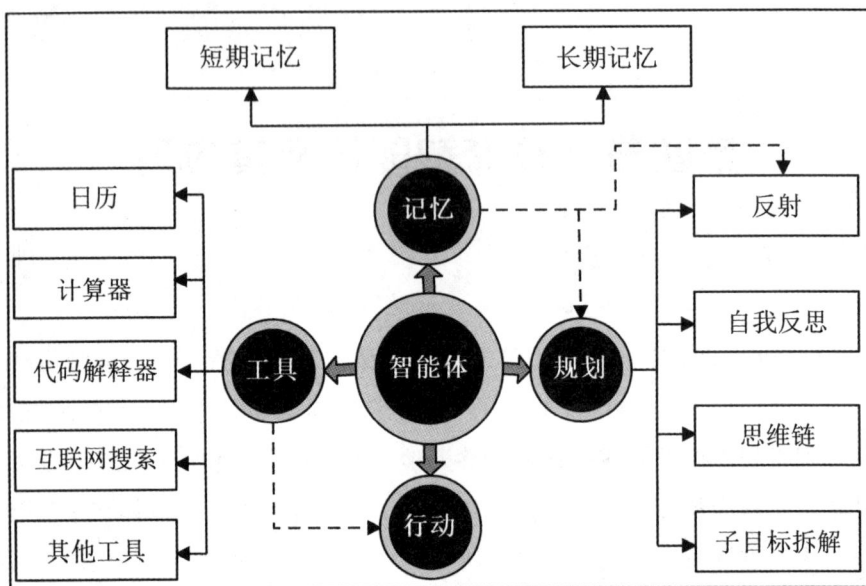

图 5—6　智能体架构图

（二）教育智能体的特性

智能交互性：借助自然语言处理技术，教育智能体能精准识别学生问题，并以通俗易懂、生动有趣的语言回应。无论是文本输入还是语音交互，它都能营造亲切的学习交流氛围，提升学生参与积极性。

个性化服务：通过实时收集与分析学习进度、答题情况、兴趣偏好等数据，深入分析学生的学习特点与需求，量身定制个性化的学习路径、推荐针对性的学习资源，满足不同学生的差异化学习需求。

多维知识生成：覆盖小学全学科知识体系，既可讲解基础知识，又能基于生成式 AI，根据学生的提问生成拓展性、创新性内容，拓宽学生视野。

情境适应性：可实时感知学生学习场景（如课堂学习、课后作业、复习备考等）及学习阶段变化，依据情境因素动态调整教学方式与内容，提供精准的适配性支持。

二、教育智能体应用于小学教育的优势

（一）提升学习效果

个性化学习：满足学生的独特学习需求，使学习更具针对性。学生可遵循自身节奏学习，高效理解和掌握知识，提升学业表现。对学生而言，AI 智能体可充当私人助教，基于学习风格、兴趣及能力，为其量身打造个性化的学习方案，构建即时互动环境，实时解答学生疑问，从而极大提升学习效果。

多样化学习资源：丰富的学习资源通过生动的形式呈现，如动画、故事等，有助于吸引学生的注意力，提升趣味性，加深学生对知识的理解与记忆。

（二）促进教育公平

资源平等获取：无论地域差异或学校条件如何，学生都能通过教育智能体公平获取优质学习资源，弥合因地域、经济等因素导致的教育资源鸿沟。

个性化机会均等：所有学生都能获得个性化的学习指导与规划，不因个体差异而在学习机会上有所区别，保障教育起点公平。

（三）助力教师教学

减轻教学负担：教育智能体承接作业批改、简单答疑等重复性任务，助力教师能将更多精力投入到教学设计、学生个性化指导等高价值创造性工作，实现教学流程提质增效。

提供教学决策依据：基于智能体收集的学情数据，教师可全面了解学生学习进展，为调整教学策略、优化教学内容提供客观支撑。AI 智能体可整合教学资源并生成教学建议，通过学情深度解析，输出自动化和个性化反馈，辅助教师完成课程规划和作业批改，极大提升教学效率。

三、教育智能体在小学教育中的应用场景

教育智能体已在多个领域实现深度应用，如支持个性化学习、扮演虚拟教学角色、实现人机情感交互等。

（一）课堂教学辅助

1. 知识讲解补充。

在教师讲授过程中，教育智能体可实时响应学生疑问，提供具体化、多维度知识解析。例如：通过教育智能体构建学生与科学家的跨时空对话场景，弘扬科学家精神。

在小学科学教育中，需将科学家精神融入教学全流程。当前国产通用大模型（如"豆包""讯飞星火""智谱清言""扣子"等）已集成智能体功能，教师可直接调用预置的"爱因斯坦""居里夫人""达尔文""牛顿""门捷列夫"等科学家智能体。教师还可依据课程内容自主构建领域专家智能体（科学家、文学家、艺术家），通过人机对话实践，学生可深度理解科学研究过程、思维方式和精神内核，有效激发科学探索兴趣。

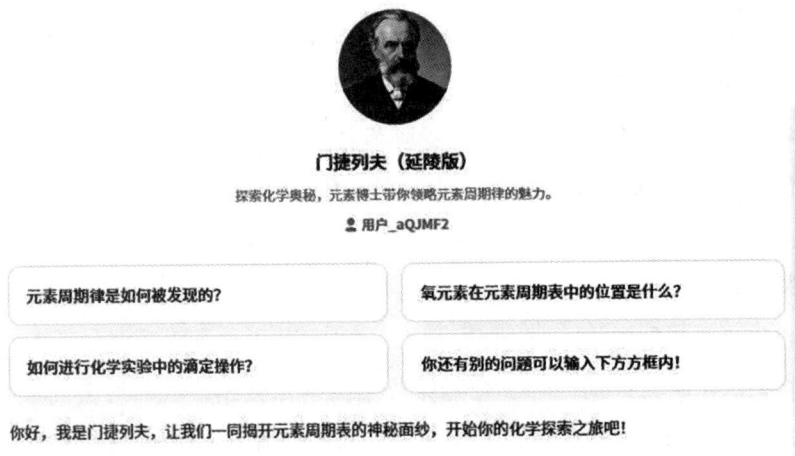

图 5—7　智谱清言上创建的"门捷列夫"智能体

教师构建科学家智能体时，应运用苏格拉底"产婆术"对话法，通过提示语驱动智能体实施启发式互动策略（提问—追问—争辩），构建思辨对话场景。引导学生对智能体输出的内容开展质疑与验证，促进认知双向建构，避免单向依赖智能体获取答案，切实培养探究能力和独立思考素养。该模式可复用于文学家、艺术家等名人专家智能体的开发。

2. 多样化教学资源生成。

根据教师设定的教学主题，教育智能体快速生成丰富多样的教学资源，如图片、视频、小故事等。例如，在语文诗词教学中，智能体可同步生成创作背景动画视频、诗人的生平故事等资源，丰富教学内容，激发学生学习兴趣。

3. 个性化学习支持。

实时监测课堂学习行为数据（注意力水平、任务完成度等）。对于学习进度滞后的学生，教育智能体可私下推送针对性的学习提示与指导，避免学生掉队。AI 智能体通过多模态数据分析（认知特征、兴趣、能力及学习轨迹），生成适配性学习路径和反馈机制。智能辅导系统基于学生知识掌握度和目标差距分析，提供精准学习策略和资源推荐，有效提升问题解决效率与学习动机。

4. 教育组织与管理。

智能体可辅助教师完成教学设计、课程安排以及教学管理工作（如制订教学计划、合理分配教学资源等）。智能管理类 AI 智能体能够根据教师的需求，自动生成教案框架和内容，极大地提高教师的工作效率。

以"智谱清言"为例，介绍如何创建一个"跨学科教学设计"智能体。

打开软件。手机或电脑网页端打开"智谱清言"软件，点击"智能体中心→创建智能体"进入"一句话描述你的智能体"界面。

输入提示语。输入以下内容："你是一位跨学科教学设计专家，擅长运用跨学科学习方法，通过整合科学、技术、工程、艺术、数学（STEAM）等领域的知识，促进学生全面发展。你能够根据用户提出的课程主题或名称，帮助教师设计具有科学性、社会性、跨学科、实践性等特点的教案。你的目标是为教师提供创新、实用且富有启发性的教学方案，帮助学生在多学科的融合中提升综合素养和解决问题的能力。"

生成与部署。点击"生成配置"自动生成智能体（如下图），再点击"发布"完成部署。

优化提示语。教师也可以借助 Kimi 等大模型优化提示语设计。

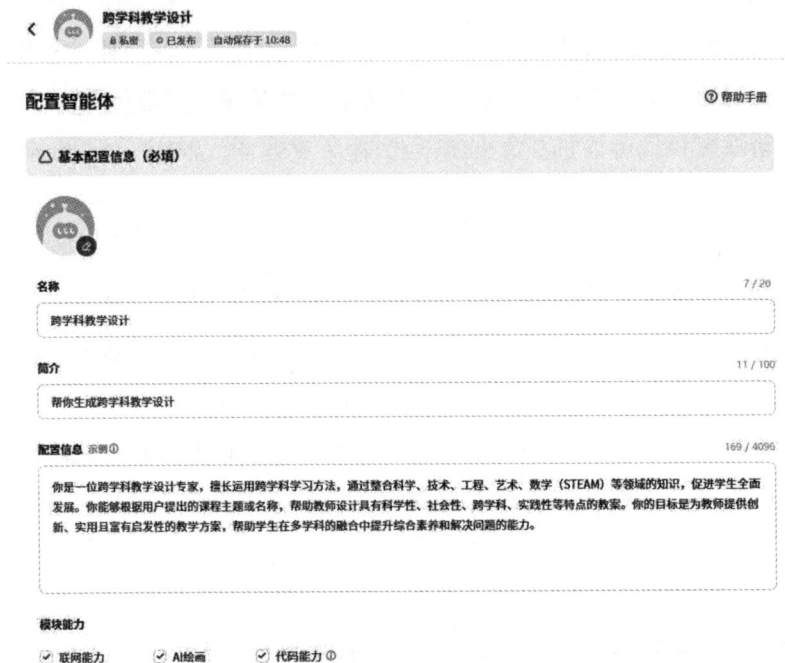

智能体支持教师快速生成跨学科教案。例如，输入提示语："帮我设计小学语文《曹刿论战》的跨学科教学教案"或"帮我设计高中生物学'遗传和变异'的跨学科教学教案"，智能体自动输出教案，实现从教学理念到课堂教学的转化。教师也可以把跨学科教学文献上传给智能体，以进一步优化生成内容。

（二）课后作业与辅导

1. 作业布置与批改：教育智能体依据当天的教学内容和学生的学习情况，布置个性化作业。作业形式不仅包括传统的书面练习，还可设计探究性、实践性作业。在学生完成作业并提交后，智能体迅速批改客观题，并对主观题给出具有针对性的评语与建议，如语文作文的语句通顺度、立意深度等方面的评价。

以"百度 AI 搜索"智能体为例创建一个"智能作业助手"智能体。

（1）创建智能体。

前往百度 AI 搜索官方网站，点击"智能体"，进入平台。点击"创建智能体"按钮，在快速创建智能体页面中填写智能体名称（如"智能作业助手"），并简单描述其功能或角色，例如："能够依据教学内容和学生学习情况个性化布置作业，并对提交的作业进行快速批改和针对性评价。"

（2）配置智能体。

①基础配置。

头像：上传与教育相关图片（如教师形象、书本、知识图标）或将 AI 生成的图像作为头像。

简介：说明智能体的用途（如"专注于为学生提供个性化作业布置与批改服务，帮助学生更好地掌握知识，辅助教师提升教学效率。"）

开场白：设计吸引人的开场白（如"嗨，同学们！我是智能作业助手，让我来陪伴大家完成学习任务！"）

②高级配置。

知识库：上传各学科相关内容（如教学大纲、教材、作文评价标准等），可通过网址或本地文档导入，并设置自动更新的频率，确保知识的及时性和准确性。

插件：寻找或添加相关插件（如文本处理、知识查询、数据分析工具），辅助智能体完成作业任务。

（3）发布智能体。

完成所有设置后，点击"发布"按钮，选择发布模式（如公开访问、链接可访问或仅自己可访问）。测试阶段可选择"链接可访问"并分享给特定的群体；正式使用则可选择"公开访问"，提交后等待审核通过即可开始服务。

（4）调试与优化。

在智能体使用过程中，收集师生反馈（如作业布置合理性、批改准确度、评语适配性）。根据反馈调试和优化智能体（如调整作业布置的策略、完善批改规则、优化评语生成等），持续提升其性能和服务效果。

2. 疑难解答：学生在作业过程中遇到问题可随时提问，教育智能体通过引导式提问帮助学生自主思考，避免直接给出答案，强化独立解题能力。例如，在解决数学应用题时，逐步引导学生分析题目条件、启发解题思路。

3. 复习与巩固：基于学生作业表现和知识薄弱点，智能体生成个性化复习计划并推荐适配学习资源（如知识点讲解视频、专项练习题等），系统性巩固学习成果。

（三）个性化学习规划

学习能力评估：通过对学生日常学习数据的综合分析，教育智能体评估不同学科能力维度（如记忆力、逻辑思维、空间想象等）。例如，通过数学推理题正确率和语文阅读理解时长分布，量化分析逻辑思维与文本阅读理解水平。AI 智能体同步构建全流程评估体系，对作答结果与文本产出进行客观、准确的评价，帮助学生清晰地认识到自己的优势和不足，从而优化学习策略。

长期学习规划制订：基于学习能力评估结果，对标新课标阶段目标，生成个性化学习方案。方案包含学科进度管理、重难点突破计划及能力提升路径，明确知识掌握度目标。

动态调整学习规划：智能体实时监测学习进展，适时调整学习规划。例如，当学生某一学科取得显著进步时，智能体将自动上调学习难度，加快学习进度。

（四）兴趣培养与拓展学习

兴趣发现：通过与学生的日常交互及学习行为观察，教育智能体识别其潜在兴趣点。例如，若学生在提问中频繁涉及动物相关知识，智能体可判定其对生物学或动物研究存在兴趣。

兴趣拓展课程推荐：基于学生兴趣点，智能体推荐相关的拓展学习资源与课程。例如，针对动物兴趣显著的学生，推送动物科普纪录片、线上动物园参观课程、动物主题手工制作教程等，满足其深度探索需求并培养特长。

四、结语

总体而言，AI 教育智能体在教育科研领域展现出广阔应用前景。其不仅能提供多样化、智能化的教育服务，更可能推动教育科研领域的新一轮变革。

在生成式 AI 背景下，小学跨学科学习教育智能体为小学教育带来创新机遇。其在课程设计、教学实施和学习评价等环节的深度应用，能有效提升跨学科学习质量。在中小学教育场景中，教育智能体已成为师生开展教育创新的重要工具。教师需掌握创建和应用教育智能体的技能，并开发更具个性化、聚焦细分场景的智能体解决方案，这将成为未来生成式 AI 教育应用的大趋势。

然而，其落地仍然面临技术适配性、教育适切性、伦理合规性与数据安全等多方面挑战。通过技术迭代升级、教学场景化引导和伦理安全机制构建等策略，能够有效应对挑战，使教育智能体更高效赋能小学跨学科学习，助力学生综合素养全面发展。未来随着人工智能技术不断进步，小学跨学科学习教育智能体将在功能精准度和应用有效性层面持续突破，为小学教育数字化转型注入新动能。

第六章　生成式 AI 在小学跨学科学习中的应用：挑战、对策与展望

第一节　数据质量与偏见问题

生成式 AI 近年来取得突破性进展，广泛应用于图像生成、文本创作、语音合成等场景。该技术通过海量数据学习实现内容生成，数据质量直接影响生成结果的优劣，而数据中隐藏的偏见可能导致生成内容失真或价值观误导。

在教育领域，生成式 AI 已支持教师优化教学设计、为学生提供个性化学习资源等。但需特别关注数据质量与偏见问题，不当应用可能对学生的认知发展产生负面影响。

一、数据质量问题

（一）数据准确性

数据错误：语言大模型作为人工智能领域的重要技术工具，其性能具有显著的输入敏感性特征，遵循"高质量输入—优质输出"的核心逻辑。当前教育实践中，许多教师反馈大模型应用效能未达预期，经实证分析发现，根本症结在于输入信息的结构化程度与语义清晰度不足。"垃圾进，垃圾出"是使用大模型时的常见问题，因此需优先提升输入数据的结构化程度与语义清晰度，从而优化输出质量。

生成式 AI 所依赖的数据可能存在事实性错误。例如，若训练生成历史故事的模型所用数据包含时间、人物或地点等错误信息，生成的故事将传递错误信息。小学生在使用此类工具学习历史时，可能接受错误知识，对其历史认知发展造成阻碍。

数据缺失：数据缺失会影响生成式 AI 的全面性。以图像生成模型为例，如果训练数据集中缺少某些特定场景或对象，那么可能导致生成图像出现细节缺失或特征偏差。在教育场景中，当学生通过生成图像辅助理解科学知识时，此类偏差可能导致生成的图像无法准确呈现科学概念。

在小学科学课讲解"生态系统"概念时，教师借助图像生成工具展示森林生态系统。由于模型训练数据缺少特定种类的菌类、罕见的昆虫等微小关键元素的图像，生成的森林生态系统图像里虽然能看到树木、草地和常见动物，但菌类与昆虫的呈现极为模糊，甚至形态怪异。如本应是细长、带有斑点的珍稀昆虫，生成的图像中却变成了形状普通、颜色单一的不明生物。这导致学生无法全面、准确地理解生物多样性，误认为森林里只有常见的动植物，忽略了那些微小但同样重要的生态成分，进而对生态系统的复杂性和完整性产生误解。

(二) 数据一致性

内部矛盾：数据集中可能存在相互矛盾的情况。例如，在训练文本生成模型时，对于同一概念，不同数据来源可能给出相互矛盾的描述。这会导致模型输出逻辑混乱的文本。学生阅读此类内容时易产生认知偏差，影响知识体系的构建。

格式不一致：数据格式不一致也会带来问题。例如，若日期数据同时存在"年月日"和"月日年"两种格式，可能导致模型对时间信息的解析和生成出现偏差。

(三) 数据时效性

知识更新不及时：生成式 AI 所依赖的训练数据如果不能及时更新，会导致生成的内容过时。在科学教育场景中，新的研究成果不断涌现，如果模型训练数据集未动态更新，将生成过时理论，可能会导致学生无法接触到前沿发现。

社会动态变化：涉及社会文化领域时，语言的使用习惯、流行文化元素等不断演变，若训练数据未及时更新，生成的文本可能会出现陈旧的词汇或表达，与当下的语言环境脱节。

二、数据偏见问题

（一）偏见的来源

数据来源偏见：数据收集过程可能存在偏见。如果数据主要来自特定地区、特定群体，基于此训练的模型会反映出该群体的特征和偏好，从而对其他群体产生偏差。例如，训练图像识别模型时，如果数据集以城市图像为主，那么模型识别乡村场景时可能表现不佳，形成对乡村环境的认知偏见。

人为标注偏见：数据标注过程可能因标注人员的主观因素引入偏见。例如，对于同一幅图像，不同标注人员可能因为个人的文化背景、价值观等因素，给出不同的标注结果。如果使用这些带有偏见的标注数据训练模型，会导致生成内容中出现系统性偏见。

（二）偏见的表现形式

性别偏见：文本生成，可能强化性别刻板印象。例如，职业相关文本中，男性更多地与工程师、科学家等职业关联，而女性则多与护士、秘书等职业绑定，这种倾向性描述可能误导学生形成固化的职业观念。

种族偏见：图像生成或文本生成内容中可能包含种族歧视性倾向。例如，人物图像的肤色、面部特征可能对某些种族进行刻板化呈现，这会伤害相关种族学生的感情，损害教育环境的公平性。

社会经济地位偏见：生成内容可能隐含阶层偏见。例如，在描述生活方式、消费习惯等内容时，过度渲染高收入人群的消费习惯，忽视或贬低低收入群体，导致学生对现实社会多样性的认知失衡。

三、数据质量与偏见问题对小学教育的影响

对学生认知发展的影响：数据质量问题会让学生接收错误或不完整信息，干扰其认知结构的正确构建。例如，不准确的科学知识描述可能导致学生建立错误的概念框架，后续学习纠偏难度加大。偏见问题则可能扭曲学生对多

元事物社会的认知，例如过早形成刻板印象，不利于开放、包容的思维形成。

对学生价值观形成的影响：带有偏见的内容可能向学生传递错误的价值观。例如，性别偏见或暗示可能让学生将某些职业与性别绑定，限制其职业选择。

对教学效果的影响：教师若使用存在数据缺陷与偏见的生成式 AI 提供的教学资源，会降低教学质量。例如，错误的知识讲解无法帮助学生掌握正确内容，偏见内容还可能引发课堂讨论偏离正轨，使教学目标难以达到。

四、解决生成式 AI 数据质量与偏见问题的应对策略

（一）提升数据质量

数据清洗与验证：数据收集后进行严格清洗，去除错误、重复和不完整的数据并通过多种方式验证数据的准确性，如与权威数据源进行比对、采用众包方式让多人对数据进行审核等。

在某小学科学课上，教师用生成式 AI 生成植物生长周期资料，其中提到"所有植物的种子都在春天播种"。这一表述过于绝对，忽略了部分植物，如冬小麦是在秋季播种的，可能误导学生对植物生长规律的全面理解。

经过培训的教师具备识别数据质量问题的能力，发现错误后，立即查阅权威的植物学教材和科普资料，对生成的内容进行修正，并以此为契机，引导学生通过图书馆书籍、网络科普平台等渠道，收集不同植物的播种时间信息，帮助学生理解信息来源的多样性和验证的重要性。此后，教师在使用生成式 AI 时会更加谨慎地审查内容，并鼓励学生一起参与信息验证。

建立数据标准：制定统一的数据格式和标注标准，确保数据一致性。对不同来源的数据，按照标准进行格式转换和标注规范处理。例如，统一日期、数字的格式，细化图像标注规则。

定期数据更新：建立数据更新机制，定期收集新的数据并淘汰过时的数据。关注各领域的最新发展动态，及时同步至数据集中。例如，科学类数据通过定期收录学术期刊的最新研究成果实现知识更新。

（二）消除偏见

多样化数据收集：通过扩大数据采集范围，提升数据来源的多样性，覆盖不同地区、不同群体的数据，避免数据的单一性引发的偏见。例如，在采集图像数据时，要均衡覆盖城市、乡村及不同民族地区的场景。

偏见检测与修正：在模型训练过程中，使用专门的算法检测数据和模型输出结果中的偏见。一旦发现及时对数据进行调整或对模型进行修正。例如，通过统计文本中性别或种族相关词汇的使用频率和情感倾向，检测潜在偏见并进行相应调整。

在语文写作教学中，教师使用生成式 AI 生成写作素材时，家庭场景描述多次出现"妈妈在厨房做饭，爸爸在客厅看报纸"等表述，这种描述固化了性别角色刻板印象。

教师发现这一问题后，首先在课堂上引导学生讨论这种描述是否合理，让学生思考家庭中角色分工的多样性；然后，教师对生成式 AI 的训练数据进行分析，发现其中关于家庭场景的描述大多来源于传统观念较强的文本；其次，教师通过增加现代家庭中多样化分工数据后重新训练模型，生成的写作素材中出现了"爸爸在厨房做饭，妈妈在客厅看书"等内容；最后，教师通过展示多元家庭模式的图片与案例，帮助学生理解家庭分工的灵活性，消除原有偏见的影响。

增加人工审核：在模型生成内容后增加人工审核环节，特别是对敏感内容进行审核。专业人员需检查生成内容并剔除带有偏见的部分，确保生成内容的公平性和准确性。在教育应用中，教师可对生成式 AI 输出的学生学习内容进行二次审核。

（三）加强教师培训与学生引导

教师培训与把关：对小学教师开展生成式 AI 应用培训，提升其数据质量与偏见识别能力。教师需对生成式 AI 输出的教学资源进行二次审核，剔除错误和偏见内容，并引导学生批判性地看待这些内容。例如，课堂上教师展示模型生成的不同国家文化描述时，引导学生思考其中的潜在偏见，并鼓励学生通过查阅资料进行验证。

学生培养与引导：在日常教学中融入批判性思维和信息素养训练。通过案例教学，指导学生分析信息准确性、可靠性及识别潜在偏见。例如，教师给出一段模型生成的带有性别偏见的故事（因训练数据、算法设计偏差导致），组织学生讨论内容中的不合理之处。此类训练能提高学生对各类偏见的敏感度，逐步培养其独立思考能力。

在一次语文阅读课上，教师展示了 AI 生成的故事："学校组织了一场科技比赛，小明聪明又勇敢，迅速完成了复杂的机器人模型，获得了一等奖；而小红呢，她只对漂亮的裙子和可爱的玩偶感兴趣，在比赛中完全不知所措，最后只能看着别人领奖羡慕不已。"

教师引导学生进行讨论："同学们，大家仔细看看这个故事，有没有发现什么不太对劲的地方呀？"

有学生指出："为什么说小红只喜欢裙子和玩偶，女生也可以喜欢科技呀。"教师及时肯定："非常棒。这里好像给女生限定了兴趣范围，这是不合理的。"

接着教师进一步引导："那如果把故事里的小明和小红性别互换一下，大家觉得这样公平吗？"学生们纷纷摇头。教师总结："对啦，无论是男生还是女生，都可以对任何领域感兴趣且表现出色。这个故事里对女生的描述就存在性别偏见，我们在看各种信息的时候，都要像今天这样仔细思考，不能让这种偏见影响我们对事物的正确认识哦。"通过这样的引导，让学生认识到 AI 生成内容中可能存在的性别偏见，从而培养他们批判性看待信息的能力。

生成式 AI 的数据质量与偏见问题对其在小学教育及其他领域的应用具有重要影响。数据质量不佳会导致生成内容不准确、不完整，而偏见问题易误导学生认知和价值观，加剧社会不平等。通过在数据处理、模型训练与优化以及教育应用等环节采取针对性干预，能够有效改善生成式 AI 的性能，使其更好地服务于教育等各个领域。同时，教师需提升自身对生成式 AI 的理解和应用能力，引导学生正确看待和使用生成内容，让这一技术真正成为助力小学教育高质量发展的可靠工具，为学生营造一个准确、公平、包容的学习环境，促进其健康成长与社会和谐发展。未来还需要持续关注技术发展，不断完善应对策略，以适应生成式 AI 在小学教育中不断变化的应用场景。

第二节 风险防范教育

在小学教育场景中，生成式 AI 为教学带来了新的资源与方式，如辅助教师设计教学内容、为学生提供个性化学习指导等。然而，如同所有新兴技术，其应用也伴随着潜在风险。对师生进行风险意识教育，使他们能够识别与应对这些风险，是合理运用该技术，保障教育质量与学生健康成长的前提。

一、生成式 AI 应用于小学教育的常见风险

（一）学术诚信风险

学生作弊行为：生成式 AI 可快速生成文章、答案等内容，这可能导致学生在作业、考试中作弊。例如，学生利用人工智能完成语文作文、数学解题步骤，而非通过自身思考与学习，无法真实反映知识掌握情况，这既破坏了学术诚信原则，又会阻碍学生知识与能力的发展。

教师教学成果造假：部分教师可能为追求教学业绩，利用生成式 AI 生成教学成果，如虚假的教学论文、教学设计等，这不仅违背教育职业道德，也无法真正提升教学质量，影响教育行业的健康发展。

（二）数据隐私风险

学生数据收集与滥用：生成式 AI 系统在运行过程中需采集大量学生数据（如学习习惯、兴趣偏好、行为记录等），以提供个性化服务。但部分平台可能因数据管理不善或商业动机，存在违规向第三方出售学生数据的行为，侵犯学生隐私。

教师数据安全：教师使用生成式 AI 辅助教学时涉及个人及数字信息（如

教学计划、教学评价等），这些数据若遭泄露，可能影响教师的教学工作，甚至引发名誉损害。

（三）信息准确性风险

错误知识传播：生成式 AI 基于训练数据生成内容，若数据存在错误、过时或片面信息，则输出内容也会包含不准确知识。小学生因辨别能力有限，可能将这些错误知识当作真理，影响其知识体系构建。

逻辑混乱内容：生成内容可能出现逻辑不连贯或不合理问题。例如，在故事创作或复杂概念解释时，存在前后矛盾、因果关系错误等现象，可能扰乱学生逻辑思维发展。

（四）价值观引导风险

不良价值观传递：生成式 AI 生成的内容可能受训练数据中不良价值观渗透（如功利主义、暴力、歧视等），小学生正处于价值观形成关键期，接触此类内容可能对其价值观塑造产生负面影响，诱发错误的价值取向。

缺乏人文关怀：人工智能生成内容缺乏真实情感与人文关怀，长期接触此类内容可能导致学生情感体验单一化，阻碍其人文素养与情感沟通能力发展。

二、师生风险意识教育策略

（一）针对学术诚信风险的教育

开展诚信教育活动：学校定期组织学术诚信主题班会、演讲比赛、征文活动等，通过案例分析、讨论等形式，帮助学生深刻理解学术诚信的内涵与重要性。例如，讲述因学术造假导致严重后果的真实故事，引导学生反思。

制定明确规则与监督机制：学校制定严格的学术诚信规则，明确作弊行为的界定与处罚措施，并建立有效的监督机制。教师在布置作业与组织考试时强调规则，同时结合技术手段与人工检查，及时发现与处理作弊行为。

教师以身作则：教师在教学过程中严格遵守学术诚信原则，杜绝利用生成式 AI 进行教学成果造假。在教学资源引用、学术研究等方面，通过示范如何合法、合规、合理地获取与运用资源，以及严谨地开展学术研究，引导学生形成尊重知识、尊重他人劳动成果的意识，使其在未来的学习与研究中始终秉持诚实、负责的态度。

（二）针对数据隐私风险的教育

普及数据隐私知识：将数据隐私知识纳入信息课程或安全教育课程，向师生讲解数据收集、存储与使用的基本原理。了解隐私泄露的危害，能帮助师生从思想上重视数据隐私保护，意识到一旦隐私泄露，可能面临个人信息被滥用、遭受诈骗等不良后果，掌握防范方法则为师生提供具体行动指南，帮助其在日常生活和教学活动中有效地保护自身数据隐私。

在小学三年级的信息科技课上，张老师开展了一次关于数据隐私保护的专题教学。

引入案例，引发兴趣：课程一开始，张老师给学生讲了一个小故事："小明在上网时看到一个有趣的游戏网站，网站提示只要填写姓名、年龄、学校和家庭住址，就能获得一份神秘礼物。小明特别想得到礼物，就把信息都填了。可是没过几天，小明家里接到很多陌生推销电话，还收到一些奇怪的广告信件，小明和家人都很烦恼。"通过这个贴近学生生活的小故事，引发学生对数据隐私问题的兴趣，引导他们思考为什么会出现这种情况。

讲解原理，认识危害：接着，张老师用简单易懂的方式讲解数据收集、存储和使用的基本原理。她拿出一个盒子比喻网站的数据库，告诉学生当我们在网站上填写信息时，就像把自己的"小秘密"放进了这个盒子。网站会把这些信息保存起来，有些可能会用于正常的服务，但如果被坏人拿到，就会有不好的事情发生。随后，张老师和学生一起讨论刚才故事中小明遇到的情况，让学生明白隐私泄露可能带来的危害，如骚扰电话、个人信息被非法利用等。

互动讨论，传授方法：张老师组织学生分组讨论"如果遇到类似情况应该怎么做"。每个小组都积极发言，提出了很多想法，比如不随便相信有诱惑的网站、遇到要求填写很多个人信息的要先问老师或家长等。张老师对学生的想法给予肯定，并总结了一些防范方法，如不随意在不可信平台填写个人信息，特别是涉及姓名、家庭住址、电话号码等敏感信息；如果不小心填了，要及时告诉家长或老师。同时，张老师还以学校的教学数据为例，告诉学生老师会像守护宝藏一样，妥善保管大家成绩、个人资料，不让它们泄露。

总结回顾，强化意识：课程最后，张老师再次强调数据隐私保护的重要性，让学生回顾本节课学到的知识，并鼓励学生把这些知识分享给家人。通过这样的教学实例，学生生动学习了数据隐私知识，初步建立起数据隐私保护意识和实践方法。

引导安全使用习惯：指导师生在使用生成式 AI 时仔细阅读隐私政策，选择信誉良好、数据保护措施完善的平台，并提醒师生定期更换账号密码，避免通过公共网络进行敏感操作。

学校加强数据管理：学校应建立健全数据管理制度，规范生成式 AI 应用场景下的数据收集、存储与使用流程，确保数据安全；同时严格审查涉及师生数据的平台，与运营方签订数据保护协议。

（三）针对信息准确性风险的教育

培养批判性思维：在教学中，教师应引导学生对生成式 AI 生成的内容运用持批判性思维分析，不盲目接受。通过提问、对比、验证等方式，评估信息的准确性与可靠性。

在小学四年级的科学课上，张老师在讲解"太阳系的行星"这一知识点时，先利用生成式 AI 生成了一段关于太阳系行星的介绍内容："太阳系有九大行星，分别是水星、金星、地球、火星、木星、土星、天王星、海王星和冥王星。这些行星大小各异，距离太阳的远近也不同，它们都围绕着太阳做匀速圆周运动。"然后引导学生对其进行批判性思考。

提问环节。有学生举手问道："老师，我记得之前好像听说太阳系行星数量有变化，现在真的还是九大行星吗？

分析环节。张老师带着学生一起分析这段话。学生们开始热烈讨论，结合学过的力学知识，发现匀速圆周运动这个描述似乎不太准确。

对比验证环节。张老师顺势引导学生利用图书馆的科普书籍或者学校的电子资源库，查找关于太阳系行星的准确信息。学生们迅速分组查阅资料。

关于行星的运动轨迹，学生们查到其轨道是椭圆的，并非匀速圆周运动。

通过这样的实例教学，学生们深刻认识到对生成式 AI 生成的信息不能盲目相信，而要通过提问、分析和对比权威资料等方式判断其准确性，从而有效提升了信息风险的防范意识和批判性思维能力。

提升信息辨别能力：开展专项培训，指导师生识别不准确信息的特征（如来源不明、逻辑混乱、与常识相悖等），鼓励师生通过多渠道获取信息并综合判断其真实性。

教师审核筛选：教师在使用生成式 AI 生成的教学资源前，需严格审核筛选，剔除错误与不准确内容。对复杂、重要的知识，依托自身专业知识修正完善，确保信息传递准确无误。

（四）针对价值观引导风险的教育

强化价值观教育：学校加强对学生的价值观教育，通过品德课程、校园文化活动等，培养学生正确的价值观。在面对生成式 AI 生成的内容时，引导学生运用正确价值观进行分析判断，识别并抵制拜金主义、个人主义、不劳而获思想等不良价值观影响。

在某小学的品德课上，结合近期校园文化活动"文明友善月"主题，王老师开展了一次关于"面对虚拟信息，坚守正确价值观"的特别课程。

王老师首先利用多媒体展示了一段由生成式 AI 编写的小故事：在一个小镇上，有两个孩子，小明和小亮。小明聪明机灵，总是想着如何投机取巧，快速赚到很多钱。他发现可以通过捉弄游客，让游客购买高价却没什么价值的小物件来获利；而小亮则老实本分，每天帮父母在店里辛苦干活，收入微薄。故事的结尾，小明凭借他的"聪明才智"过上了富裕的生活，买了大房子和豪车，而小亮依旧过着平淡的日子。

读完故事后，王老师引导学生展开讨论："小明的做法对吗？这个故事传递的观念有没有问题呢？"经过思考，有学生说："感觉好像在鼓励用不好的方法赚钱，只要能有钱就是成功，这不好。"

王老师抓住这个契机，深入引导："没错，这就是我们要警惕的。生成式 AI 给出的内容可能会存在一些不良价值观，像这个故事，把投机取巧、欺骗他人获取财富的行为描述得很成功，这与我们一直倡导的诚实守信、勤劳努力的价值观相悖。"

通过这样的教学实例，王老师引导学生运用在品德课程和校园文化活动中所培养的正确价值观，对生成式 AI 生成的内容进行分析判断，让学生清晰认识到其中不良价值观的危害，从而有效抵制其影响，既强化了学生的价值观教育，又提升了他们应对价值观引导风险的能力。

增加人文教育内容：在教学中增加人文教育比重，通过文学、艺术、历史等课程培养学生的人文素养与共情能力，让学生在丰富的人文体验中弥补生成式 AI 内容人文关怀的不足。

教师价值引导：教师在教学过程中密切关注学生接触的生成式 AI 内容，及时纠正不良价值观倾向。道德与法治课程作为价值观教育主阵地，需系统传授道德观念、社会准则和人生价值取向，通过交流讨论引导学生树立正确的价值取向，筑牢价值观根基。

生成式 AI 在小学教育的应用中带来诸多便利的同时，也存在学术诚信、数据隐私、信息准确性与价值观引导等风险。对师生进行风险意识教育至关重要，这种教育关乎学生的健康成长、教师教学质量的提升以及教育技术的健康发展。通过开展针对性教育策略培养师生的风险识别与应对能力，能帮助师生在享受生成式 AI 带来的教育红利时有效规避风险，推动小学教育在数字化时代的稳健发展。

第三节　未来的发展趋势与可能的影响

自 2022 年 11 月 30 日 ChatGPT 正式发布以来，生成式 AI 在短短两年内实现了从开放式文字对话交互到文生图、文生视频，再到多模态人机互动技术的飞速突破，其发展速度远超人类的认知与应对能力。随着 AI 技术持续迭代和教育行业需求的日益增长，未来教育将变得更加智能化、个性化和高效化，带来更多发展机遇和创新产品。教育工作者和技术开发者需紧跟这一趋势，把握 AI 技术赋能教育的契机，推动教育行业的智能化转型。

一、发展水平与趋势

（一）AI 目前的发展水平

当前人工智能仍处于弱人工智能阶段。生成式 AI 尚未突破弱人工智能范畴，截至 2025 年初，其能力仍局限于逻辑推理、概率推理及因果推理等基础思维层面，尚无法实现人类特有的多维智慧融合。事实上，人工智能的实际发展水平距离通用人工智能仍有质的差距，尤其在高级认知能力和社会情感交互层面表现更为明显。

（二）生成式 AI 在教育行业的技术发展路线

随着 AI 技术的进步，教育行业迎来了前所未有的创新机遇。以下是几个主要的产品机会和发展路径。

AI 教育助手产品：AI 教育助手可为学生提供个性化学习建议、解题策略和实时反馈。开发适配不同学科的 AI 教育助手是极具潜力的市场方向。未来，此类助手不仅限于基础答疑，还将拓展个性化学习规划和动态反馈能力。

AI 辅助教学平台：为教师提供教学支持的 AI 平台（如自动化教学内容生成、作业批改、学习行为分析等）将成为教育行业的重要工具。通过减少教师重复性工作，AI 平台可帮助教师聚焦学生个性化需求。

智能评估与考试系统：AI 驱动的智能考试系统可实现自动组卷、作业批改及反馈，并通过分析学生潜力和学习趋势，助力教育机构优化教学方案。

个性化在线学习平台：此类平台可根据学生需求和学习进度推荐课程和习题。随着 AI 技术迭代，平台将深度理解学生的学习行为和思维模式，实现精准化服务。

二、生成式 AI 在小学教育中的应用发展趋势与可能

（一）教学资源生成与个性化学习

动态教材生成：生成式 AI 将使数字教材从固定内容合集转变为可动态调整的个性化内容。系统可根据学生学习进度、知识掌握情况及兴趣爱好等，实时生成个性化适配性教材。比如，为数学学习进度快的学生自动生成进阶拓展内容；为喜欢故事的学生通过叙事化编排融入科学知识。

学习路径定制：通过分析学生数据，人工智能可为每位学生定制专属学习路径。以英语学习为例，若学生语法知识薄弱，系统将优先安排语法专项训练资源，待能力达标后再逐步衔接阅读或口语练习。

海量资源创造：AI 可快速批量生成课件、教案、试题及多媒体教学素材（如动画、视频）。教师可以节省大量制作教学资源的时间，从而专注于教学方法创新和学生个性化指导。

（二）教学方式变革

智能辅助教学：作为教师的智能助手，辅助完成课堂管理、作业批改等事务性工作。比如，自动统计学生课堂表现数据，为教师评价提供依据；快速批改客观题并分析错题分布情况，生成可视化教学反馈报告供教师参考。

人机互动教学：支持学生与人工智能进行互动学习，如语言对话练习、虚拟实验操作指导等。以编程学习为例，学生在代码编写过程中可与智能系

统实时互动，系统即时反馈错误提示并提供代码优化建议。

混合式教学深化：线上线下融合教学模式进一步普及，人工智能通过线上端为学生提供预习、复习及拓展学习支持，线下课堂则聚焦师生深度互动和个性化指导。例如，学生在家通过智能系统预习数学知识点后，教师即可在课堂上针对线上学习难点进行专项讲解。

（三）学生学习能力培养

创新思维激发：学生可通过生成式 AI 工具（如故事创作、绘画设计、程序编写等），在与智能系统的交互中不断突破思维边界，培养创新能力。比如，学生借助图像生成工具，将自己的想象直接生成个性化艺术作品。

自主学习能力提升：学生可基于自身需求和兴趣，利用人工智能提供的资源和指导，自主安排学习内容和进度，逐步建立自主学习能力。比如，学习历史时，学生自主选择感兴趣的历史时期，通过智能系统获取相关资料并完成深度学习。

问题解决能力增强：人工智能通过设置各种真实或虚拟的问题情境（如在地理学习中模拟气候变化应对决策），引导学生在解决问题时综合运用所学知识，从而提高问题解决能力。

（四）教师专业发展

角色转变：教师从传统的知识传授者转变为学习引导者和学习活动组织者，需更关注学生的学习过程和个性化需求，引导学生合理使用人工智能工具，培养学生学习能力和素养。

技能提升：教师需不断提升信息技术素养和人工智能应用能力，掌握人机协同教学，人工智能辅助教学评价等技能。例如，参与人工智能教学应用培训，熟练操作智能教学工具。

教学研究创新：借助人工智能生成的海量教学数据，教师可开展深度教学研究，探索新型教学方法和策略，优化教学质量。比如，通过智能学习系统分析学生学习数据，挖掘学习规律和认知特征。

三、生成式 AI 在小学跨学科学习中的应用发展趋势与可能

（一）知识整合与资源优化

跨学科知识图谱构建：生成式 AI 可整合多学科知识，构建跨学科知识图谱，清晰地呈现学科关联和逻辑关系。例如，围绕生态环境主题，构建包含生物、地理、化学等学科知识的图谱，帮助学生全面理解生态系统。

综合学习资源生成：基于跨学科学习主题，动态生成涵盖多学科的学习资源，如综合案例分析、跨学科项目任务等。以"城市交通规划"主题为例，整合数学数据分析、物理力学原理及社会科学人口流动等知识，生成多学科融合学习素材。

资源个性化推送：根据学生跨学科学习进度和兴趣爱好，推送个性化资源。若学生对科技与艺术融合方向感兴趣，系统可定向推送数字艺术、创意编程等跨学科内容。

（二）问题情境创设与解决

真实情境模拟：通过生成式 AI 结合虚拟现实及增强现实技术，构建复杂真实问题情境（如城市规划中的交通拥堵问题、自然灾害应急推演等），让学生在沉浸式场景中运用跨学科知识解决问题。

问题引导与启发：在跨学科问题解决过程中，人工智能通过提问、提示等方式，引导学生从多学科角度思考并激发创新思维。比如，分析环境污染问题时，系统可引导学生结合化学、生物、地理等学科知识，探究污染成因和治理方案。

协作式问题解决：支持学生以小组合作方式解决跨学科问题，人工智能提供协作工具和策略指导，促进团队交流与合作。例如，在设计校园绿化方案的跨学科项目中，智能系统可为小组提供植物学、美学、工程学等领域知识支持和协作优化建议。

（三）学习评价与反馈

多维度评价：从知识掌握、思维能力、协作能力及问题解决能力等多维

度评估学生跨学科学习成效。通过分析学生在跨学科项目中的表现、讨论记录和作品成果等，给出全面的评价结果。

实时反馈与建议：实时为学生提供学习反馈，识别其跨学科学习中的优势和薄弱环节，并给予针对性改进建议。比如，在跨学科实验后，即时反馈实验设计、数据处理和结论分析等环节的改进方向。

学习档案建立：为每位学生建立跨学科学习档案，记录学习过程和成长轨迹，为教师、家长和学生本人提供参考依据，助力学习策略和方法的动态优化。

（四）跨学科教师团队建设

智能辅助教研：生成式 AI 为跨学科教师团队提供教研支持，如生成跨学科教学案例及教学策略建议，促进教师交流与合作。例如，智能系统可根据不同学科教师的教学需求，生成"文化与科技"跨学科主题的教学方案和研讨话题。

教师培训资源生成：针对跨学科教师的专业发展需求，生成针对性培训资源（如课程资料、培训视频等），帮助教师提升跨学科教学能力。例如，为艺术素养薄弱的科学教师提供艺术与科学融合教学的培训课程。

团队协作平台优化：构建更智能化的跨学科教师协作平台，支持在线交流、资源共享、教学计划协同等功能，提升团队协作效率。例如，教师可通过平台协同编辑跨学科教学大纲、共享教学资源和教学心得。

第四节　对教育者的建议与期望

生成式 AI 在小学教育领域的迅猛发展，正以前所未有的速度重塑教学模式与学习体验。这一变革既为教育者带来了诸多机遇，也使其面临一系列挑战。在此背景下，为了更好地适应并引领这一潮流，教育者需在理念、技能和实践等多方面做出积极调整。

一、理念转变

（一）从知识传授到能力培养

核心素养聚焦：传统教育往往侧重于知识灌输，而在生成式 AI 时代，教育者应将重点转向培养学生核心素养，如批判性思维、创造力、沟通协作能力和问题解决能力。以创造力培养为例，可鼓励学生利用生成式 AI 工具进行故事创作、艺术作品设计等活动，引导其突破常规思维并提出独特见解和创意。

学会学习引导：教育者应帮助学生掌握学习方法，学会在海量信息中筛选、评估和运用知识。例如，指导学生如何向人工智能提问以获取准确有用的信息，同时引导其对人工智能生成内容进行批判性思考，避免盲目接受。

（二）从单一学科到跨学科融合

跨学科意识培养．明确跨学科学习对培养学生综合素养的重要性。生成式 AI 为跨学科学习提供丰富资源和便捷工具，教育者应积极打破学科界限，设计跨学科的教学活动。比如，在"探索自然生态"主题中整合生物、地理、语文等学科知识，引导学生运用人工智能生成的生态资料进行写作，培养其跨学科知识运用能力。

跨学科知识储备深化：教育者需持续学习以拓宽知识面，形成跨学科知识视野。可通过参与跨学科培训课程、阅读跨学科文献等方式提升自身跨学科素养，以便更好地指导学生开展跨学科学习。

（三）从以教师为中心到以学生为中心

个性化关注增强：利用生成式 AI 分析学生的学习数据，了解其学习进度、兴趣爱好和学习风格，进而提供个性化学习支持。例如，针对数学学习困难的学生，可借助人工智能生成针对性练习和辅导资源，帮助其克服学习障碍。

自主学习激发：鼓励学生发挥主观能动性，自主探索知识。教育者要为学生创造自主学习环境，引导其利用人工智能工具自主学习。比如，布置开放性学习任务，让学生通过人工智能获取信息并自主完成项目作业，培养其自主学习能力。

二、技能提升

（一）信息技术应用技能

人工智能工具掌握：教育者要熟练掌握各类生成式 AI 工具，如语言生成模型、图像生成工具等，了解这些工具的功能特点、使用方法和适用场景，从而在教学中灵活运用。例如，在语文教学中可利用语言生成模型辅助学生开展写作训练，分析文章结构和语言表达；在美术教学中可借助图像生成工具激发学生创作灵感。

技术与教学融合能力：将人工智能技术与教学内容、教学方法深度结合。例如，在课堂导入环节，通过展示人工智能生成的生动有趣的视频或图片吸引学生注意力；在知识讲解环节，利用人工智能生成的案例和数据，帮助学生更直观地理解抽象概念。

（二）数据素养

数据收集与分析：收集学生学习过程中产生的数据（如作业完成情况、

课堂表现、在线学习行为等），并运用数据分析工具挖掘数据潜在信息，精准定位学生学习状态和问题。例如，通过分析学生作业错题数据，找出其知识薄弱环节，为后续教学提供依据。

基于数据的教学决策：根据数据分析结果调整教学策略和方法。如果发现大部分学生对某知识点存在理解困难，教育者可借助人工智能针对性生成相关学习资源（如动画讲解、互动练习等），帮助学生突破学习难点。

（三）批判性思维与伦理教育能力

批判性思维培养引导：教育者要以身作则，展示批判性思维的方法和过程，引导学生对人工智能生成内容开展批判性思考。例如，使用人工智能生成学习资料时，可与学生一起分析资料来源、可靠性和局限性，培养其独立思辨的思维习惯。

伦理道德教育开展：向学生普及人工智能相关伦理道德知识（如数据隐私保护、版权意识等）。引导其规范使用人工智能，避免抄袭、数据滥用等不道德行为。例如，布置需借助人工智能完成的作业时，要明确强调版权问题，并指导学生标注资料来源。

三、教学实践调整

（一）教学资源运用

资源筛选与整合：面对生成式 AI 提供的海量教学资源，教育者需具备筛选和整合能力。依据教学目标和学生实际需求，筛选适配资源并融入教学内容。例如，选择人工智能生成课件时，要核查其内容的准确性、适用性和趣味性，以确保符合教学要求。

学生资源利用引导：需培养学生规范使用生成式 AI 资源的能力。例如，指导学生掌握搜索引擎指令以精准获取信息，并系统化地分类整理资源，提升学习效率。

（二）课堂教学创新

互动式教学开展：借助生成式 AI 创设高互动性课堂环境。例如，通过智能对话系统组织课堂讨论，引导学生与人工智能展开观点交流和辩论，激发其思维活跃度；设计小组合作学习任务，要求学生共同分析和评价人工智能生成内容，培养其协作沟通能力。

项目式学习设计：以项目为载体，引导学生运用人工智能解决实际问题。例如，策划"校园文化宣传项目"，引导学生借助人工智能工具生成宣传海报、视频脚本等，在项目中强化跨学科知识整合与问题解决能力培养。

（三）学习评价优化

多元化评价指标建立：除传统知识考核外，需构建多元化学习评价指标，涵盖学生创新能力、协作能力及自主学习能力等维度。例如，评价学生利用人工智能完成的作品时，需综合评估作品质量与创作过程中的创新思维、团队协作表现及自主探索能力。

过程性评价加强：借助人工智能记录学生学习过程数据（如学习时间、参与度、问题解决步骤等），强化过程性评价机制。基于数据及时发现学生学习过程中的问题和进步，提供针对性反馈和指导，助力学生持续发展。

四、教师合作与专业发展

（一）跨学科教师团队协作

团队组建与沟通：积极参与跨学科教师团队构建，联合不同学科教师开展教学研究和实践。构建常态化沟通机制，定期组织交流研讨，共享教学经验和资源，协同解决跨学科教学难题。例如，数学、科学和艺术教师可协作设计"数学之美"跨学科项目，通过学科融合与协作沟通，引导学生多维度感知数学魅力。

协同教学实施：在跨学科教学中，教师团队需明确分工并协作，充分发挥学科优势。例如，在"文化传承与创新"跨学科课程中，语文教师负责文化知识讲授和文学创作指导，信息科技教师引导学生运用人工智能工具完成文化资料收集与整理，美术教师协助学生完成文化创意作品设计。

（二）专业发展支持与自我提升

参加培训与研讨：积极参与围绕生成式 AI 教育应用的培训课程和研讨会，了解最新的技术发展和教育理念。通过与专家、同行交流深化专业认知，不断提升教学能力。例如，参加线上人工智能教育应用培训，系统学习智能教学工具的操作方法和案例应用。

推动教学研究实践：以生成式 AI 的教学应用为研究课题，开展教学实践研究。重点探索人工智能优化教学质量的路径，针对性解决教学实际问题。例如，研究人工智能辅助写作教学对学生写作能力的影响，通过实验对比分析，提炼有效的教学策略。

五、应对挑战的准备

（一）技术故障应对

备用方案设计：针对人工智能系统故障、网络中断等技术风险，提前设计备用教学方案。例如，预先准备传统教学资料和替代性教学方法，确保技术故障时能快速切换教学形式，保障教学活动的正常进行。

技术故障应对能力提升：掌握基础技术故障处理方法（如网络故障排查、软件故障修复等），提升突发技术问题的应对能力。同时，与学校技术支持部门建立高效沟通机制，确保复杂技术问题发生时能及时获得专业支持。

（二）学生过度依赖问题解决

引导自主思考：在教学过程中强调学生自主思考的重要性，通过设置挑战性问题引导学生独立分析，避免学生直接依赖人工智能获取答案。例如，在科学课上提出开放性探究问题，要求学生先自主设计实验方案并思考解决方法，再借助人工智能进步辅助验证。

培养独立学习习惯：逐步培养学生独立学习的习惯，减少对人工智能的依赖性。例如，布置作业时要求学生先通过查阅书籍、实践观察等方式独立获取信息，再使用人工智能进行补充和完善。

（三）数据隐私与安全保护

意识强化：增强数据隐私与安全意识，了解相关法律法规和学校的数据管理政策。使用生成式 AI 收集和处理学生数据时，严格遵守规定，确保学生数据安全和隐私保护。

安全措施实施：落实必要安全防护措施（如使用加密技术、定期备份数据等），防范学生数据泄露风险。同时，指导学生妥善保护个人信息，避免在不可信的平台上随意输入个人数据。

生成式 AI 为小学教育带来了无限的机遇与挑战。教育者作为教育变革的核心推动者，需积极转变教育理念，提升专业能力，优化教学实践，深化合作并推动专业发展，同时做好应对各种挑战的准备。唯有如此，才能在技术变革浪潮中充分发挥生成式 AI 的优势，为学生构建优质、个性化和富有创新性的学习体验，培养适应未来社会发展需求的人才。毕竟 DeepSeek 的浪潮才刚刚掀起，教育行业真正的变革图景仍在孕育之中。

附　录

学生生成式人工智能工具使用手册

在当今数字化时代，随着人工智能技术的快速发展，生成式人工智能逐渐成为教育领域的重要工具。对于小学生而言，其为跨学科学习带来了全新的机遇和挑战，而跨学科学习已成为实现综合素养与创新能力培养的重要途径。生成式人工智能与小学跨学科学习的结合，无疑为学生打开了一扇探索全新知识领域的大门。为帮助小学生安全、规范且创造性地使用生成人工智能技术，本手册结合《华东师范大学生成式人工智能学生使用指南》的核心原则，针对小学阶段跨学科学习需求制定以下指导方案。手册涵盖技术规范、伦理要求、跨学科融合案例及家校协作建议，旨在培养学生数字素养，支持学生在跨学科学习旅程中更顺畅、高效地探索知识，促进其全面发展。

一、基础认知与使用规范

（一）什么是生成式人工智能？

生成式人工智能（简称生成式 AI 或 GenAI）是一种能够自主生成文本、图像、音频等内容的技术工具。简单来说，它就像一个超级"创意小能手"，可以根据你输入的信息，创作出文本、图像、音频甚至视频等各种形式的内容。例如，输入一段简单的描述，它便可创作出一篇精彩的故事，或者绘制出一幅生动的图画。常见应用包括：语言模型（如 ChatGPT、文心一言、豆包、Kimi、DeepSeek 等），可实现自然语言对话，问题解答，文章、诗歌等文本创作；图像生成模型（如 Midjourney、Stable Diffusion），通过输入一些描述画面的关键词，就能生成相应的图像。例如：

· 语文学习：辅助写作与故事创作。

· 数学学习：生成数学题目或提供解题思路。

· 科学探索：模拟实验场景或解答科学问题。

（二）生成式人工智能在学习中的优势与局限

1. 优势。

个性化学习支持：可根据学生的具体问题和需求，提供个性化学习内容和指导。无论是理解特定知识点的困难，还是想拓展学习深度，均可获得针对性帮助。

激发学习兴趣：通过生成趣味故事、生动图像等内容，激发学生的学习兴趣。例如，将抽象的科学知识以故事的形式呈现，使学习更具趣味性。

拓宽知识视野：帮助学生接触跨学科知识领域，理解学科间关联性。比如，通过分析历史事件中的科学技术应用，揭示历史与科学的紧密联系。

2. 局限。

信息准确性问题：生成式 AI 虽拥有海量知识，但其提供的信息可能存在误差或时效性不足。所以我们不能盲目相信它给出的所有内容，需要进行核实验证。

缺乏真实体验：其内容基于算法生成，无法替代现实中的实践体验。例如，自然科学学习中，亲自观察植物生长过程比 AI 描述更能深刻理解。

可能导致思维懒惰：过度依赖生成式 AI，可能削弱主动思考意愿。需明确它只是学习的辅助工具，而不是代替我们思考的"大脑"。

（三）使用生成式人工智能工具的基本原则

遵守法律法规：不得利用生成式 AI 工具生成违法或有害内容。

遵守课程要求：教师可依据课程性质决定是否允许使用生成式 AI 工具，学生应严格遵守教师的教学要求。

尊重知识产权：引用他人成果需标注来源，严禁抄袭。

保护隐私安全：禁止输入或生成包含个人隐私的信息（如姓名、地址）。

（四）内容标注与自查要求

明确标注 AI 生成内容：在作业或项目中，用特殊符号标记 AI 生成部分。

限制 AI 内容比例：AI 生成内容占比不得超过作业总量的 30%，确保核心内容由学生独立完成。

人工核查与修正：对 AI 生成内容进行完整性检查，修正错误并补充必要细节。

二、跨学科应用场景与案例

（一）语文：创意写作与阅读理解

1. 应用场景。

故事续写：输入故事开头，AI 生成后续情节，学生修改并补充细节。

诗歌创作：通过关键词生成诗歌框架，学生润色语言与结构。

2. 案例。

"四季"主题诗歌创作：AI 生成初稿，学生调整押韵和意象表达。

寓言故事续写：AI 提供多个结局选项，学生选择并补充寓意阐释。

（二）数学：问题生成与逻辑训练

1. 应用场景。

题目生成：AI 根据知识点（如加减法、图形面积）生成针对性练习题。

解题辅助：输入错题，AI 分析错误原因并提示正确步骤。

2. 案例。

设计"购物计算"任务：AI 生成商品价格表，学生计算总价并验证结果。

几何图形认知：AI 生成三维模型，学生观察并总结图形特征。

（三）科学：实验模拟与知识拓展

1. 应用场景。

虚拟实验：AI 模拟火山喷发、植物生长等过程，学生记录并分析观察结果。

科普问答：输入科学问题（如"为什么天空是蓝色的?"），AI 生成参考答案框架。

2. 案例。

模拟"水的循环"：AI 生成动态示意图，学生标注各阶段名称与原理。

制作"动物习性报告"：AI 整理基础资料，学生筛选信息并设计科普海报。

（四）艺术：创意设计与审美培养

1. 应用场景。

绘画辅助：AI 生成图案轮廓，学生填色或添加元素。

音乐创作：输入节奏风格，AI 生成旋律片段，学生改编歌词。

2. 案例。

设计"未来城市"：AI 生成建筑草图，学生补充环保设施。

创作"班级之歌"：AI 提供和弦进行方案，学生填写歌词并演唱。

三、安全与伦理教育

（一）注重信息真实性与可靠性

生成式 AI 提供的信息并非完全可靠，可能存在错误或不准确。因此，对于重要的学习内容和信息，不可仅依赖人工智能的反馈，需通过多种渠道进行核实。可查阅权威书籍资料，向老师或家长咨询，或交叉验证多来源信息，以确保知识的真实性和可靠性。例如，学习科学知识时，对于 AI 提出的科学理论或实验结果，需查阅教材或权威科学网站进行验证。

操作原则：

• 验证 AI 生成的事实性内容（如历史事件、科学数据）。

• 不传播未经核实的"新奇发现"或"夸张结论"。

（二）避免对 AI 工具的过度依赖

生成式 AI 虽然功能强大，但只是我们学习的辅助工具，不能替代独立思考和主动探索。学习过程中须始终保持主动态度，运用自身思维能力分析问题并解决问题。比如，写作时不能直接抄袭 AI 生成的内容，而应借助其提示和思路，结合个人创造力进行独立创作，以切实提升学习能力和思维水平。

操作原则：

• 主动学习，以自身思维主导分析、解决问题，拒把 AI 当思考探索替代品。

• 借 AI 思路提示，独立创作不抄袭，借此锻炼提升自身学习与思维能力。

（三）抵制生成内容偏见与歧视

生成式 AI 生成的内容可能包含各种观点和信息，其中有些可能与正确的价值观或道德标准相悖。需主动辨别是非，建立正向价值判断意识，对不良或有害信息要坚决抵制，做到不传播、不模仿。例如，在获取创意写作灵感时，如果 AI 生成的故事包含暴力、歧视等不良内容，我们要明确其错误本质，并主动转向积极、健康的创作方向。

操作原则：

• 发现 AI 生成内容中的偏见（如性别、地域刻板印象）时，及时修正。

• 鼓励多元文化表达，例如在节日主题作业中展示不同国家的习俗。

（四）保护个人隐私与信息安全

使用生成式 AI 工具时，要注意保护个人隐私和信息安全。禁止在非可信平台上输入敏感信息（如姓名、家庭住址、学校名称等），并预先查阅工具的隐私政策，确保个人信息安全可控。如果发现疑似信息泄露，须及时采取应对措施，如更换密码、向平台反馈等。

操作原则：

• 禁止输入真实姓名、家庭住址等个人敏感信息。

• 优先使用匿名账号登录 AI 工具。

四、教师与家长协作指南

（一）教师角色定位：引导与监督

1. 教学策略。

设计"AI＋手工"任务：例如要求学生基于 AI 生成的作文框架手工完成

全文。

定期组织"AI 作品展示会"，针对创新性与规范性进行点评。

2. 课堂管理。

制定班级 AI 使用公约（如"每日使用时长不超过 20 分钟"）。

（二）家长角色定位：支持与陪伴

1. 家庭活动建议。

亲子协作完成 AI 辅助任务（如共同设计家庭旅行计划）。

引导讨论 AI 生成内容的合理性及局限性，培养批判性思维。

2. 监督重点。

关注孩子对 AI 生成结果的依赖程度，引导其通过独立分析完善结论。

五、资源推荐

（一）适合小学生的生成式 AI 工具清单

1. 学习类。

豆包：支持多领域知识问答，帮助小学生解答疑问，拓宽知识面，并提供写作思路与创意启发。

智谱清言：具备精准知识解答功能，可辅助小学生完成阅读理解、写作等学习任务，生成逻辑清晰的文本内容。

可画 AI：通过多样化学习资源和创作工具，激发艺术创作兴趣，支持跨学科实践以培养创造力。

Khan Academy Kids：提供数学、科学和语言艺术等学科的互动学习内容，兼具知识性与趣味性。

Duolingo：采用游戏化学习机制，通过听说读写训练提升外语能力，培养自主学习习惯。

Socratic：AI 智能辅导工具，支持拍照提问即时解析，辅助小学生独立完成问题探究。

2. 绘画类。

DALL-E（OpenAI）：支持通过文本描述生成图像，鼓励孩子用语言表达创意，将抽象想法转化为独特的绘画作品。

DeepArt：基于 AI 技术将普通照片转化为艺术风格画作，孩子可自定义风格，探索视觉表现力的多样性。

Artie：AI 驱动的艺术设计工具，通过简单指令引导创作，辅助学习色彩搭配与构图基础。

DeepDream Generator：基于谷歌 DeepDream 技术的在线工具，支持生成超现实视觉效果。

文心一格（百度）：根据文字描述生成多风格绘画作品，适配想象力拓展和创意实践需求。

3. 写作类。

豆包 AI 作文批改：支持作文框架生成与智能批改，提供语法纠错和结构优化建议。

笔灵 AI：覆盖 200 多种写作场景（如文案改写、续写），支持定制化文稿生成。

Talk to Transformer：输入文本片段后 AI 自动续写，辅助理解段落衔接逻辑。

有道写作：支持中英双语写作及手写稿拍照上传，可识别 100 多种语法错误。

4. 编程类。

Code. org：提供 AI 技术支持的游戏化编程课程，引导小学生通过编写代码解决谜题。

Scratch：儿童图形化编程平台，通过拖拽代码块创造动画和故事，培养逻辑思维。

5. 综合创作类。

ChatPPT：基于自然语言指令生成 PPT，帮助小学生快速完成课堂展示作业。

美图 AI PPT：输入主题句即可自动生成 PPT，简化制作流程。

Runway ML：多媒体创作工具，整合视频/音频 AI 处理技术，提供沉浸式数字艺术体验。

（二）应急问题处理

遇到不当内容：立即关闭相关页面，停止浏览，并向教师或家长报告。家长和教师需定期开展安全教育，指导学生辨别网络信息安全隐患并掌握自我保护方法。

技术故障：保存当前操作进度，通过平台官网"联系我们"入口提交故障详情，等待专业人员修复。故障期间可切换至备用学习资源（如纸质书籍、线下练习题）。

六、结语

在生成式 AI 时代，小学跨学科学习为学生们提供了广阔的知识探索空间，而生成式 AI 正是这一探索过程中的高效辅助工具。通过合理运用该工具，学生能够更高效地获取知识、激发创新思维并解决复杂问题，在跨学科学习的道路上不断进步。需谨记，人工智能只是工具，学习主体始终是学生自身。使用过程中要坚持批判性思考，主动验证知识真实性，避免过度依赖技术，始终保持主观能动性，深入探索知识本质。希望同学们借助生成式 AI 与跨学科学习的深度融合，开启多元化的学习之旅，为未来发展积淀坚实的基础。通过本手册的实践引导，学生将逐步成长为兼具数字素养与人文精神的未来公民。

教师生成式人工智能教学指导手册

一、引言

在数字化时代的浪潮中，生成式人工智能（简称生成式 AI 式 GenAI）作为教育领域的新兴技术，正逐步变革传统的教学模式。GenAI 通过模拟人类认知与行为能力，为教育教学提供更丰富多样的资源与工具。本手册旨在为小学教师提供全面、实用的 GenAI 使用指南，帮助教师将其有效融入跨学科教学，优化教学效果并提升学生学习体验。

二、 GenAI 技术概述

（一）定义与范围

GenAI 是一种能够生成文本、图片、音频、视频等内容的技术体系，涵盖自然语言处理、语音识别、图像处理、情绪识别、智能内容生成等功能。在教育领域，GenAI 可应用于自动化课程设计、学习路径个性化规划、实时智能辅导、跨学科主题整合等教学场景。

（二）技术优势

个性化学习：GenAI 能够基于学生学习数据、兴趣偏好和能力水平，生成个性化学习资源并规划动态适配的学习路径。

智能辅导：GenAI 通过实时监测学习进度与成果，可即时诊断知识薄弱环节，推送专项练习与解析建议。

跨学科整合：GenAI 支持跨学科主题整合设计，通过联结多学科知识点构建系统性学习框架。

数据驱动决策：GenAI 可量化分析学习行为数据，为教师优化教学策略提供可视化依据。

三、 GenAI 在小学跨学科学习中的应用场景

（一）教学效率工具

1. 课程规划与教学设计。

（1）快速生成框架：教师可向 GenAI 输入跨学科学习主题、教学目标及大致教学时长，由其自动生成课程框架，包含分阶段教学内容与活动安排，为教师提供基础设计思路，缩短规划时间。

工具推荐：

①DeepSeek（深度求索）。

功能：输入跨学科主题（如"城市生态系统"）、教学目标及时长，自动生成含学科关联、分阶段活动设计及资源推荐（视频/实验工具）的完整课程框架，支持导出为表格或文档。

示例：输入"探索城市生态系统，6 课时"，生成"地理环境分析→生物多样性调研→社会生态辩论"三阶段框架，并推荐城市生态纪录片等资源。

②博实人工智能教学平台。

功能：集成 AI 绘图、文本生成、PPT 制作等功能，支持教师上传课程大纲后一键生成课件框架，内置"科学＋艺术"等学科模板。

特点：提供学情分析报告，辅助教师动态优化课程进度。

③万知 AI。

功能：基于主题生成知识图谱与跨学科关联建议，例如将"水资源管理"拆解为地理、数学、伦理模块，并设计探究任务。

适用场景：复杂概念的逻辑梳理与拆解，适合高阶思维能力培养需求。

（2）优化教学活动设计：输入已有教学活动方案，要求 GenAI 提供改进

建议（如增加趣味性元素、调整难度梯度以适应不同学习水平学生等）。如针对"生态系统食物链"小组讨论活动，GenAI可建议引入角色扮演机制，分配学生扮演食物链中的不同角色，以增强互动性与趣味性。

工具推荐：

①ChatGPT＋Wolfram|Alpha。

功能：输入现有活动方案（如"食物链小组讨论"），生成改进建议（如角色扮演、情景模拟），并通过Wolfram|Alpha验证科学性（如生态链关系逻辑）。

示例：针对"角色扮演活动"，AI建议设计生存挑战游戏并分配角色卡。

②MEL Science Education。

功能：提供虚拟实验与AI生成的互动学习材料（如模拟"城市污染对生物影响"实验），自动生成观察记录表与讨论问题。

适用场景：科学类跨学科活动设计，降低实验操作风险。

③Quizalize（集成AI）。

功能：将知识点转化为游戏化测验（如"生态知识闯关"），根据学生答题数动态推荐难度调整策略。

适用场景：实时反馈学习效果，适配差异化教学需求。

（3）课件智能生成：输入知识点（如"圆的面积公式推导"），GenAI可快速生成含动画与练习题的多媒体课件框架，导入PPT工具后即可完成课件制作。

工具推荐：

①简单AI（搜狐）。

功能：通过"文生图"生成教学插图（如城市生态结构图），一键生成含动画与练习题的多媒体课件框架，支持直接导入PPT工具。

适用场景：快速制作视觉化课件，如"圆的面积公式推导"动态演示。

②Canva Magic Studio。

功能：输入文字大纲自动生成PPT模板，内置教育主题素材（如科学图表、历史时间轴），支持多教师协作编辑。

示例：输入"城市生态问题"关键词，生成含数据图表与辩论议题的幻灯片模板。

③Labster & MEL Science（AR/VR）。

功能：生成虚拟实验课件（如"钠与水反应"AR 动画），学生可通过 VR 设备观察微观反应过程。

适用场景：高风险实验的替代演示或抽象概念可视化。

2. 资料收集与整理。

（1）多学科资源整合：教师提出跨学科主题，GenAI 能快速搜索并整合多学科领域资源（如学术论文、科普文章、图片、视频链接等）。

工具推荐：

①YAYI-Ultra（雅意大模型旗舰版）。

功能：支持构建跨学科知识图谱，整合历史文献、地理地图、艺术图像等多模态资源，自动生成关联性分析报告并标注数据来源。

示例：输入"古代文明的交流与发展"，可提取历史事件、地理分布与艺术风格演变信息，整合历史、地理、艺术等学科资料。

②国家中小学智慧教育平台。

功能：提供权威学科资源库（如人教版教材、名师课程），支持按关键词（如"人工智能发展史"）筛选多学科资料，并导出结构化表格。

特点：数据权威性强，适配新课标要求。

③Wolfram|Alpha。

功能：基于知识引擎解析复杂问题，整合科学、数学、文化等领域数据并生成可视化图表。

示例：输入"古代文明分布"，可生成地图叠加人口密度对比图。

（2）生成资料摘要：对于篇幅较长的资料，GenAI 可生成简洁的摘要，帮助教师快速筛选核心教学信息。如输入一篇关于人工智能发展历史的长文，GenAI 可提炼关键阶段、重要事件及技术突破点。

工具推荐：

①Scholarcy（文献解析插件）

功能：自动解析长篇文章，提取核心观点、关键数据和参考文献，生成结构化摘要（如将人工智能发展史论文浓缩为"技术突破阶段＋里程碑事件"列表）。

适用场景：快速筛选学术论文或科普文章的核心内容。

②YAYI-Ultra。

功能：支持 20 万字长文本输入，生成逻辑清晰的摘要并标注知识边界（如"截至 2025 年的技术进展"）。

适用场景：长文本智能分析与知识边界标注。

（3）会议纪要整理：在教研会议进行时，GenAI 可实时转录会议内容，自动提炼重点并生成待办事项清单。

工具推荐：

①Otter. ai。

功能：实时转录会议内容，区分发言人并标记时间戳，自动提取讨论重点与待办事项（如教研会议中关于"跨学科评价标准"的争议点会被突出显示）。

特点：支持多语言转录，准确率达 90％以上。

②豆包 AI。

功能：智能录音转写与关键词提取，一键生成会议待办清单（如"需验证的生态实验数据"）。

特点：高精度转写，关键词提取，一键生成任务清单。

3. 多元评价与素养评估

（1）多元数据收集：借助平台与工具自动收集学习过程、课堂表现、考试作业等多维度数据，全面记录学生学习情况。例如，记录学生数学线上作业的答题时间与准确率，以及课堂专注听讲时长。

工具推荐：

①Quizalize（集成 AI）。

功能：将知识点转化为游戏化测验（如"数学答题闯关"），实时记录学生答题时间、准确率及错误类型，生成数据热力图。

适用场景：课堂即时反馈与长期学习轨迹跟踪。

②Mathpix（数学公式识别）。

功能：拍照识别学生手写数学题，自动分析错误类型（如计算错误或概念混淆），推送同类练习题。

适用场景：数学作业个性化纠错与巩固训练。

③YAYI-Ultra。

功能：通过表格解析与数据统计，分析学生在项目中的贡献度（如"小组讨论发言次数""创意方案采纳率"）。

适用场景：小组合作学习的过程性评价。

（2）个性化与动态评价：依据数据分析生成个性化评价报告与实时反馈，提供学习建议；持续跟踪学习进度并监测状态变化，实现过程性动态评价。如针对英语听说薄弱的学生，提供专属训练计划并随学习进展调整。

工具推荐：

①ChatGPT＋Wolfram|Alpha。

功能：根据学生作业数据生成个性化学习建议。例如，针对英语听说薄弱的学生，推荐"每日跟读计划"并匹配发音纠正资源。

适用场景：学科能力薄弱点的精准干预。

②可汗学院 AI 助手。

功能：采用苏格拉底问答法引导学生自主解题（如"你认为这一步用了什么公式"），动态调整问题难度。

适用场景：学生自主学习能力的阶梯式培养。

（3）综合素养评估与公平保障：基于客观数据与统一标准，评估学生能力、情感态度等综合素养；减少人为偏见，确保评价公平公正。例如，分析学生在跨学科小组项目中的创意贡献与沟通表现，给出客观评价报告。

工具推荐：

①YAYI-Ultra。

功能：通过多模态数据分析（如文本、图表、代码），评估学生的逻辑推理、创意表达和协作能力。

示例：分析跨学科项目报告中的"创新性"与"数据严谨性"，生成结构化评分报告。

②Turnitin AI 检测。

功能：识别学生作业中的 AI 代写痕迹，确保学术诚信与评价客观性。

适用场景：学术成果原创性验证与高利害场景评价。

（二）学情管理支持

1. 学习进度跟踪。

（1）制订个性化学习计划：根据学生学习能力、前期成绩等数据，教师可借助 GenAI 为每个学生制订个性化跨学科学习计划，明确各阶段学习目标与任务。例如，针对数学基础较好但语文写作较弱的学生，在"科技与文学"跨学科项目中，安排更多科技主题的写作练习，并设定提升目标与时间节点。

工具推荐：

①DeepSeek-R1。

功能：支持本地化部署，结合校本资源库生成个性化学习路径。

示例：根据学生数学成绩与语文写作能力差异，自动规划"科技与文学"项目中写作练习的难度梯度与时间节点。

②科大讯飞 AI 学习机。

功能：基于语音识别与语义分析，评估学生口语表达与学科能力，生成适配本地教学大纲的学习计划。

适用场景：语言类学科与科学课程的个性化学习路径规划。

③Knewton Alta。

功能：通过数据分析识别学生知识缺口，提供跨学科（数学、物理、化学）定制化学习内容，实时调整学习目标。

适用场景：STEM 学科综合能力培养（如力学问题的数学与物理结合教学）。

（2）实时进度反馈：通过学习平台与 GenAI 对接，实时收集学生的学习数据（如作业完成情况、测试成绩等），并通过 GenAI 分析生成学生学习进度报告，直观展示各学科知识模块掌握进度，帮助教师及时定位进度滞后学生并提供针对性辅导。

工具推荐：

①蜜蜂家校小程序。

功能：实时收集学生作业完成率、测试成绩等数据，生成班级学情热力图并标记进度滞后学生（如自动统计数学计算错误率高的学生名单，推送教师辅导提醒）。

适用场景：日常作业与阶段性测试的进度监控。

②哈工程教育资源云平台 2.0。

功能：通过 AI 督导中心分析课堂抬头率、发言时长等行为数据，生成学生注意力报告与知识点掌握进度图（如识别频繁跳过难点视频的学生，推送教师干预建议）。

适用场景：线上线下混合式教学的实时学情反馈。

2. 学习问题诊断。

（1）作业与测试分析：教师将学生作业、测试答案输入 GenAI，其可从多学科角度分析错误类型、知识漏洞及思维误区，实现智能批改、分析，为学生推送针对性学习资源和辅导材料，助力教师个性化教学。例如，在"数学与物理结合的力学问题"测试后，GenAI 可同时指出学生数学计算错误与物理力学概念理解偏差。

工具推荐：

①Mathpix（数学公式识别）。

功能：拍照识别手写数学题，分析错误类型（如计算错误或概念混淆），推送同类题目（如针对"二次函数"作业中的常见错误，自动生成针对性练习题）。

适用场景：数学、物理等学科的作业智能批改与错题诊断。

②中犇科技 AI 学情分析系统。

功能：结合眼动追踪技术，分析学生阅读时的注意力分布与理解难点（如识别学生在古文阅读中反复跳过的段落，提示教师加强讲解）。

适用场景：语文、历史等文本分析类学科的深度学情诊断。

③Socratic（谷歌开发）。

功能：拍照上传题目后，AI 提供分步骤解析与跨学科知识关联（如针对"力学问题"，同时解释数学公式应用与物理概念理解）。

适用场景：多学科交叉问题的综合诊断与资源推荐。

（2）学习行为分析：结合学习平台记录的学生在线学习行为数据（如学习时长、课程观看次数、互动频率等），GenAI 分析课堂学习行为、练习及作业等综合多模态数据，识别学生认知、情感和行为特征，挖掘学习行为模式与问题（如频繁跳过难点内容），为教师提供学情分析与干预建议。

工具推荐：

①Quizalize（集成 AI）。

功能：通过游戏化测验收集答题时长、错误类型等数据，生成行为模式报告（如发现学生遇到难题时频繁切换页面，提示教师调整教学节奏）。

适用场景：课堂互动与课后练习的行为数据挖掘。

②Carnegie Learning。

功能：利用机器学习分析学生在线学习行为（如视频观看次数、互动频率），识别认知偏好（如视觉型或逻辑型学习者），为教师提供差异化教学策略。

适用场景：跨学科项目中的学习风格适配与资源推荐。

③猿辅导 AI 学情系统。

功能：整合做题正确率、答题时长等数据，绘制学生知识掌握热力图（如标记"几何证明题"耗时过长的学生，推荐专项训练）。

适用场景：大班教学中的个性化问题定位。

（三）专业能力提升

1. 跨学科知识学习。

（1）填补知识短板：教师可向 GenAI 请教自身不太熟悉的学科知识，GenAI 以通俗易懂的方式讲解概念、原理，并提供相关案例辅助理解。

工具推荐：

①DeepSeek（深度求索）。

功能：支持智能搜索与知识图谱构建，快速整合多学科资源（如科学原理、历史事件、艺术风格），生成通俗易懂的学科讲解框架及案例库。

示例：语文教师准备"科学与文学"跨学科课程时输入"文艺复兴时期的文化与艺术"，可生成历史背景、代表艺术家及其作品关联图。

②Kimi 智能助手。

功能：擅长解析长文本与多语言内容，快速提取学科核心概念（如"量子力学基础"），生成分步骤解释和跨学科关联建议。

示例：输入"如何将数学建模融入生物课程"，可输出"种群增长模型＋数据可视化"的融合方案。

③文心一言。

功能：依托中文语境优势，提供文学与科学结合的案例库。

特点：支持文言文与网络用语切换讲解风格，适合语文教师拓展教学素材需求。

（2）知识融合指导：询问 GenAI 如何将不同学科知识有机融合，GenAI 提供跨学科教学案例及融合思路，帮助教师提升教学设计能力。

工具推荐：

①万知 AI。

功能：基于主题生成跨学科知识图谱（如将"环保行动"分解为地理、政治、艺术模块），并提供融合活动模板（如辩论赛、实地调研）。

示例：设计"文艺复兴时期的文化与艺术"课程时，GenAI 可引导从历史背景引入艺术作品赏析，再通过艺术作品解读历史文化。

②国家中小学智慧教育平台。

功能：提供多学科名师课程模板与资源库，支持跨学科标签（如"传统文化＋科技创新"）筛选与一键导出教案框架。

适用场景：跨学科教案快速生成与标准化资源调用。

2. 教学方法创新学习。

（1）学习前沿教法：GenAI 可介绍当下流行的跨学科教学方法（如项目式学习、问题导向学习），提供不同学科场景中的应用案例与实施步骤，为教师创新教学方法提供灵感。

工具推荐：

Quizalize（集成 AI）。

功能：将知识点转化为游戏化测验（如"环保知识闯关"），实时收集学生答题数据并生成互动热力图，辅助教师调整教学策略。

适用场景：项目式学习中的数据驱动教学优化。

（2）模拟教学场景：教师设定教学场景与问题，GenAI 可模拟不同学生的反应与表现，帮助教师预演教学过程并提前思考应对策略，提升教学应变能力。比如教师计划开展"环保行动"的跨学科讨论课时，GenAI 可模拟学生可能提出的各种观点与问题。

工具推荐：

①Tome（AI PPT 生成）。

功能：输入课程主题（如"文艺复兴艺术鉴赏"），自动生成含动画、图表和讨论问题的 PPT 框架，支持插入多模态素材。

适用场景：快速制作跨学科课程的视觉化课件。

②即梦 AI（视频生成）。

功能：通过文本描述生成教学视频（如"水循环过程动画"），支持中英文双语旁白，适配抽象概念可视化。

特点：自然动作生成，多语言旁白适配。

3. 智能教科研发展。

（1）智能科研助手：GenAI 可识别研究热点和潜力领域，促进跨学科合作并加速教科研成果转化，提升学校教科研竞争力。支持快速筛选和归纳文献资料，辅助高效完成文献综述，同时深度分析复杂研究数据，揭示潜在的模式和关联，从而加速研究进程并提升研究成果的质量和影响力。

工具推荐：

①Wolfram│Alpha。

功能：解析复杂研究数据（如教育实验的统计学结果），生成可视化图表与关联分析报告，支持跨学科数据整合（如"学生成绩与课堂参与度的相关性"）。

适用场景：教育实证研究的定量分析。

②Scholarcy（文献解析）。

功能：自动解析长篇论文，提取核心观点、研究方法和参考文献，生成结构化摘要，协助教师快速完成文献综述。

适用场景：教师文献综述与科研快速阅读辅助。

（2）智能教师专业发展平台：分析教师教学视频，提供教学技能自动评估和改进建议，并根据教师专业发展需求推荐个性化培训资源，助力教学质量提升。

工具推荐：

①哈工程教育资源云平台 2.0。

功能：分析教学视频中的教师行为（如提问频率、肢体语言），生成改进建议（如"增加小组讨论时长"），并推荐个性化培训课程（如"跨学科课程设计工作坊"）。

特点：结合 AI 督导与校本资源库，适配教师成长路径规划。

②通义千问（阿里云）。

功能：整合钉钉生态，支持教研团队协同数据分析与报告生成，例如自动汇总多学科教学实验数据并生成对比分析图表。

适用场景：跨学科教研协作与教育数据可视化分析。

（四）个性化学习支持

1. 满足多元学习需求。

（1）学习风格适配：教师通过 GenAI 了解学生的学习风格（如视觉型、听觉型、动觉型等）后，为其提供适配的学习资源。例如，为视觉型学生生成含丰富图表、图片的学习资料；为听觉型学生推荐有声读物或讲解音频。

工具推荐：

①即时 AI（搜狐）。

功能：支持文生图、AI 绘画生成视觉化学习材料（如思维导图、知识图谱）。

适用场景：将抽象概念（如"细胞结构"）转化为插画或动态图，增强视觉学习效果。

②Otter. ai。

功能：实时语音转文字并生成带时间戳的笔记，支持多语言翻译。

适用场景：课堂讲解录音转文字后生成重点标注文本，供学生复习。

③Wolfram|Alpha。

功能：通过计算引擎解析数学、科学问题，生成分步骤图解与动态公式推导。

适用场景：为动觉型学生设计互动式计算任务（如"通过输入数据模拟抛物线轨迹"）。

（2）特殊需求辅助：GenAI 可为有特殊学习需求的学生提供个性化支持策略。如为学习困难的学生简化学习路径，将复杂知识分解为逐步任务；为资优学生提供开放性拓展性任务与深度探究课题。

工具推荐：

①DeepSeek。

功能：根据学生能力生成分层学习路径（如为学习困难的学生拆解"分数运算"步骤，为资优生设计"数学建模"课题）。

适用场景：基础教育分层教学与个性化学习规划。

②Knewton Alta。

功能：动态调整学习内容难度（如自动降低"几何证明题"复杂度，或为资优生推荐跨学科研究论文）。

特点：学习内容动态适配，学情数据分析。

③海豚 AI 学。

功能：为学生提供数学、英语等学科的个性化练习，支持错题自动归类并提供针对性训练。

适用场景：个性化学习与家校协同教育支持。

2. 个性化学习内容推送。

（1）基于兴趣推荐：收集学生在跨学科学习中的兴趣点，GenAI 可推荐相关拓展学习内容，激发学习主动性。

工具推荐：

①国家中小学智慧教育平台。

功能：基于学生兴趣标签（如"古建筑""编程"）推送纪录片、虚拟参观资源及拓展阅读。

示例：学生在"文化与旅游"跨学科学习项目中标记兴趣后，自动推送古建筑纪录片、研究文章及线上虚拟参观资源。

②Consensus（AI 研究搜索引擎）。

功能：从 2 亿篇论文中提取与兴趣相关的研究结论（如为关注"人工智能伦理"的学生推荐前沿论文摘要）。

特点：智能语义检索，研究动态可视化。

（2）知识巩固与拓展：根据学生学习进度与知识掌握情况，GenAI 可精准推送个性化练习题与阅读材料，巩固薄弱知识点并拓展优势领域。如，若学生在"数学与编程"跨学科学习中擅长函数编程但算法逻辑较弱，GenAI 将推送算法逻辑相关练习与讲解资料。

工具推荐：

①Quizalize（集成 AI）。

功能：根据学生知识掌握情况生成游戏化测验（如"算法逻辑闯关"），实时推送薄弱知识点专项练习。

适用场景：课堂即时反馈与课后自适应学习。

②Mathpix。

功能：拍照识别手写数学题，分析错误类型（如"函数图像绘制错误"）并推荐同类题目，支持错题本自动整理。

适用场景：数理学科学习与课后错题智能管理。

（五）创新教学实践

1. 创设跨学科学习情境。

（1）虚拟场景构建：教师借助 GenAI 创建虚拟跨学科学习场景（如"未来城市""神秘古文明遗迹"），让学生沉浸式开展学习。如在"未来城市"

场景中，学生可从地理、建筑、科技、社会等多学科角度探索城市规划与发展。

工具推荐：

①DeepSeek（深度求索）。

功能：输入跨学科主题（如"未来城市"），自动生成包含地理、建筑、科技等多学科视角的虚拟场景框架，并推荐配套资源（如 3D 建模素材、科学原理动画）。

适用场景：跨学科课程开发与虚拟场景教学设计。

②即梦 AI。

功能：通过 AI 绘画生成场景插图（如水下城市、太空基地），支持风格定制（如科幻、写实）。

适用场景：为故事化任务设计视觉化背景（如"生物进化冒险"中的史前森林场景）。

③Labster（虚拟实验室平台）。

功能：提供跨学科虚拟实验场景（如"古生物 DNA 分析""未来城市污染治理"），学生可通过 VR/AR 技术互动操作，观察多学科知识关联。

适用场景：实验教学与跨学科科研训练。

（2）故事化学习设计：输入跨学科学习主题后，GenAI 可生成故事性学习情境与任务，增强学生参与度。

工具推荐：

①Kimi 智能助手。

功能：根据主题生成故事脚本与任务链（如以"生物进化"为主题生成冒险故事，学生扮演生物学家通过解决问题推动剧情发展）。

特点：支持多语言生成，适配不同年级认知水平。

②万知 AI。

功能：基于知识图谱设计学科关联任务。

示例：在"丝绸之路贸易"故事中嵌入历史解读、地理规划、数学计算等挑战。

2. 开展互动式教学活动。

（1）智能对话引导：在课堂讨论或小组活动中，教师利用 GenAI 作为智能助手，引导学生深入思考。GenAI 可针对学生的观点提出追问问题，促进多角度分析。

工具推荐：

①Quizalize（集成 AI）。

功能：将课堂讨论内容转化为实时互动问答。

示例：在"古代贸易影响"辩论中，生成反驳观点（如"贸易可能引发文化冲突"），并追问"具体有哪些文化元素通过贸易传播"。

②国家中小学智慧教育平台。

功能：提供跨学科互动资源库（如历史 VR 场景、科学模拟实验），教师可调用资源构建多模态互动任务（如"古文明建筑复原挑战"）。

适用场景：跨学科课堂创新与课后虚拟实践融合。

（2）线上协作项目支持：组织学生开展线上跨学科协作项目时，GenAI 辅助管理项目进度，提供协作建议（如帮助小组合理分工、协调成员之间的任务安排）。

工具推荐：

①MindMeister（AI 思维导图）。

功能：将项目任务分解为可视化思维导图，支持自动角色分配与进度追踪。

示例：在"校园生态研究"中，根据学生专长分配"物种观察""数据分析"等任务，并标注关键节点。

②匠邦 AI。

功能：基于学生能力数据生成协作建议，智能匹配任务（如为编程能力强的学生分配算法建模任务）。

特点：集成能力画像与任务匹配引擎，优化分工效率。

（六）家校沟通协作

1. 学生学习情况汇报。

（1）生成个性化报告：教师定期借助 GenAI 生成学生在跨学科学习个性化报告（含学习成果、进步情况、存在问题等），通过图文并茂的形式直观呈现。例如，报告中用图表展示学生学科模块成绩变化，并说明跨学科项目表现与团队协作能力。

工具推荐：

①蜜蜂家校（小程序）。

功能：支持 AI 批改作业、自动整理错题本，生成班级学情热力图和个性化学习报告（含成绩变化图表、薄弱点分析、跨学科项目参与度评估）。

适用场景：定期推送图文报告，展示学生在"科技与文学"等项目中的表现。

②DeepSeek（深度求索）。

功能：基于学情数据生成动态报告，可视化跨学科能力标签（如"逻辑推理""创意表达"）。

示例：分析"家庭科学实验秀"中的实验设计与数据分析能力。

③国家中小学智慧教育平台。

功能：提供权威的学情模板与数据分析工具，支持可调用图表模板生成报告，嵌入跨学科案例（如"古建筑保护研究"）成果。

特点：权威数据可视化模板。

（2）提供沟通建议：GenAI 可根据学情，为教师提供家校沟通建议（如针对学习动力不足的学生，建议探讨兴趣激发方法，家庭激励措施）。

工具推荐：万知 AI。

功能：根据学情数据生成家校沟通策略。例如，针对学习动力不足的学生，提供"家庭激励计划"模板及沟通话术建议。

适用场景：为教师提供定制化沟通方案，提升家校协作效率。

2. 家校共育活动策划。

（1）设计共育活动：教师与 GenAI 合作设计家校共育的跨学科活动（如亲子科普实践、家庭文化传承项目等），促进家长参与跨学科学习，增强亲子关系与家校合作。

工具推荐：

①简单 AI（搜狐）。

功能：通过 AI 绘画与文案生成，快速设计活动海报、指导手册和案例库。

适用场景：策划"亲子科普实践""家庭艺术创作"等活动，提供多模态资源支持。

②MindMeister（AI 思维导图工具）。

功能：将活动流程分解为可视化导图，支持自动分配任务角色（如家长准备实验材料，学生记录数据），并生成进度跟踪表。

示例：设计"家庭科学实验秀"时，导图可关联物理、化学知识点及安全操作指南。

（2）活动资源支持：GenAI 为家校共育活动提供资源（如指导手册、在线资料、参考案例等），确保活动顺利开展。

工具推荐：

①Quizalize（集成 AI）。

功能：将活动任务转化为家庭互动游戏（如"环保知识闯关"），实时记录家长与学生的协作数据，并生成参与度报告。

特点：支持多语言，适配国际化家庭场景。

②云校家（宁夏教育资源平台）。

功能：内置家校共育资源库，提供文化传承案例（如"亲子阅读计划""家庭田野调查"），支持成果共享与评选。

适用场景：跨区域协作项目（如"城市生态调研"），整合地理、生物学科资源。

四、 GenAI 使用规范要求

（一）价值导向层面

坚持社会主义核心价值观：在使用 GenAI 时，应始终遵循教育规律和人的身心发展规律，坚持社会主义办学方向，践行社会主义核心价值观，培养学生的探索性和创新性思维品质。

保护个人隐私与数据安全：全面了解 GenAI 的风险、局限性与不足，严格保护个人隐私、敏感信息和涉密信息，确保在使用过程中不泄露相关数据。

确保内容的合法性和准确性：符合《生成式人工智能服务管理暂行办法》要求的 GenAI 服务时，应履行备案评估程序，加强对 GenAI 生成内容的核实，确保数据来源、基础模型的合法性及信息的准确性。

遵守学术规范和知识产权：GenAI 生成的内容应审慎用于出版、发表、竞赛等场景，需严格按照法律法规或相关要求做好标注或说明，保证信息真实准确，尊重知识产权，符合科研伦理和学术规范。

（二）师生层面

提升人工智能素养：采取有效措施提高教师和学生的人工智能素养，强化科研诚信和学术规范意识，确保合理、合规地使用 GenAI 工具，防范误用或滥用。

引导学生正确使用 GenAI：教师应引导学生严格遵守学术规范，尤其在科研中如实说明 GenAI 使用情况，避免将其生成内容视为核心创新成果，保障学术诚信。

鼓励创新教学方法：鼓励教师研究、探索并创新 GenAI 辅助教育教学的方法和模式，利用 GenAI 提升教育教学效率和质量，培养终身学习能力；同时引导学生合理、正确使用 GenAI 辅助学习，深化其对 GenAI 的理解、应用和创造能力。

（三）未成年人层面

适度使用 GenAI：未成年人要在教师或家长的许可和引导下适度使用 GenAI。其中，未满十四周岁儿童要在教师或家长陪同下审慎使用；未满六周岁婴幼儿建议在家长陪伴下仅限于音乐、美术等领域进行有限体验，其他场景不建议使用。

伦理引导：应特别关注未成年人使用 GenAI 时的伦理引导，帮助其理解技术局限性和社会影响。

（四）学校层面

合理使用 GenAI：学校应根据学生发展阶段和实际应用场景合理使用 GenAI，充分发挥其在教育教学、核心素养培养、创新性思维及高阶思维技能提升中的辅助作用。

干预学生沉迷使用或接触不良 GenAI 产品：学校应及时干预学生沉迷或接触不良 GenAI 产品的情况，主动告知监护人，联合家校社协同引导，确保学生正确使用 GenAI 技术。

加强 GenAI 教育一体化统筹安排：学校应统筹规划 GenAI 教育，制定校本 GenAI 应用指南，结合技术特点和师生需求，构建平台、开发资源、普及知识、开设课程，推进 GenAI 技术与教学、教研、科研及管理全环节深度融合。

选用合法合规的 GenAI 产品或服务：学校选用 GenAI 产品或服务时，须确保其数据处理符合法律规范，避免师生过度依赖或擅自使用 GenAI，防范认知外包风险和思维钝化现象。

（五）社会层面

提升教育服务广泛性和包容性：避免产生数字鸿沟、结构性排斥和歧视，增强 GenAI 教育服务覆盖广度和包容性，针对视听障碍、语言障碍等特殊学生群体构建无障碍学习环境，提供数学学科无障碍解决方案。

开展 GenAI 应用研究：教育科研院所、社会团体和企业等机构应积极开展 GenAI 应用于教育教学的基础性、机理性研究，同步开展技术发展前沿动态跟踪研究，重点研判 GenAI 技术可能引发的规则冲突、社会风险和伦理挑战，制定并动态完善 GenAI 产品服务安全标准及行业标准。

（六）行政层面

搭建政产学研用协同合作平台：通过搭建政产学研用协同合作平台，建立长效协调机制，发挥各方优势，协作攻坚，持续推进 GenAI 和教育的深度融合及创新应用。

创新 GenAI 产品服务采购模式：创新 GenAI 相关产品和服务采购模式，支持学校与企业等主体深化合作探索，建立教育领域 GenAI 应用典型案例库，系统提炼模式、总结经验并加强成果推广。

五、小结

　　GenAI 为小学跨学科学习带来前所未有的机遇，同时也带来新的挑战。通过遵循基本原则、积极探索应用场景、严格遵守使用规范，可充分发挥 GenAI 在教育领域的优势，为学生提供更优质、个性化的学习体验，助力其全面发展和健康成长。教师在使用 GenAI 时，应始终保持审慎的态度，确保技术应用符合教育规律和学生身心发展特点，为构建高质量的教育体系贡献力量。

参考文献

[1]侯浩翔,王旦.生成式人工智能时代教师教学创新的风险隐忧及规避路径[J].中国电化教育,2025,(03):20－26.

[2]武法提,夏志文,高姝睿.以生成式人工智能重塑智慧学习环境:从要素改进到生态重构[J].电化教育研究,2025,46(01):54－63.

[3]黄荣怀.人工智能正加速教育变革:现实挑战与应对举措[J].中国教育学刊,2023,(06):26－33.

[4]祝智庭,赵晓伟,沈书生.融智课堂:融入 AI 大模型的创新课堂形态[J].电化教育研究,2024,45(12):5－12＋36.

[5]冯建军.我们如何看待 ChatGPT 对教育的挑战[J].中国电化教育,2023(07):1－6＋13.

[6]魏忠.资源、平台、训练——AI 带来的一场教育深层次变革[J].中国信息技术教育,2025(08):21.

[7]梁云真,刘瑞星,高思圆.中小学"人工智能＋X"跨学科融合教学:理论框架与实践策略[J].电化教育研究,2022,43(10):94－101.

[8]刘明,杨闽,吴忠明,等.教育大模型智能体的开发、应用现状与未来展望[J].现代教育技术,2024,34(11):5－14.

[9]穆肃,陈孝然,周德青.生成式人工智能赋能教学设计分析:需求、方法和发展[J].开放教育研究,2025,31(01):61－72.

[10]田园,沈旺.生成式人工智能视域下的个性化教育[J].现代交际,2025,(01):104－112＋124.

[11]中华人民共和国教育部.义务教育课程方案(2022 年版)[M].北京:北

京师范大学出版社,2022.

[12]魏非,杨可欣,祝智庭.协同探究智创:生成式人工智能时代的学习新模式[J].开放教育研究,2025,31(02):14—23.

[13]邱志凯.小学语文跨学科学习活动的融合路径[J].教学与管理,2024(11):48—51.

[14]张璐.小学语文综合性学习之跨学科教学路径探析[J].现代教学,2024(5):42—43.

[15]苏伟毅.数字化赋能,促进小学语文跨学科学习[J].新教师,2024(2):61—62.

[16]钟启泉.基于"跨学科素养"的教学设计——以 STEAM 与"综合学习"为例[J].全球教育展望,2022,(1):3—22.

[17]吴刚平.跨学科主题学习的意义与设计思路[J].课程·教材·教法,2022,42(09):53—55.

[18]罗生全,胡月.学习者本位的未来学习场域形态及其建构[J].教学研究,2020,43(01):22—27.

[19]陈烨."混融"理念下小学数学主题式学习的实践与研究[J].小学教学研究,2024,(14):38—40.

[20]蔡静.新课程视域下小学数学跨学科主题式学习校本作业设计[J].天津教育,2024,(20):50—52.